Über dieses Buch Alfred Adler, der als Gründungsmitglied des Wiener Psychoanalytischen Vereins an dessen Sitzungen regen Anteil nahm, entwikkelte in seiner Individualpsychologie ein System, das in entscheidenden theoretischen Grundannahmen ein Gegenstück zur Freudschen Theorie darstellt. Das betrifft besonders Adlers Anschauungen über Fragen der Sexualität, dem Gegenstand dieses Buches. Bei Freud bestimmt die Sexualität die Persönlichkeit, bei Adler die Persönlichkeit, was bei ihm später Lebensstil heißt, die Sexualität. Auch kümmerte sich Adler im Gegensatz zu Freud auf diesem wie auf anderen Gebieten außer um Therapie auch um seelische Gesundheit, Prophylaxe und Erziehung. Das Buch beginnt mit einer Darstellung Adlerscher Grundbegriffe. Das zweite Kapitel zeigt Adler als Psychologen der Gleichberechtigung der Frau. Im dritten Kapitel behandelt der Autor den Begriff des männlichen Protests im Gegensatz zur Libido, das heißt ein menschliches Streben im Gegensatz zu tierischem Trieb. Drei weitere Kapitel beschäftigen sich mit den Themen Liebe und Ehe, sexuelle Störungen und deren Behandlung. Das Buch will eine Brücke schlagen zwischen Adlers Gedanken und heutigen Anschauungen und soll zeigen, wie aktuell und dienlich diese Gedanken auch heute sind. Das Buch entstand als Kommentar zu einer englischen Auswahl von Schriften Adlers zur Sexualtheorie, wie sie in den Fischer Taschenbüchern 6080, 6174, 6220, 6708, 6746 und besonders 6337 zu finden sind.

Der Autor Heinz L. Ansbacher, emeritierter Professor der Psychologie an der University of Vermont, Burlington (USA), und Ehrenvorsitzender der Internationalen Vereinigung für Individualpsychologie, ist Verfasser einer großen Anzahl individualpsychologischer Arbeiten und war auch viele Jahre lang Herausgeber des *Journal of Individual Psychology*. Zusammen mit seiner Frau Rowena R. Ansbacher gab er drei englische Bücher mit Adlers Schriften heraus, von denen das erste auch auf Deutsch erschienen ist, mit dem Titel ›Alfred Adlers Individualpsychologie‹, München 1982 (3. Aufl.). Zusammen mit Robert F. Antoch ist er Herausgeber einer dreibändigen Auswahl von Adlers Aufsätzen, die unter dem Titel ›Psychotherapie und Erziehung‹ als Fischer Taschenbücher (6746, 6747, 6748) erschienen sind.

Heinz L. Ansbacher

Alfred Adlers Sexualtheorien

Aus dem Englischen
von Monika Denis

Fischer
Taschenbuch
Verlag

Deutsche Erstausgabe
Veröffentlicht in der Fischer Taschenbuch Verlag GmbH,
Frankfurt am Main, April 1989

Das englische Original dieses Essays ist unter dem
Titel »Adlers's Sex Theories« in dem Buch »Cooperation
between the Sexes; Writings on Women, Love and Marriage,
Sexuality and its Disorders« im Verlag
Anchor Books, Doubleday, New York, erschienen

Umschlaggestaltung: Buchholz/Hinsch/Hensinger
Gesamtherstellung: Clausen & Bosse, Leck
Printed in Germany
ISBN 3-596-26793-5

Inhalt

Vorwort zur deutschen Ausgabe

Dieses Buch will einen Überblick der Gedanken Alfred Adlers (1870–1937) über Sexualität und das soziale Verhalten der Geschlechter zueinander geben, und es will zeigen, daß diese Gedanken sich als gültig erwiesen haben und aktuell und nützlich geblieben sind. Von 1902 bis 1911 Gründungsmitglied der Wiener Psychoanalytischen Vereinigung, entwickelte Adler in seiner Individualpsychologie geradezu ein Gegenstück zu Freuds Psychoanalyse.

Das Buch beginnt mit einem kurzen Kapitel über Adlers Grundannahmen, um es besonders für den Leser leichter zugänglich zu machen, der mit Adler wenig vertraut ist. Es handelt sich um eine humanistische und ganzheitliche Psychologie, die auf den geistig gesunden Menschen ausgerichtet ist, wobei Adler Sexualität und die Beziehung der Geschlechter als eine der drei Gruppen von unvermeidlichen Lebensaufgaben auffaßt; die beiden anderen sind das Leben mit anderen Menschen im allgemeinen und die Berufsfrage.

Bevor Adler sich der Psychologie und Psychotherapie zuwandte, war er an sozialen Fragen und deren sozialistischen Lösungen interessiert. Dazu gehörte vor allem die Frauenfrage mit dem Ruf nach Gleichberechtigung der Frau. Das war zu einer Zeit, nämlich Ende des vergangenen Jahrhunderts, als z. B. das Frauenwahlrecht allgemein noch zwanzig bis vierzig Jahre auf sich warten ließ. Adlers Einsatz als Psychologe für die Gleichwertigkeit der Frau geht auf seine frühen soziologischen Grundüberzeugungen von sozialistischer Demokratie zurück. Dieses Gebiet, und was damit zusammenhängt, wird im zweiten Kapitel behandelt.

Kapitel 3 behandelt Adlers grundlegende Auffasung der menschlichen Dynamik als einer ständigen Zielstrebigkeit von unten nach oben, nach Erfolg (subjektiv definiert), nach Vervollkommnung, nach Überwindung. »Männlicher Protest« war der Ausdruck, mit dem Adler diese Dynamik ursprünglich belegte, nämlich ein »richtiger Mann« sein oder, im Falle einer Frau, so gut und machtvoll wie ein Mann sein zu wollen. »Männlich« bezieht sich also nicht auf Sexualität, sondern auf männliches Geschlecht im Gegensatz zum weiblichen und auf die kulturelle Stellung der Geschlechter. Die Sexualität, deren Bedeutung Adler voll anerkannte, war nach seiner Auffassung der der Zielstrebigkeit untergeordnet.

Diese Ansichten standen in scharfem Gegensatz zu denen Freuds, der Sexualität als Trieb, der körperlich begründet ist und den der Mensch gemeinsam mit den Tieren hat, und als grundlegende Dynamik betrachtete. Diese Betonung des Biologischen im Menschen geschah vielleicht zum Teil mit Rücksicht auf Zweckmäßigkeit, schrieb doch Freud: In den Sexualvorgängen hat man aber die vermißte ›organische Grundlage‹, ohne die dem Mediziner im Seelenleben so unheimlich wird. (McGuire, 1974, S. 156). So war Freud auch bestrebt, die Psychoanalyse den Naturwissenschaften zuzuordnen, während Adlers Individualpsychologie sich von Anfang an zu den Sozial- oder Geisteswissenschaften rechnete.

Um Adlers Auseinandersetzung mit Freud richtig beurteilen zu können, muß man berücksichtigen, daß diese zu einer Zeit stattfand, als Freud nur die Libido – seine Bezeichnung für den Sexualtrieb – und deren Verdrängung als dynamische Begriffe anerkannte. Erst mehr als zehn Jahre später schrieb Freud von einer Dreiteilung der Seele in Es, Ich und Ich-Ideal oder Über-Ich und gab damit den Auftakt zur späteren psychoanalytischen Ich-Psychologie. Zur Zeit der Abspaltung aber kritisierte Freud an Adler, daß er sich nur mit einer Ich-Psychologie befasse. Andererseits, als Freud mit der Dreiteilung die Wendung seiner Es-Psychologie zu einer Ich-Psychologie einleitete, begrüßte dies Adler sogleich mit den Worten: »Die letzten Interpretationen machen den Eindruck, als ob sich die Freudsche Libidolehre mit rasender Schnelligkeit auf unseren Standpunkt des Gemeinschaftsgefühls und des Strebens nach einem Persönlichkeitsideal (›Ich-Ideal‹) hin bewege, was im Interesse eines wachsenden Verständnisses sehr zu begrüßen wäre« (1912a, S. 32; neu in der Auflage von 1922).

Während Kapitel 3 sich mit Adlers theoretischer Einordnung der Sexualität befaßt, handelt Kapitel 4 von den praktischen Problemen der Sexualität, Liebe und Ehe im täglichen Leben und gibt praktische Meinungen und Ratschläge von Adler wieder. Hierbei muß der Leser bedenken, daß diese zu Beginn dieses Jahrhunderts entstanden und sich in der Zwischenzeit viel geändert hat, so daß manches etwas veraltet anmuten mag. Adler war sich wohl bewußt, daß der praktische Teil notwendigerweise zeitgebunden ist, erwartete Änderungen und war bereit, sie gelten zu lassen. Aber die theoretischen Grundannahmen überdauern, und man kann aus ihnen gegebenenfalls neue praktische Schlüsse ableiten.

Kapitel 5, über die Theorie sexueller Störungen, behandelt in den bei-

den ersten Abschnitten gewisse revisionistische Entwicklungen in der amerikanischen Psychoanalyse bis Ende der 70er Jahre und zeigt, wie sehr diese mit der ursprünglichen Kritik Adlers an Freud übereinstimmen. Der Einfachheit halber haben wir uns hauptsächlich auf zwei repräsentative Autoren bezogen. Seit deren Arbeiten hat sich die Psychoanalyse weiter in dieser Richtung entwickelt. Man kann wohl sagen, wenn die Psychoanalyse zur Zeit der Abspaltung von Adler Standpunkte vertreten hätte, die man ihr heute zuordnen kann, dann hätte es keine Abspaltung geben können, wie verschiedentlich bemerkt worden ist. Der dritte Teil befaßt sich mit Sexualität im Dienste der Gesamtpersönlichkeit, das heißt des Lebensstils, und mit nicht-sexuellen Zielen, denen Sexualität dienen kann, beim gesunden wie besonders beim neurotischen Menschen. Die restlichen drei Teile zeigen, wie sexuelle Störungen als Versuche eines entmutigten Menschen aufzufassen sind, das sexuelle Problem zu lösen.
Kapitel 6 befaßt sich mit den klinischen Aspekten sexueller Störungen. Da Adler diese wie andere psychogene Störungen auffaßte, war auch deren Behandlung im Prinzip gleich. Wir haben in Adlers Psychotherapie drei Aspekte unterschieden, von denen der emotionale Aspekt, der aus Ermutigung und deren Methoden besteht, der wichtigste ist. So bringt Ermutigung allein oft Heilung. Der zweite, kognitive Aspekt beruht auf Erkenntnis des Lebensstils und strebt dessen Umgestaltung an. Für den dritten, technischen Aspekt lieferte Adler wohl Beispiele; deren systematische Beschreibung blieb jedoch späteren Autoren vorbehalten. Aber vor allem war Adler ein Pragmatiker. Als solcher ordnete er alle Theorie und Regeln den Erfordernissen des konkreten Falles unter, wie die abschließende humorvolle Anekdote zeigt.
Das Buch entstand als Kommentar zu einem in englischer Sprache erschienenen Sammelband mit Adlers Schriften über Sexualität und das Verhalten der Geschlechter zueinander, einschließlich der Abweichungen, und bildete den Anhang zu diesem Band. Auf diesen englischen Ursprung ist zurückzuführen, daß durchweg auf »Adlersche Psychologie« hingewiesen wird, dem nordamerikanischen Gebrauch entsprechend, während man in deutscher Sprache die Bezeichnung »Individualpsychologie« gewählt hätte. Der Sammelband bestand in erster Linie aus Material, das in Adlers Fischer Taschenbüchern »Heilen und Bilden«, »Über den nervösen Charakter«, »Menschenkenntnis«, »Das Problem der Homosexualität«, »Wozu leben wir?« und »Psychotherapie und Erziehung, I«, zu finden ist, auf die im vorliegenden Buch auch häufig hingewiesen wird.
Die Übersetzung wurde mit großer Sorgfalt und Sachkenntnis von Mo-

nika Denis, Diplom-Individualpsychologische Beraterin, Zürich, besorgt, unter wertvoller Mitarbeit bei der Bearbeitung der Quellen von Dittmar Boesing, Köln, und bei der Gestaltung des Textes von Hans Rudolf Gurzeler, Zürich. Ihnen allen ist der Verfasser zu aufrichtigem Dank verpflichtet, den er hiermit gern zum Ausdruck bringt.

Die Hauptbotschaft, die Adler hinterläßt, lautet, daß das ganze Gebiet der Sexualität nicht als ein Problem des einzelnen allein aufzufassen ist, sondern durchaus als ein zwischenmenschliches Problem, das zu seiner erfolgreichen Lösung die Kooperation von zwei gleichberechtigten Menschen verschiedenen Geschlechtes erfordert und das auch im weiteren menschlichen Zusammenhang gesehen werden muß.

Ferner, da Adlers Psychologie durchaus ganzheitlich ist, wird eine umfassende Darstellung seiner Sexualtheorien, wie sie hier versucht wurde, notwendigerweise zu einer eigentlichen Einführung in seine Psychologie überhaupt.

Burlington, Vermont
Im August 1988 Heinz L. Ansbacher

I. Grundannahmen und Begriffe

Dieses Buch, ein Kommentar zu den Schriften Alfred Adlers über Frauen, Liebe, Sexualität und deren Störungen, soll eine Lücke von über fünfzig Jahren zwischen deren Entstehung und der Gegenwart füllen und deren Verständnis und Auswertung erleichtern. Um einen entsprechenden Bezugsrahmen zu schaffen, erscheint es angebracht, kurz einige Grundannahmen Adlers und die dazugehörigen Termini zu besprechen. Die Grundannahmen blieben über die Jahre hinweg ziemlich gleich, während einige der Termini zu einem höheren theoretischen Niveau entwickelt wurden.

Einheit des Organismus: Lebensstil

(1) Für Adler ist die Einheit des Individuums die bedeutendste Grundannahme, von der sich alle anderen ableiten. Sie ist das Fundament seiner sozialen, ganzheitlichen Persönlichkeitstheorie, Psychopathologie und Psychotherapie, die er Individualpsychologie nannte. »Individual« ist nicht nur als unteilbar zu verstehen, sondern auch als die tatsächlich unwandelbare Einheit bei den höheren biologischen Formen (Ansbacher, 1974b). Das Individuum ist ein aktiver, lebendiger Organismus. Leben ist aktive Bewegung.

(2) Der Begriff »Lebensstil« wurde schließlich von Adler gewählt, um die Gesamtheit des menschlich-individuellen Funktionierens auszudrücken. »Immer blieb die größte Aufgabe dem nimmer ruhenden schöpferischen Geist vorbehalten, der freilich in die Bahn des kindlichen Lebensstils gezwängt bleibt. Dorthin läuft auch alles ab, was Namen hat in den verschiedenen psychologischen Schulen: Instinkte, Triebe, Gefühle, Denken, Handeln, Stellungnahme zu Lust und Unlust und endlich Eigenliebe und Gemeinschaftsgefühl. Der Lebensstil verfügt über alle Ausdrucksformen, das Ganze über die Teile« (1956b, S. 176). Dies schließt natürlich auch den Sexualtrieb und alle Verhaltensweisen, die mit ihm zusammenhängen, ein.

Der Terminus »Lebensstil« wurde von Adler erst um 1926 eingeführt (siehe Ansbacher 1967). Aber der Begriff war von Anfang an da, vielfältig ausgedrückt als z. B. »Leitbild«, »Lebensform«, »Lebenslinie«, »Lebensplan«, »Bewegungslinie«, »Persönlichkeit«, »Psyche«, »die ganze Person«, »das ganze Individuum«, »die ganze Persönlichkeit«.

Einheitliche Dynamik: Streben nach einer Plus-Situation

(1) Eine Auffassung vom Menschen als einem einheitlichen Organismus erfordert ein einheitliches dynamisches Prinzip. Adler leitete die entsprechende Annahme vom Leben allgemein ab. Alle Lebensformen sind durch eine Bewegung in Richtung Wachstum und Ausdehnung charakterisiert. Der Mensch, der fähig ist, die Zukunft vorauszuahnen und der gezwungenermaßen wählen muß, schafft sich Ideale und Ziele, die er zu entwickeln versucht und die ihm Kriterien zum Auswählen vermitteln. Der Mensch wird nicht durch objektive Ursachen entscheidend geleitet, sondern durch subjektive Ziele und Ideale. »Die wichtigste Frage... lautet nicht Woher?, sondern: Wohin?« (1956b, S. 103).
(2) Es ist schwierig, dieses einheitliche dynamische Prinzip zu benennen. Bei seinem ersten Versuch nannte Adler es »der Wunsch, ein Mann zu sein«, im Sinne des Sex-Stereotyps der männlichen Rolle in der Kultur seiner Zeit: privilegiert, stark, mächtig. Dies würde das letztliche Ziel beider Geschlechter sein. Noch deutlicher ausgedrückt und besonders beim Neurotiker würde es »der männliche Protest« heißen, ein Terminus, der häufig in Adlers Frühschriften zu finden ist. Dies wurde bald teilweise durch »Wille zur Macht« ersetzt, im Sinne von Mächtigsein, womit nicht notwendigerweise über andere zu herrschen gemeint ist (siehe Ansbacher, 1972). Spätere Termini waren: »Streben von einem Gefühl der Minderwertigkeit zu einem der Überlegenheit«, »Vollkommenheit«, »Vollendung«, »ein Erfolgsziel, als subjektiv wahrgenommen, von einer empfundenen Minus- zu einer Plus-Situation«, oder einfach »Schwierigkeiten überwinden«. »Im steten Vergleich mit der unerreichbaren idealen Vollkommenheit ist das Individuum ständig von einem Minderwertigkeitsgefühl erfüllt und von diesem angetrieben« (1956b, S. 126).

Relative Selbstbestimmung: Schöpferische Kraft

(1) Obwohl Adler den Einfluß der Vererbung, einschließlich des Sexualtriebes und anderer Triebe, voll anerkannte, ebenso wie die Bedeutung der allgemeinen Umwelt- und kulturellen Einflüsse, meinte er nicht, daß dies alles das Verhalten direkt bestimmt. Statt dessen entwickelt der Mensch, sobald er ins Leben eintritt, die Fähigkeit, Ereignisse zu beeinflussen und zu schaffen, wie alle Produkte unserer Kultur, angefangen mit der Sprache, dies bezeugen. Da der Mensch nicht völlig durch Vererbung oder Umwelt bestimmt wird, nahm Adler eine relative Selbstbestimmung an. Er verglich den Menschen mit einem Künstler, der seinen Lebensstil aus dem verfügbaren Material und den Umständen erschafft.
(2) Diese angenommene »dritte Kraft«, zusätzlich zu Vererbung und Umwelt, die letztlich der bestimmende Faktor ist, wurde von Adler die »schöpferische Kraft« des Individuums genannt. Das ist nicht etwas, mit dem nur einige »begabte« Menschen ausgestattet sind, sondern ist allen, mit Ausnahme der wirklich Geistesschwachen, gemeinsam (siehe Ansbacher, 1971b, 1971c).

Sozialer Zusammenhang: Gemeinschaftsgefühl

(1) Der Mensch ist ein unteilbares Ganzes, bestehend aus vielen koordinierten, sich wechselseitig beeinflussenden Teilen, ein System. Aber er ist auch Teil von größeren Einheiten oder Systemen – seiner Familie, der Gesellschaft, der Menschheit, unseres Planeten, des Kosmos. Von Natur aus hat er die Fähigkeit, in Harmonie mit dem Netzwerk der Systeme zu leben, in das er hineingeboren wird. Wenn wir ihn häufig in Konflikt mit der Welt finden, so ist dies nicht auf die menschliche Natur als solche zurückzuführen, sondern auf Fehler, die sich aus ungenügendem Training und aus Mißverständnissen im Hinblick auf seinen Platz in der Welt ergeben.
(2) Adler setzte eine natürliche Fähigkeit voraus, die uns ermöglicht, in Harmonie zu leben mit den Bedingungen, in die wir als Teil eines sozialen Systems hineingeboren werden. Er nannte dies die Fähigkeit zum »Gemeinschaftsgefühl«.
Anfangs betrachtete er das Gemeinschaftsgefühl als angeborenes Verhalten oder dynamische Kraft, auf gleichem Niveau und entgegengesetzt zum Überlegenheits- und Machtstreben. Aber dies wäre dynamischer Dualismus, völlig unvereinbar mit einer ganzheitlichen Theo-

rie. Dynamische Einheit wurde gesichert, als Adler die Korrektur machte: »Gemeinschaftsgefühl ist nicht angeboren, sondern eine angeborene Möglichkeit, *die es bewußt zu entfalten gilt*« (1929c, S. 49; Kursivschrift hinzugefügt). Gemeinschaftsgefühl ist demzufolge das gleiche wie jede andere Fähigkeit, z. B. Lesen, Kochen, Skifahren etc., jedoch bedeutender. Nur das Aufwärtsstreben bleibt folglich als die einzige angeborene dynamische Kraft, die mit allem Leben geteilt wird.

Wenn das Gemeinschaftsgefühl jedoch einmal entwickelt ist, ist es wahrscheinlich, daß es wie jede andere Fähigkeit auch in zweiter Linie zur motivierenden Eigenschaft wird. Der Mensch möchte gern das tun, was er gut kann. Solche Interessen werden Teil der eigenen Selbstauffassung und Zielvorstellung, Teil des eigenen Strebens.

Gemeinschaftsgefühl unterscheidet sich von Konformität und Über-Ich insofern, als es »spontanes soziales Bemühen« einschließt (1929c, S. 49), das Raum läßt für soziale Erneuerung, sogar durch Rebellion.

Leben als Lösen von Problemen: drei Lebensaufgaben

(1) Wenn wir annehmen, daß der Mensch im wesentlichen ein Teil von größeren Systemen ist, sehen wir seine Schwierigkeiten nicht so sehr darin, wie er mit sich, seinen Trieben, seiner inneren Natur zurechtkommt, sondern wie er innerhalb seiner Systeme funktioniert. Seine Probleme sind immer als Probleme der sozialen Beziehungen zu betrachten (wie dies später auch Harry S. Sullivan ausführte). Und sogar die Lösung von offensichtlich persönlichen Problemen, so vermutet man, wird erleichtert, indem sie nicht in der Person selbst gesucht wird, sondern in bezug auf die Stellung des Problems in einem größeren Zusammenhang und indem man es in seiner richtigen Proportion sieht.

(2) Der Terminus, mit dem Adler diese Annahmen umschrieb, ist »die drei Lebensaufgaben«, womit er das Problem des menschlichen Zusammenlebens, des Berufes und der Sexualität und Ehe meinte. Da alle drei Probleme letzten Endes soziale Probleme sind, benötigt man zu ihrer zufriedenstellenden Lösung ein genügend entwickeltes Gemeinschaftsgefühl. Seelische Gesundheit ist mit der zufriedenstellenden Lösung der drei Lebensaufgaben oder Problemkomplexe verbunden.

Seelische Gesundheit: Soziale Nützlichkeit

Aus dem Vorhergehenden ergibt sich Adlers Auffassung von seelischer Gesundheit und seelischer Störung. Bei seelischer Gesundheit finden wir Selbstvertrauen und ein hochentwickeltes Gemeinschaftsgefühl, das Identifikation und Anteilnahme mit der Umgebung, speziell der sozialen, sicherstellt und das eine erfolgreiche Lösung der Lebensaufgaben erleichtert. Es ist der Lebensstil des Mitmenschen, dessen Ziel der Vollendung einen allgemein sozial nützlichen Beitrag zur Gemeinschaft darstellt.

Seelische Störung ist durch starke Minderwertigkeitsgefühle charakterisiert, die hinter einer Fassade von Überlegenheit, verbunden mit unterentwickeltem Gemeinschaftsgefühl, versteckt sein können. Dies führt zu Schwierigkeiten, die Lebensaufgaben zu bewältigen. Adler charakterisiert alle Formen von seelischer Störung als »Fehlschläge im Leben«. Sie beinhalten den Lebensstil eines verwöhnten Kindes, dessen Ziel sich eher in selbstbezogener Erwartung als in einem über-sich-selbst-hinausgehenden Beitrag ausdrückt und stellen damit ein gesellschaftlich unnützes Streben dar.

Da Adler seelische Gesundheit als soziale Nützlichkeit begriff, wollte er, daß seine Psychologie von größtem Nutzen für viele sei – eine Psychologie von allen, für alle. Adler (1925 g) drückte seine Überzeugung mit den Worten aus: »Die Individualpsychologie... setzt... sich aber auch zum Ziel, nicht einer Gelehrtenkaste neue Waffen zu schmieden, sondern der Allgemeinheit zu dienen. Will sie den mitmenschlichen Kontakt verstärken, dann muß sie Allgemeingut werden. Will sie die Neurose aus der Welt schaffen und das Selbstbewußtsein des einzelnen und der Gesellschaft heben, dann muß sie ihr ganzes Wissen und Können der Allgemeinheit ausliefern... Keinesfalls aber ist es angängig, dem Erzieher, den Eltern, dem Patienten eine geringere Erkenntnis gewähren zu wollen als dem Arzte oder dem Philosophen« (S. 222–223).

Im Gegensatz zu Freud

Diese sechs Annahmen beziehen sich alle auf traditionelle Streitfragen der Psychologie und fordern mögliche gegensätzliche Annahmen heraus (siehe Michael Wertheimer, 1972). In der Tat machte Freud die gegensätzliche Annahme für jede dieser Fragen. Dieser Unterschied ist das Ergebnis von Adlers Verständnis der Psychologie als einer organismischen, sozial orientierten Disziplin, während Freuds Ideal das

einer medizinischen Disziplin war (siehe Ansbacher, 1974a). Im Gegensatz zu Adlers Annahmen behauptete Freud: (1) Der menschliche Organismus ist in verschiedene Regionen unterteilt und in bewußte und unbewußte Teile. (2) Es gibt zwei Gruppen von entgegengesetzten Trieben, Lebenstriebe und Todestriebe. (3) Der Mensch ist Kräften außerhalb seiner Kontrolle unterworfen, er ist nicht Herr im eigenen Haus. (4) Soziales Leben ist nur möglich durch Verdrängung. (5) Die Lösung von sozialen Lebensaufgaben ist nichts als eine abweichende Art der primitiven Grundbefriedigung. (6) Seelische Gesundheit beruht auf glücklicher Ausbalancierung von Konflikten.
Zusammengefaßt sind Adlers Annahmen bezüglich der menschlichen Natur und der Möglichkeit der Psychotherapie optimistisch, Freuds Annahmen hingegen pessimistisch.

II. Ein Psychologe der Gleichwertigkeit der Frau

Adler stellte seine Haltung zur »Frauenfrage« in Kapitel 7 seines Buches »Menschenkenntnis« (1927a) dar. Es ist eine sowohl soziologische und erzieherische als auch psychologische Darlegung und bezieht sich mehr auf Lebenssituationen und erzieherisches Handeln als auf einzelne Fälle. Unsere Kommentare dazu beziehen sich zum großen Teil auf Adlers Lebenskreis und Aktionsradius und können als kleine biographische Studie betrachtet werden.

Interesse am Sozialismus

Theoretisches Interesse

In seiner Studienzeit und wahrscheinlich schon früher begann Adler sich für die aufkommende sozialistische Bewegung zu interessieren. Furtmüller (1964), Adlers bester Jugendfreund und Mitarbeiter, beschrieb die sozialistische Studentengruppe und Adlers Beziehung zu ihr. »Sie studierten die Bücher von Karl Marx... Es gab ein intensives intellektuelles Leben zwischen den Mitgliedern dieses Kreises und eine Begeisterung, die Welt für eine bessere Zukunft vorzubereiten... Adler stand in seiner Studentenzeit ziemlich abseits und war nur durch persönliche Freundschaft mit den Mitgliedern der sozialistischen Gruppe verbunden. Als junger Arzt (er erhielt den Doktortitel 1895) schloß er sich der Gruppe an und erschien an ihren Diskussionstreffen... als Zuhörer, nicht als Sprecher oder Mitdiskutierender. Auch haben ihn nicht alle Fragen der marxistischen Theorien... mit gleichem Interesse erfüllt. Ich denke, daß die Wirtschaftstheorie von Marx Adler nie sehr beschäftigt hat« (S. 332–333).

»Aber«, fährt Furtmüller fort: »etwas ganz anderes war es in Bezug auf die soziologische Konzeption, auf die der Marxismus begründet ist. Diese hatte einen entscheidenden Einfluß auf die gesamte Entwicklung von Adlers Denken« (S. 333). Manès Sperber (1974) stimmt dem zu, indem er prophezeit: »Es wird immer mehr ersichtlich werden, wie sehr Adlers Individualpsychologie dialektisch in Geist und Form, als auch im Inhalt ist.« Zwei von Marx' »herausforderndsten Formulie-

rungen, die sicher den jungen Adler beeindruckt und beeinflußt haben«, sind: (1) »Das menschliche Sein ist nicht eine Abstraktion, die jedem einzelnen Individuum innewohnt, sondern es ist in Wirklichkeit die Gesamtheit der sozialen Beziehungen«; und (2): »Das Individuum ist nicht nur das Produkt, sondern auch der Produzent seiner Bedingungen.« (S. 18). Henri Ellenberger (1973) stimmt zu, daß »der Einfluß des Marxismus in mehreren Grundkonzepten der Individualpsychologie zu erkennen« ist (S. 849).
In seinen Schriften erwähnte Adler sein Interesse an Marx und am Sozialismus selten, obgleich Sperber (1974) erwähnt: »In unseren frühen Gesprächen zitierte Adler sowohl Marx als auch seine Schüler sehr oft« (S. 18). Eine Schrift »Über die Psychologie des Marxismus« wurde nie veröffentlicht und ist nur in verkürzter Form in den Protokollen der Wiener Psychoanalytischen Gesellschaft erschienen, wo Adler (1909 d) diese Schrift vorlas. Er betrachtete das Proletariat als sensibel »gegenüber jeder Art von Herabsetzung«, und diese Empfindlichkeit als »das Gefühl, das dem Klassenbewußtsein zugrunde liegt... Marx' größte Leistung ist es... daß er diese Empfindung ins Bewußtsein brachte, als erste ausführliche Analyse der Massen« (S. 173–174). Neun Jahre später bestätigte Adler (1918 e; 1982 a), daß er mit Marx die grundlegenden Annahmen über die menschliche Zielvorstellung und Neigung zum Gemeinschaftsgefühl teilte. In der Tat, »Karl Marx... zeigte einen Weg zur letzten Auswirkung des Gemeinschaftsgefühls« (S. 25). Anlaß war ein Aufsatz, in dem Adler eine scharfe Linie zwischen sich selbst und den Terrorpraktiken der Russischen Revolution zog.
Die genaueste und letzte Aussage über Marx findet man in Adlers Antwort auf eine Vorlesung vor der Wiener Gesellschaft für Individualpsychologie, gehalten 1925 von Max Adler, der kein Verwandter Alfred Adlers war, in welcher der Philosoph des Austromarxismus versuchte, gewisse Grenzen zwischen der Individualpsychologie und dem Marxistischen Sozialismus abzustecken. Gegen Schluß seiner Antwort macht Alfred Adler (1925 g) geltend: »Das Studium von Marx halte ich für äußerst wertvoll. Vielleicht wie keines der anderen Werke ist seines geeignet, den Blick für *Zusammenhänge* zu schärfen. Und ich stimme mit dem Vortragenden überein, daß seine Gedanken aus stärkstem Gemeinschaftsgefühl entsprungen sind und zu stärkstem Gemeinschaftsgefühl führen können. Ich muß aber darüber hinausgehen und betonen, daß die wissenschaftliche Leistung Marx' in vieler Hinsicht, wenn auch auf anderem Gebiete, eine wundervolle *Zusammenhangsbetrachtung* ergibt, die deshalb der individualpsychologischen nahesteht, weil sie wie die letztere Stellungnahme und Endziel betrachtet und den Sinn

der äußeren Erscheinungen danach abschätzt. Freilich sollen wir darüber nicht vergessen, daß diese Leistungen sich auch anderwärts finden, besonders in *Dichterwerken* und in den Religionen« (S. 223; Kursivschrift hinzugefügt).

Praktisches Interesse

Adler schrieb Artikel über psychologische Sachverhalte für sozialistische Zeitungen und Wochenzeitschriften (z. B. 1923 b, 1924 a, 1925 c), einschließlich seines ersten Artikels über Sexualität und Erziehung (1905 a), auf den wir später wieder zurückkommen werden. Er veröffentlichte auch drei Schriften über allgemeine politische Ereignisse, in denen er die Anklage der Alliierten Sieger gegenüber den Völkern der besiegten Länder auf kollektive Kriegsschuld (1919 a) zurückweist, in denen er den Bolschewistischen Terror anklagt (1918 e) und in denen er zu neuen Methoden aufruft, um dieses Machtstreben über andere, zwischen Individuen und zwischen Völkern, zu bekämpfen (1928 m).

Obwohl Adler (1912 a, S. 56) sich einmal in einer angefügten Fußnote auf »meine wohlbekannte sozialistische Weltanschauung« bezog, war seine politische Beteiligung sehr begrenzt. Gemäß allen Berichten war er Mitglied der Sozialdemokratischen Partei, und zu Beginn der Österreichischen Republik war er für kurze Zeit in seinem Wohnbezirk Vorsitzender des Arbeiterrates mit geringen Verwaltungsaufgaben. Als solcher war Adler in erster Linie an Erziehungsangelegenheiten interessiert (Furtmüller 1964, S. 372). Aber bald gab er sämtliche politischen Aktivitäten auf, auch seine Parteimitgliedschaft, um »seine Zeit und Kraft in ein Gebiet zu investieren, in dem er durch niemand sonst ersetzt werden konnte« (S. 372). Dies beinhaltete die Errichtung eines Netzes von freien Erziehungsberatungsstellen in Wien und an anderen Orten, sowie unzählige öffentliche Vorlesungen, um seine Psychologie direkt einer möglichst großen Anzahl von Menschen zu vermitteln.

Adlers Beziehung zum Sozialismus wird noch heutzutage vermerkt und bestätigt. Bourdet (1971) nahm Adler in sein Biographisches Wörterbuch der Internationalen Arbeiterbewegung auf. Doch scheint dies nur auf der Tatsache zu beruhen, daß die sozialistische Stadtregierung von Wien Adler zu jener Zeit erlaubte, seine Erziehungsberatungsstellen in öffentlichen Schulen einzurichten. Sie verschaffte ihm auch andere Erleichterungen und ernannte ihn zum Ehrenbürger, »obwohl er kein militanter Sozialdemokrat war«.

Forderung nach Gleichberechtigung der Frau

Einer der sozialistischen Standpunkte war die Forderung nach Gleichberechtigung der Frau. August Bebel (1895), Mitbegründer der sozialdemokratischen Partei, schrieb: »Eine der wichtigsten (Fragen) ist... die sogenannte Frauenfrage« (S. 1). »Mit der Herrschaft des Privateigentums war die Unterwerfung der Frau unter den Mann und ihre Knechtschaft besiegelt« (S. 34). »Von allen bestehenden Parteien ist die sozialdemokratische Partei die einzige, welche die volle Gleichberechtigung der Frau, ihre Befreiung von jeder Abhängigkeit und Unterdrückung in ihr Programm aufgenommen hat... Es gibt keine Befreiung der Menschheit ohne die soziale Unabhängigkeit und Gleichstellung der Geschlechter« (S. 7).

Adler machte diese Forderung weitgehend zu seiner eigenen. Er bemerkte, daß »der zu starke Vorrang der Männlichkeit« der »Krebsschaden unserer Kultur« sei (1910d, S. 88–89). Oder er sprach von der männlichen Vorherrschaft als »einer der tiefsten Wunden unseres Gesellschaftslebens«. Aber während die Sozialisten an eine politische Lösung dachten, hatte Adler im wesentlichen eine erzieherische Lösung im Sinn. »Seelische Gesundung... ist... von einer Pädagogik zu erwarten, die nicht mit dem Kinde nur redet, sondern es versteht, das Gefühl der Gleichberechtigung der Geschlechter trotz der Gegenwart, die das Gegenteil zeigt, in den Kindern wachzurufen« (1913f, S. 133).

Bereits 1908 äußerte sich Adler über diese Frage in einer Diskussion mit Fritz Wittels und Freud. Wittels (Nunberg und Federn, 1967) tat die Frauenbewegung ab, indem er sagte: »Die Leute haben keinen Sinn für das Verkehrte und Sinnlose dieser Bestrebungen, aber auch die Frauen selbst nicht« (S. 329). Adler gab zurück: Wittels hat »als Reaktionär, sich an die fernste Vergangenheit gewendet, um dort Schwächen zu suchen« (S. 331). Adler fuhr fort, der wesentliche Unterschied zwischen seinen und den Ansichten des Sprechers und Freud sei: »Während alle annehmen, daß der Rahmen der gegenwärtigen Gruppierung von Mann und Frau unveränderlich ist, nehmen die Sozialisten an, daß der Rahmen der Familie heute schon erschüttert ist und es noch mehr wird. Die Frau wird sich nicht hindern lassen, durch die Mutterschaft, einen Beruf zu ergreifen: entweder wird sie einigen hinderlich bleiben oder aber sie wird ihre Beschwerden verlieren... Zuerst muß die Frau als Eigentum beseitigt werden« (S. 331–332). Dazu antwortete Wittels: »Es läßt sich nicht vereinigen, Freudianer und Sozialdemokrat zu sein« (S. 333), eine Aussage, der wir zustimmen würden. In einer späteren

Diskussion im gleichen Jahr (Nunberg und Federn 1967) fügte Adler hinzu: »Man darf nicht vergessen, daß die Frauen sich erst im Anfangsstadium ihres Kampfes befinden« (S. 82).

Dieses kulturelle Vorurteil gegen Frauen, bemerkte Adler, drückt sich selbst in unserer Sprache aus, ein Aspekt, dessen wir uns heute sehr bewußt geworden sind. Alder (1936n) schrieb: »Die Sprache verweigert der Frau die volle Gleichwertigkeit, die für die Liebe wesentlich ist. Wir sagen noch immer, daß ein Mann sich eine Frau ›nimmt‹. Worte und Sprichwörter, in denen die alten Vorurteile fortleben, sind mächtiger als die meisten Männer erkennen. Sie erhalten falsche Traditionen am Leben und korrumpieren auf subtile Weise unser Urteil. Es sollte kein ›Nehmen‹ in der Liebe oder Ehe geben, sondern ein gegenseitiges ›Geben und Nehmen‹« (S. 152). »Redewendungen, Anekdoten, Sprichwörter und Witze aller Völker sind voll herabsetzender Kritik der Frau, der Streitsucht, Unpünktlichkeit, Kleinlichkeit, Dummheit... vorgeworfen wird« (1927a, S. 122). »Bekanntlich gibt es Männer, denen man keine ärgere Beleidigung zufügen kann, als die, weibisch zu sein, während aber männliches Wesen bei Mädchen nichts Abträgliches bedeutet« (1927a, S. 124).

Eine umfassende frühere Aussage Adlers (1914f) zur Frauenfrage ist folgende: »Vielleicht ist die wichtigste Frage in unserer Gesellschaft die *Frauenfrage*. Unser auf Arbeit und Erwerb gestelltes Leben bringt es mit sich, daß in der Sprache der Ziffern ausgedrückt, der Mann einen höheren Wert beansprucht und zugewiesen erhält als die Frau. Dieses ökonomische Verhältnis drückt sich in den meisten Köpfen in der Form aus, als wäre die Frau des Mannes wegen auf der Welt und zu seinen Diensten. Eine derartig unnatürliche Voraussetzung, künstliche Teilung des natürlichen Zusammenhangs der Geschlechter, ein Vorurteil, das gerne an gelegentliche Verhinderungen der Frau anknüpft, wird von Frauen wie Männern meist durchs ganze Leben getragen. Nicht in Worten und bewußten Gedanken muß man diese Wertung suchen, sondern in der Haltung.« Bei der Frau tauchen »die Waffen des Schwachen auf, Umwege zu überaus hohen Zielen und Züge einer Unterwerfung, die anfänglich übertrieben erscheinen, bald jedoch in die Linien der Herrschsucht umbiegen. Der natürliche Sinn des Körpers und seiner Organe wird verfälscht, alle Regungen werden verändert und vergiftet durch das erwünschte und zugleich unerwünschte Ziel, durch den Zwang der Ehe« (S. 482).

Adler fährt fort: »Denn die Züge der natürlichen Weiblichkeit sind der Entwertung anheimgefallen und lassen sich nur bedingungsweise wiederherstellen. Was hochgelehrte Autoren als ›angeborene weibliche

Züge‹ im schlechten Sinne des Wortes gefunden zu haben glauben oder als weibliche Artung, die zur dauernden Minderwertigkeit verdamme, ist nichts anderes als dieses eben geschilderte Notprodukt, das zustande kommen muß, weil das kleine Mädchen einen männlichen Aberglauben von der Aussichtslosigkeit ihres geistigen Strebens in sich aufgenommen hat und nun dauernd mit einer männlichen Stimme zu reden versucht... Die menschliche Seele kann aber in einer solchen Selbstentwertung keinen Ruhepunkt finden. Der Schluß ist eine meist verborgene, aber leicht zu entziffernde, sonderbare Feindseligkeit gegen den scheinbar bevorzugten Mann.« Dies ist die »tiefste Krankheit unseres gesellschaftlichen Organismus« (S. 483).

Obwohl Adler die Frauen für benachteiligt hielt, wurde er ihnen gegenüber nicht sentimental. Er glaubte, daß Frauen aufgrund ihrer unterlegenen Position dazu tendieren, selbstbezogener zu sein als Männer. »Es ist eine Tatsache, daß heutzutage Frauen sich minderwertig fühlen... Der Leser, der davon nicht überzeugt ist, möge die Bestrebungen von Frauen genauer in Augenschein nehmen. Er wird entdecken, daß sie gewöhnlich andere zu übertreffen wünschen und daß sie sich im Laufe ihrer Entwicklung häufig in ein Training stürzen, das intensiver ist als es notwendig wäre. Sie sind... selbstbezogener als Männer. In Zukunft müssen Frauen dazu angeleitet werden, mehr Gemeinschaftsgefühl zu entwickeln und nicht ständig nur für sich und ohne Rücksicht auf andere Vorteile zu suchen... Um dahin zu gelangen, müssen wir erst den Irrglauben an männliche Vorrechte beseitigen« (1929d, S. 136).

Was die Benachteiligten im allgemeinen betrifft, zeigte Adler denselben Mangel an Sentimentalität und entwickelte die Frustrations-Aggressions-Hypothese wie folgt: »Schwierigkeiten beim Broterwerb, schlechte Arbeitsbedingungen, unzureichende erzieherische oder kulturelle Möglichkeiten, ein freudloses Dasein und fortwährender Ärger, alles dies sind Faktoren, die das Minderwertigkeitsgefühl steigern, Überempfindlichkeit hervorrufen und das Individuum dazu treiben, nach ›Lösungen‹ zu suchen... Haßmotive treten am deutlichsten bei den Wirtschaftskrisen unserer Zeit zutage... Zerstörung bedeutet für die Massen eine Erlösung aus den Situationen, die sie für untragbar hielten und erscheint ihnen deshalb als eine Voraussetzung für Verbesserungen... Kinder in Proletarierbezirken... die in der Angst vor dem starken Vater... aufwachsen, haben das Gefühl der Ängstlichkeit bis in die Mannbarkeit, und wir müssen feststellen, daß im Durchschnitt der Proletarier einen weniger weltfreundlichen Eindruck macht, als der Bürger, der mutiger ist als jener« (1956b, S. 414).

Das Recht auf Abtreibung

In Übereinstimmung mit dem Vorhergesagten nahm Adler (1925 i) gegen die vorhandenen Anti-Abtreibungsgesetze Stellung. Wir greifen dies hier auf, da das Problem der Abtreibung mit den sozialen und soziologischen Aspekten der Frauenfrage zusammenhängt.
Interessanterweise rechtfertigte Adler seinen Standpunkt nicht nur mit Argumenten, wie wir sie im allgemeinen hören – nämlich der Vorteil für die betreffende Frau, ihr Recht auf den eigenen Körper usw., sondern auch vom Standpunkt des Kindes, welches, da unerwünscht und vielleicht gehaßt, ein besonders erschwertes Leben zu erwarten hätte. Dies ist für Adlers Sicht aller Probleme charakteristisch, einschließlich speziell derjenigen, die in der Psychotherapie vorkommen. Nicht, indem man »tiefer« in das »Unbewußte« des betreffenden Individuums vordringt, wird die Lösung gesucht und gefunden, sondern indem man das Problem in einen größeren Zusammenhang stellt. Auf diese Weise können die Handlungen des Individuums in ihrer Auswirkung auf andere beteiligte Menschen in bezug auf das größere Wohl besser ausgewertet werden. Dadurch, daß Adler dem einzelnen Menschen seine Verantwortlichkeiten bewußt macht, möchte er ihm ermöglichen, sein Problem auf eine Art zu lösen, die einen Beitrag zum größeren Ganzen darstellt.

Männliche Vorherrschaft, eine kulturelle Entwicklung

Daß Frauen von Geburt her minderwertig seien, war Ende des 19. Jahrhunderts bis hinein ins 20. Jahrhundert eine weitverbreitete Meinung. Während dies der Fall war, wurde die gegenteilige Auffassung, daß männliche Vorherrschaft eine kulturelle Entwicklung sei, von einem Schweizer Juristen, Historiker und Anthropologen, Johann Jakob Bachofen (1815–87), stark unterstützt.
In seinem Buch *Das Mutterrecht* stellte Bachofen (1861) die These auf, daß die monogame, patriarchalische Familie mit der daraus folgenden untergeordneten Rolle der Frau nicht immer existiert habe. Dieser Zustand war nicht unveränderlich, festgelegt durch gewisse angeborene Eigenschaften der Geschlechter, sondern das Ergebnis einer historischen Entwicklung in drei Stufen. Der ursprüngliche Zustand war der einer sexuellen Promiskuität. Darauf folgte das Matriarchat, da die Frauen der einzige Elternteil waren, der sicher bekannt war. Dann wurden die Männer vorherrschend, und das Patriarchat wurde errichtet.

Nach August Bebel (1885) glaubte Bachofen, daß die Frauen sich vehement dieser sozialen Umwandlung entgegenstellten und daß die vielen Legenden von Amazonen-Reichen, die wir auf der ganzen Welt finden, »Belege für den Kampf... der Frauen gegen die neue Ordnung« seien (S. 33).

Kurz nach Bachofen kam unabhängig davon Lewis H. Morgan (1877), ein amerikanischer Anthropologe, aufgrund seiner Studien über amerikanische Indianer zum Schluß, daß das Matriarchat dem Patriarchat voranging.

Die Bachofen-Morgan-Theorie wurde für diejenigen sehr wichtig, die sich für gleiche Rechte für Frauen einsetzten. Wenn das Patriarchat nicht die einzige Form des Familienlebens war, sondern das Matriarchat dem vorausging, dann hätten Frauen von Natur aus die Fähigkeit, wie Männer zu herrschen, und wären auch in Bezug auf andere Fähigkeiten wahrscheinlich den Männern gleich. Darum bezogen sich die Sozialisten Friedrich Engels (1884) und August Bebel (1885) ausdrücklich auf Bachofen und Morgan und fügten ihre eigene Deutung hinzu. Zum Beispiel schrieb Bebel: »Die Geltung des Mutterrechts bedeutete Kommunismus, Gleichheit aller; das Aufkommen des Vaterrechts bedeutete Herrschaft des Privateigentums und... Unterdrückung und Knechtung der Frau« (S. 34). »Die Frau und der Arbeiter haben seit alter Zeit gemein, Unterdrückte zu sein« (S. 8). Aber: »Die Frau wurde Sklave, ehe der Sklave existierte« (S. 98–9).

Auch Adler benutzte die Bachofen-Morgan-Theorie, um seine Argumentation für die Gleichheit der Geschlechter zu unterstützen. Er schrieb: »Es war in der Zeit des *Mutterrechts*, wo es die Mutter war, die Frau, die im Leben die bedeutendere Rolle gespielt hat... Eine natürliche Angelegenheit ist demnach die männliche Vormachtstellung nicht gewesen« (1927a, S. 118–119). Da Adler in diesem Zusammenhang auf Bebel Bezug nimmt, dürfen wir mit ziemlicher Sicherheit annehmen, daß Adler durch ihn die Theorie Bachofens kennenlernte. Dies dürfte während Adlers frühen Studienjahren der Fall gewesen sein, als er zum erstenmal mit der sozialistischen Literatur bekannt wurde. Das bedeutet, daß er sich für soziale Probleme im Zusammenhang mit gleichen Rechten für beide Geschlechter interessierte, lange bevor er begann, sich mit psychologischen Problemen zu beschäftigen.

Heute wird die Bachofen-Morgan-Theorie nicht mehr akzeptiert. Nur ›Matriliny‹ (Festlegung der Abstammung durch die Mutter) gilt als bestätigt. Für die Herrschaft der Frau sind ›keine zuverlässigen Beweise‹ gefunden worden (*Encyclopaedia Britannica*, 1973). Dennoch gilt heute, was die Theorie belegen sollte, nämlich daß die Unterordnung der Frau nicht durch die Natur, sondern durch die Kultur festgelegt ist.

Überwindung des »Männlichen Prinzips«

In dem Buch *Über den nervösen Charakter* (1912a) bekennt Adler seinerseits eine »anfängliche Überschätzung eines abstrakten männlichen Prinzips« (S. 177).

Später erzählt Adler (1930o): »Am Tag der Beerdigung meines jüngeren Bruders wurde ich zu meinem Großvater gebracht... Nach dem Gottesdienst kam meine Mutter, um mich nach Hause zu bringen. Ich kann mich noch heute erinnern, wie diese gute Frau, ganz in schwarz gekleidet und mit einem schwarzen Schleier, nicht aufhörte zu weinen. Mein Großvater bemühte sich, sie zu trösten und flüsterte ihr ein paar Worte zu, die ihr ein Lächeln entlockten... Ich war empört. Wie konnte eine Mutter am Beerdigungstag ihres Kindes lächeln?... Ich verstand diese Feindseligkeit gegenüber meiner Mutter umso besser, als ich sie auch in zwei weiteren Erinnerungen feststellen konnte. Die erste ist wie folgt: nach einem Streit zwischen meinem Vater und meiner Mutter wandte ich mich voller Bewunderung an den Vater und sagte zu ihm: ›Du bist so mutig wie ein Soldat.‹ Daraufhin legte er aufgeregt seinen Finger auf seinen Mund und flüsterte mir zu: ›Du darfst keiner Seele auch nur ein Wort davon erzählen.‹ Beim zweiten Vorfall erinnere ich mich an einen Onkel mütterlicherseits, der mir strenge Vorwürfe machte, daß ich gegen meine Mutter immer so trotzig sei. Ich war ziemlich erschrocken. Bis zu diesem Augenblick hatte ich diese offensichtliche Tatsache nie bemerkt. Ich beschloß, freundlicher zu sein und fand es um so einfacher, als meine Mutter überaus gutmütig war. Nach diesem Ereignis trotzte ich nie mehr gegen meine Mutter, und bis zum heutigen Tag betrachte ich sie als eine der großartigsten Mütter« (S. 7).

Adler erachtete zwei Aspekte als wichtig, wenn nicht sogar bestimmend für eine homosexuelle Entwicklung: 1) eine negative Einstellung zum anderen Geschlecht und 2) Zweifel des Kindes in Bezug auf die eigene Geschlechtsrolle, was Adler als grundlegend für Neurosen im allgemeinen betrachtete. Auf den ersten Faktor könnte man aufgrund der obenerwähnten Erinnerungen schließen, während der zweite Faktor zutreffen könnte, wenn Adler (1912a) schreibt: »Ich habe mir in den letzten Jahren meiner Arbeiten... öfters die Frage vorgelegt, ob nicht auch in meiner eigenen kindlichen Entwicklung ein ähnlicher

Zweifel vorgeherrscht habe, trotzdem mich das hermaphroditische Problem nur als Kritiker, also scheinbar sekundär und auffallend spät gereizt hat« (S. 176).

Dennoch hatte Adler natürlich keine homosexuellen Neigungen, noch zeigte er irgendeine Form des männlichen Protests. Wie sollen wir dann diese Betrachtungen Adlers über sich selbst verstehen, die – was ihn persönlich betrifft – anscheinend seiner eigenen Theorie widerspechen?

Im Hinblick auf eine negative Einstellung gegenüber dem weiblichen Geschlecht und dem Festhalten am »männlichen Prinzip« finden wir bei genauerer Beobachtung tatsächlich einen großen Unterschied zwischen den frühen Erinnerungen von wirklichen Homosexuellen und denen von Adler. Homosexuelle klagen das andere Geschlecht der Feindseligkeit ihnen gegenüber an, während Adler die Schuld auf sich nimmt. Er klagte seine Mutter für nichts Schlimmeres an als ein Lächeln, das er unangemessen fand, und beschrieb sie als »diese gute Frau«, die »von überaus freundlicher Natur« und »eine der großartigsten aller Mütter« war. In einer früheren Version dieser Erinnerungen, in welcher er sie nicht als seine eigenen zu erkennen gibt, bemerkt Adler (1929c, S. 107; 1930d, S. 75) über seine Mutter, daß ihr »Charakter ... von besserer Art war«. Was den Zweifel an seiner Geschlechtsrolle betrifft, fuhr Adler fort: »Immerhin zeigt mir meine Weltanschauung, daß ich einer alten kindlichen Gegensätzlichkeit in mir sehr wohl Herr geworden sein muß, ohne daß ein übertriebener männlicher Protest erwachsen wäre. Denn ich habe im Leben wie in der Wissenschaft nach einer anfänglichen Überschätzung eines abstrakten männlichen Prinzips die Flut der Argumente von der ursprünglichen Minderwertigkeit der Frau mit sachlicher Ruhe zurückgewiesen« (1912a, S. 177).

Die Psychiater haben oft bei der Entwicklung ihrer Theorien ihren eigenen Zustand benutzt und ihren eigenen Fall beschrieben, obwohl sie dies im allgemeinen nicht ausdrücklich gesagt haben. Ellenberger (1970) bringt zahlreiche Beispiele für diese Tatsache. In Bezug auf Adler zeigt er, wie andere vor ihm, daß Adlers Erkrankung an Rachitis im frühen Alter »seine Theorien der Organminderwertigkeit, des Minderwertigkeitskomplexes und der Kompensation erklären würden« (S. 889).

Dazu können wir nun hinzufügen, daß es wahrscheinlich die eigene Erfahrung der Opposition gegen das andere Geschlecht, seine eigene Erfahrung der Unsicherheit in Bezug auf seine Geschlechtsrolle und seine eigene »anfängliche Überbewertung eines abstrakten männlichen Prinzips« waren, die zu wichtigen Faktoren in seiner frühen Theorie über Neurose und Homosexualität wurden. Darüber hinaus wurden diese Erfahrungen ebenso wie die der Organminderwertigkeit genauso wichtig oder sogar wichtiger bei seiner Theorie der relativen Selbstbestimmung und der Psychotherapie: Die objektiven und sogar die subjektiven Faktoren bestimmen das Ergebnis nicht unbedingt. Sie schaffen bloß gewisse Wahrscheinlichkeiten eines Ergebnisses in dem Sinne, daß das Individuum durch sie leicht »verführt« wird, in die falsche Richtung zu gehen. Man kann sie jedoch überwinden und darüber hinauswachsen, und auf jeden Fall müssen sie in ihrem Zusammenhang verstanden werden.

Adler beschreibt, wie er sich veränderte, wie er die Situationen umformte. Im ersten Beispiel traf er die Entscheidung, freundlicher zu seiner Mutter zu sein und ihre tatsächliche Gutmütigkeit anzuerkennen. Im zweiten Beispiel beendete er seine Zweifel in Bezug auf seine Geschlechtsrolle, d. h. das Spekulieren darüber, ob er »ein richtiger Mann« oder »wie eine Frau« sein würde, indem er klar die Gleichheit der Geschlechter anerkannte. So begann er in beiden Beispielen die Situation aus dem Blickwinkel des »Gegners« zu betrachten, indem er sich in ihn einfühlte, was einem verstärkten Gemeinschaftsgefühl gleichkommt, was, neben der Ermutigung, der Hauptfaktor in Adlers Theorie der Psychotherapie ist.

Die Voraussetzung dafür war, daß Adler sich selbst als aktiv Handelnden und nicht als passives Opfer und Leidenden sah. Diese aktive und konstruktive Reaktion auf Mißgeschicke, Einsicht in eigene Missetaten und Fehler wird in fast allen seinen Erinnerungen offensichtlich. Als Adler im Alter von vier Jahren beinahe an einer Lungenentzündung starb, »entschloß ich mich, Arzt zu werden, damit ich in Zukunft fähig sein würde, mich gegen Krankheit und Tod zu schützen« (1930o, S. 7). Als er im Alter von drei Jahren merkte, daß er – jedesmal wenn er wütend wurde – an einer leichten Atemnot litt, beschloß er, »das Wütendsein überhaupt aufzugeben« (S. 6). Als er mit zehn Jahren einmal versehentlich einen anderen Jungen verletzte, »eine Verletzung, die ich ihm unbeabsichtigt zufügte und… die nicht sehr schwerwiegend war… war ich derart beeindruckt, daß ich es vorzog, mehr Zeit zu Hause zu verbringen und zu arbeiten« (S. 6).

Diese Eigenschaft, Mißgeschicke aller Art zu überwinden, die in Adlers frühen Erinnerungen hervortritt, wurde zum Hauptmerkmal seiner Psychologie. »Immer handelt es sich um Überwindung… Hierin liegt die Grundlage für unsere Auffassung vom Streben nach Überlegenheit« (1933i, S. 23). »Es wächst alles, ›als ob‹ ihm das Ziel der Voll-

endung vorschweben würde. Das Ziel der Vollendung nennen wir das Ziel der Überwindung« (1932i, S. 265).
Weitere frühe Erinnerungen von Adler finden wir bei Adler (1920a, S. 176–181) und Phyllis Bottome (1957, S. 30–33). Einige von Adlers Erinnerungen wurden zum Ausgangspunkt für Artikel von Brennan (1968), Rayner (1957) und Mosak und Kopp (1973).

Ehe mit einer unabhängigen Frau

Adler hatte sich nicht nur für den Kampf für Gleichberechtigung der Geschlechter interessiert, sondern er handelte auch entsprechend, als er im Jahre 1897, d. h. zwei Jahre nach Abschluß des Medizinstudiums, eine junge Frau heiratete, die selbst stark an die Rechte und die Gleichheit der Frau glaubte. Dies ist ein weiterer Beleg für die Auffassung, daß Adlers soziale Überzeugungen seinen psychologischen Überlegungen vorausgingen.
Die Frau war Raissa Timofeyewna Epstein aus Moskau, die nach einem Jahr an der Universität Zürich nach Wien gekommen war, um dort die Universität zu besuchen. Raissa kam aus einer reichen jüdischen Familie, die mit der neuen Transsibirischen Eisenbahn zu tun und das Privileg, in Moskau zu leben, erhalten hatte, wo Juden normalerweise nicht leben durften. Adlers Biographin Phyllis Bottome (1939) beschrieb sie als eine gutaussehende kleine junge Frau mit »einer sehr starken selbständigen und aufrichtigen Persönlichkeit« (S. 45) und an radikalen Ideen und politischer Veränderung interessiert. Man sah Raissa und Adler zuerst zusammen an sozialistischen Versammlungen. Ihr gemeinsames Interesse an sozialer Verbesserung muß einen großen Teil ihrer gegenseitigen Anziehung ausgemacht haben. Bald nach ihrer Heirat veröffentlichte Raissa Adler (1899) eine Arbeit über Koedukation in der Medizin, die damals noch umstritten war. Die Arbeit faßte eine Umfrage von Dr. Erismann zusammen, die unter Schweizer Professoren mit schon dreißigjähriger Erfahrung in Koedukation auf dem Gebiet der Medizin gemacht wurde. Es stellte sich heraus, daß sie voller Lob für die Medizinstudentinnen waren. Erismanns Ergebnisse erschienen in Moskau in einem Symposiumsbericht zur Unterstützung der Frauenbewegung.
Während Adler im Laufe der Zeit immer mehr Veränderung auf der individuellen psychologischen Ebene befürwortete, dachte Raissa weiterhin im Sinne der politischen Aktion. Dieser Unterschied verursachte – nach Phyllis Bottome (1939) – erhebliche eheliche Spannungen. Zu-

sätzlich fühlte sich Raissa von ihrem Mann, der seine ganze Zeit mit seinen Patienten und seinen Schriften verbrachte, vernachlässigt. Außerdem hatte »Raissa keine Freude an Details der Haushaltsführung... und zu diesem Zeitpunkt vernachlässigte sie ihr Interesse an Kleidung... Sie war wahrscheinlich viel zu sehr auf das ausgerichtet, was ihrer Meinung nach den Charakter und die Pflichten eines Menschen ausmacht, in einer Welt, die sie zumindest versuchen wollte, zu verändern, als ihrem überarbeiteten Ehemann Freude zu machen« (S. 49).
Bottome beschreibt ein Photo aus dieser Zeit, auf dem Adler neben Raissa steht und das erste Kind im Arm hält. »Der Vater schaut auf das Kind herunter, während Raissa in die Ferne blickt... Dennoch scheint sie ganz sicher zu sein, daß Vater und Kind ihr ganz gehören und sich selbstverständlich so verhalten werden, wie sie es zu Recht erwarten kann« (S. 50). Viele Jahre später wurde ein sehr ähnliches Foto wie das oben beschriebene veröffentlicht (Scarf, 1971), auf welchem Adler mit seiner zweiten Tochter im Arm dasitzt und sie betrachtet, während Raissa etwas hinter ihm steht und gradeaus schaut. Die erstgeborene Tochter steht vor ihrer Mutter, wendet sich aber dem Vater zu und hat die Hände auf seinen Schoß gelegt. Die Unterschrift lautet: »Adler liebkost seine Tochter Alexandra... unter der strengen Aufsicht von Frau Adler...« (S. 46). Beide Bilder scheinen die weitere Stellungnahme zu illustrieren: »Die Kinder, vier im ganzen, bevorzugten alle bei weitem ihren lebensfrohen, extrovertierten Vater vor ihrer strengen, politisierenden Mutter« (S. 45).
Einem Bericht von Bottome (1962) zufolge, als sie im Jahre 1934 Frau Adler vorgestellt wurde und ihr zum Ausdruck brachte, wieviel sie Adlers Lehre verdanke, erwiderte Raissa: »Ich bin nicht mit allem einverstanden, was Adler lehrt... ich glaube, daß diese Dinge ökonomisch bedingt sind und politisch angegangen werden sollten, und mein Mann glaubt das nicht« (S. 182).
Doch war Raissa in Wirklichkeit politisch und auch sonst nie so aktiv, wie sie es eigentlich sein wollte. Wir wissen nur von einigen politischen Freundschaften. Andererseits nahm sie an der Arbeit ihres Mannes teil. 1913 publizierte sie Berichte von Zusammenkünften des Vereins für Freie Psychoanalytische Forschung, einem Vorläufer des Vereins für Individualpsychologie. Nur sieben Treffen wurden auf diese Weise kurz zusammengefaßt. Jedoch sind die Berichte von beträchtlicher Wichtigkeit, als nahezu einzige Aufzeichnung über die Tätigkeit dieses Vereins. Sie erschienen nur in einer russischen Zeitschrift, wo sie bis vor kurzem unbeachtet blieben. Zwischen 1926 und 1932 veröffentlichte Raissa fünf Buchbesprechungen in der Zeitschrift ihres Mannes

(Mosak u. Mosak, 1975) und 1931 einen sehr positiven Bericht über Kindererziehung in der Sowjetunion nach einem Besuch dort. Ebenfalls 1931 nahm sie schließlich, zusammen mit Regine Seidler, das Amt der Bibliothekarin des Vereins für Individualpsychologie an (Handlbauer, 1984, S. 133).

Bottome (1939) nennt die vier Kinder des Ehepaars Adler Raissas »einzig greifbare Frucht all ihrer Träume« (S. 117). Sie muß besonders desillusioniert über die Entwicklung in Rußland unter Stalin gewesen sein, die für die Familie Adler mit der Tragödie ihrer Tochter Valentine, der ältesten der vier Kinder, endete. Die anderen, Alexandra und Kurt, sind Psychiater in New York, und Nelly lebte ebenfalls dort.

Im Gegensatz zu ihrem Vater war Vali, wie sie genannte wurde, eine eifrige Befürworterin der neuen Ordnung in Rußland. In einem Artikel in der Zeitschrift ihres Vaters bemerkte Vali Adler (1925), daß die Polarisierung ›männlich – weiblich‹ in bürgerlichen Kreisen viel größer ist als in proletarischen, wo die Frauenbewegung Teil des allgemeinen Befreiungskampfes ist. »In Sowjetrußland gibt es kein Frauenproblem« (S. 310). Als Hitler an die Macht kam, mußte sie Berlin, wo sie sich niedergelassen hatte, verlassen. Sie wanderte mit ihrem Mann nach Rußland, der Heimat ihrer Mutter, aus. Sie wurde dann, ungeachtet ihrer politischen Überzeugung, wie alle Flüchtlinge aus Deutschland festgenommen, und man hörte nichts mehr von ihr. Jahre nach dem Zweiten Weltkrieg mußte die Familie schließlich erfahren, daß sie 1942 gestorben war. Eine Mitgefangene, Susanne Leonhard (1968), überlebte und schrieb ein Buch über ihre eigenen Erfahrungen, eine Art früher persönlicher *Archipel Gulag* in deutscher Sprache. Sie hatte Vali von Berlin her gut gekannt und beschreibt sie in ihrem Buch fortlaufend als eine unerschrockene Kämpferin, die jedoch allmählich resignierte und mit der Zeit das stalinistische System leidenschaftlich zu hassen begann. »Wenn ich das überlebe...! Wenn ich jemals aus dieser Hölle herauskomme und ein Buch darüber schreibe...« (S. 344) zitiert die Autorin Vali. Es ist eine traurige Ironie, daß der Vater sofort die kommunistische Revolution ihrer Methoden wegen verurteilte, während die Tochter deren begeisterte Anhängerin wurde – und ihr Opfer.

Um auf Raissa zurückzukommen, ist zu sagen, daß – als Adler sie gegen Ende seines Lebens wirklich brauchte – ihre sofortige positive Reaktion ihrer beider Leben veränderte. Mit Bottomes Worten (1939): »Sie fanden wieder zueinander« (S. 224). Nach Adlers Tod wurde seine Individualpsychologie Raissas Hauptanliegen, und sie setzte sich unablässig für die Adler-Gesellschaft in New York ein, deren spätere lebenslängliche Ehrenpräsidentin sie wurde (Bottome 1962).

Abgrenzung gegenüber dem Marxismus

Da Adler betreffs Gleichberechtigung der Frau wie auch in anderer Hinsicht so nahe an die marxistische Position rückte, ist es wichtig zu klären, inwiefern er sich theoretisch und politisch vom Marxismus unterschied.

Theoretischer Aspekt

Adler (1927a) lehnte den historischen Determinismus, den viele Marx-Anhänger betonten, ab. Natürlich erkannte er an, daß der Mensch nicht völlig frei, sondern immer mit seinen biologischen Gegebenheiten und bestimmten Aufgaben konfrontiert ist. »Diese Aufgaben sind untrennbar verbunden mit der *Logik des menschlichen Zusammenlebens*... und lassen sich seinem Einfluß nur bis zu einem gewissen Grade unterwerfen«. Er war der Überzeugung, daß »wir mit den immanenten Spielregeln einer Gruppe... als mit einer absoluten Wahrheit rechnen müssen... Ein bedeutsamer Anteil dieser Grundtatsachen ist in der materialistischen Geschichtsauffassung festgehalten, die Marx und Engels geschaffen haben. Nach dieser Lehre ist es die ökonomische Grundlage... die den ›ideologischen Überbau‹, das Denken und Verhalten der Menschen bestimmt.« Adler fährt jedoch fort: »Soweit reicht der Einklang mit unserer Auffassung von der wirkenden ›Logik des Zusammenlebens‹, von der ›absoluten Wahrheit‹. Die Geschichte, vor allem unsere Einsicht in das Einzelleben... lehrt uns aber, daß das menschliche Seelenleben gern mit Irrtümern auf die Impulse der ökonomischen Grundlagen antwortet...« (S. 37). Wäre der Mensch total durch die Umstände bestimmt, könnte man nicht von Irrtümern sprechen.

Adler fährt später fort: »Wichtiger als Anlage, objektives Erlebnis und Milieu ist deren subjektive Einschätzung... In der Massenpsychologie ist diese grundlegende Tatsache schwer zu entdecken, weil der ›ideologische Überbau über der ökonomischen Grundlage‹ (Marx und Engels) und seine Tatsetzungen einen Ausgleich der persönlichen Differenzen erzwingen« (1930q, S. 23–24). Tatsächlich aber werden »für jede Gegenwart... die ökonomischen Verhältnisse von jedem Einzelnen und von den Massen je nach ihrem vorher erworbenen Lebensstil reflektiert und beantwortet« (1934i, S. 62).

Ein weiteres Argument gegen den Determinismus war, daß dessen Aneignung als persönliche Philosophie die Einzelinitiative erstickt, während sie gleichzeitig die Tendenz verstärkt, den Umständen die Schuld zu geben und von der Verantwortung frei zu bleiben. »Die Eltern, das

Schicksal sind schuld ... so und ähnlich lauten die Versuche des Kindes, sich durch den Hinweis auf das Fatum – ganz wie in den griechischen Dramen und Schicksalstragödien – zu entlasten, sein Selbstgefühl zu retten und die Schuld anderen zuzuschieben« (1912a, S. 70).
Hinsichtlich der sozialen Ebene bemerkte Adler (1934i): »Mag sein, daß die starke Betonung der Richtigkeit der materialistischen Geschichtsauffassung, trotz aller Leugnungen, den Elan ihrer Anhänger stark herabsetzt« (S. 62–63). Diese Betonung des Determinismus bezog sich in erster Linie auf die Gemäßigten im marxistischen Lager. In der Tat wurde Adler von den gemäßigten Sozialisten kritisiert, weil er zuviel von der Einzelinitiative erwartete. Eine sozialistische Berliner Zeitung, die sonst auf sehr positive Weise über einen der erfolgreichen Vorträge Adlers berichtete, kritisierte ihn, weil er nicht Bezug nahm »auf die gegenwärtigen Einschränkungen für eine Erfüllung des Gemeinschaftsideals, welche durch die bestehende Klassenstruktur gegeben sind« (M. R., 1930).
Gemäß anderer Autoren hatte sich die gemäßigte sozialdemokratische Mehrheit der Marxisten für die relative Tatenlosigkeit eines optimistischen Determinismus entschieden. Sie glaubten, daß sich die sozialen Kräfte, ganz abstrakt betrachtet, von selbst richtig auswirken würden (Bauer 1952, S. 13–20; Lichtheim 1961, S. 235–38).
Indem Adler dem Individuum eine gewisse Freiheit der Wahl und eine bestimmte Verantwortlichkeit zugestand, hob er gleichzeitig das Selbstwertgefühl des Patienten und ermutigte ihn – ein sehr wichtiger Aspekt in der Psychotherapie. Da es Adlers Hauptanliegen war, dem Individuum zu helfen, unter den gegebenen Umständen möglichst frei und kooperativ zu werden, legte er nicht zuviel Gewicht auf die sozialen Hindernisse, obwohl er sich sehr wohl der bestehenden Übel der Gesellschaft und der Notwendigkeit der Veränderung bewußt war.

Politischer Aspekt

Während Adler mit dem Determinismus der Gemäßigten nicht einverstanden war, lehnte er die Billigung der Gewalt seitens der weniger deterministischen Radikalen völlig ab. Sobald die Bolschewiken an die Macht gekommen waren, nahm Adler (1918e) entschieden gegen ihren Mißbrauch der Macht Stellung. Er schrieb: »Für viele Sozialisten scheint nun der Bolschewismus in seinem wichtigsten Punkte, gewaltsame Durchsetzung des Sozialismus, ein selbstverständlicher Gedanke. Wir wollen zugeben: es scheint der einfachste Weg, alles was gut ist und glückverheißend ... mit den Mitteln der Macht zu erschaffen. Wo im

Leben des Menschen oder in der Menschheitsgeschichte ist ein solches Vorhaben schon gelungen?« (S. 25).

»Der Kampf um die Macht hat also eine psychologische Seite... Überall weckt die Anwendung selbst sanfter Gewalt Gegenwillen, selbst dort, wo sichtlich das Wohl der Niedergezwungenen bezweckt wird... Unser seelisches Organ antwortet auf äußeren Zwang mit einem Gegenzwang, sucht seine Befriedigung nicht in Belohnungen des Gehorsams und der Fügsamkeit, sondern trachtet seine Machtmittel als die stärkeren zu erweisen« (S. 25–26).

»Diese Partei [die Bolschewiki, Anm. d. Übersetzerin] und ihre Freunde verfolgen Ziele, die auch die unseren sind. Aber der Machtrausch hat sie verlockt... Wir sehen ehemalige Freunde, alte, wackere Weggenossen in schwindliger Höhe. Verführt vom Machttrieb, wekken sie allenthalben das Verlangen nach Gewalt... Wenn es ein Mittel gibt, sie zurückzurufen, dann kann es nur die Erinnerung sein an das Wunder der Gemeinschaftsgefühle, das wir zu wirken haben, das nie durch Anwendung der Macht gelingt. Für uns andere aber ergeben sich Weg und Taktik aus unserem obersten Ziel: der Pflege und Stärkung der Gemeinschaftsgefühle« (S. 28).

In einer Arbeit »Die Psychologie der Macht«, die im *Handbuch des aktiven Pazifismus* erschien (1928m), drang Adler darauf »daß das typische Ideal unserer Zeit«, nämlich der einsame Held, für den seine Mitmenschen bloße Objekte sind, ersetzt werde durch »ein anderes... das des Heiligen, allerdings gereinigt von phantastischen, dem Zauberglauben entstammenden Schlacken« (S. 236).

Wir haben bereits erwähnt, daß Adler in den frühen Zwanzigerjahren alle politischen Aktivitäten aufgab, um seine ganze Zeit und Kraft seiner Psychologie zu widmen. Einige Jahre später brach er die Beziehung zu einigen seiner Anhänger ab, die damals Kommunisten waren, unter ihnen Manès Sperber und Otto und Alice Rühle. Zu dieser Trennung meinte Furtmüller (1964): »Wir haben gesehen, wie die marxistische Soziologie die Grundlagen beeinflußte... aus der sich Adlers Psychologie entwickelte. Einige seiner Anhänger versuchten, aus der Individualpsychologie eine Hilfsdoktrin für den Marxismus zu machen... Adler war sich immer bewußt, daß die gemeinsame ideologische Anlehnung an Marx seine Individualpsychologie in die Nähe von soziologisch motivierten Bewegungen rücken könnte. Aber er lehnte es ab, die Individualpsychologie zu einer parteipolitischen Angelegenheit zu machen« (S. 387–388).

Erziehungsberatungsstellen und weibliche Mitarbeiter

Adler engagierte sich in seiner eigenen sozialen Aktion, indem er auf freiwilliger Basis und mit der Zustimmung der Schulbehörden in den Schulen Wiens freie Erziehungsberatungsstellen einrichtete. Deren charakteristisches Merkmal war, daß sie nicht ausschließlich zum Wohl des Kindes und der Eltern konzipiert waren, sondern vielmehr als Übungsseminare für Lehrer und andere interessierte Personen, einschließlich Eltern, Ärzten, Sozialarbeitern, Studenten usw. So wurden die Erziehungsberatungen gewöhnlich vor einer Zuhörerschaft von dreißig bis fünfzig Personen abgehalten. Sie wurden mit der Zeit so populär, daß manchmal sogar Kinder von ganz allein kamen.

Gemäß einer Umfrage von Sophie Freudenberg (1928) gab es bis 1927 zweiundzwanzig Adlerianische Erziehungsberatungsstellen in Wien und weitere zwanzig im übrigen Europa, davon fünf in München unter der Leitung von Leonhard Seif (S. 39). Die Erziehungsberatungsstellen in Wien wurden oft von sozialdemokratischen Eltern- oder Frauengruppen unterstützt (S. 35). Deshalb wurden diese, von denen es bis dahin über dreißig gab, geschlossen, als 1934 die reaktionäre Schuschnigg-Regierung in Österreich an die Macht kam (1956b, S. 361 und 362; 1964a, S. 380). Die deutschen Erziehungsberatungsstellen waren bereits von den Nazis ein Jahr zuvor geschlossen worden oder sie wurden von diesen übernommen. Im Einklang mit Adlers Einstellung zur Gleichwertigkeit der Frau war eine große Anzahl seiner Mitarbeiter in diesen Erziehungsberatungsstellen Frauen, wie auch sonst viele seiner Anhänger Frauen waren. Die folgenden Namen weiblicher Mitarbeiter wurden in einem Text von Adler und Mitarbeitern (1930f) gefunden, der die Arbeit dieser Erziehungsberatungsstellen beschrieb: Alexandra Adler (Adlers zweite Tochter), Alice Friedmann, Martha Holub, Olga Knopf, Sophie Lazarsfeld, Ida Loewy, Elly Redwin, Regine Seidler und Lydia Sicher. Andere frühe Wiener Individualpsychologinnen waren Gina Kaus, Hilde Krampflitschek, Margarete Minor und Danica Deutsch. In der Tschechoslowakei war es Hedwig Schulhof.

In Deutschland waren es: Ada Beil, Berlin; Lene Credner, München; Sophie Freudenberg, München; Margarete Krause-Ablass, Kiel; Ruth Künkel, Berlin; Sidonie Reiss, Berlin; Alice Rühle-Gerstel, Berlin; Elisabeth Sorge-Boehmke, Else Sumpf, Else Trübswetter, München und andere, wovon viele durch Leonhard Seif, München, ausgebildet waren.

Unter denjenigen, die in den Vereinigten Staaten Pionierarbeit beim

Aufbau oder durch Mitarbeit in Adlerianischen Erziehungsberatungsstellen leisteten, waren Alexandra Adler, Danica Deutsch, Asya Kadis, Helene Papanek, Elly Redwin, Bina Rosenberg, Regine Seidler und Lydia Sicher. Weiterhin wurden die ersten beiden umfassenden Biographien über Adler von Frauen, nämlich Phyllis Bottome und Hertha Orgler verfaßt. Am Anfang dieser Reihe weiblicher Mitarbeiterinnen stand Dr. Margaret Hilferding, die Frau des hervorragenden sozialistischen Führers und Parlamentariers Rudolf Hilferding, die einige Zeit Präsidentin des Wiener Vereins für Individualpsychologie war. Sie war die erste Frau, die Mitglied der Wiener Psychoanalytischen Vereinigung war und folgte Adler bei dessen Austritt im Jahre 1911. Ihren Rücktritt kommentierte Freud sarkastisch in einem Brief an Carl G. Jung: »Unser einziges Doktorweib beteiligt sich an der Adlerschen Revolte, als richtige Masochistin...« (McGuire, 1974, S. 488). Masochismus war für Freud (1933) eine »wahrlich weibliche« (S. 158) Eigenschaft.

Aber es muß in Fairneß zugegeben werden, daß – als Paul Federn Frau Dr. Hilferdings Zulassung zur Gesellschaft vorschlug und Adler den Antrag unterstützte – Freud dies befürwortete, indem er bemerkte, daß es eine »schwere Unvereinbarkeit« darstelle, »würden wir Frauen aus Prinzip ausschließen« (Nunberg und Federn, 1967, S. 477). Dies war in einer Antwort an einen anderen Sprecher enthalten, der erklärte, daß er »grundsätzlich gegen die Aufnahme von Frauen« sei. In einem nachträglichen geheimen Wahlgang waren nur drei von elf Stimmen gegen die Aufnahme von Frauen.

Beziehung zur deutschen Sozialarbeit

Die Sozialarbeit in Deutschland war eng verbunden mit der Frauenbewegung, die ihrerseits im Zusammenhang stand mit der sozialistischen Arbeiterbewegung, wobei alle drei auf die humanistischen Ideen des Aufklärungszeitalters zurückgingen. Diese wechselseitigen Beziehungen spiegeln sich wider in den drei ursprünglichen Forderungen des Allgemeinen Deutschen Frauenvereins, der 1865 gegründet worden war: Recht auf Arbeit für Frauen, soziale Maßnahmen, um ihnen Arbeit zu ermöglichen, und bessere Bildung für Frauen (Ottenheimer, 1959, S. 929).

In diesem intellektuellen Zusammenhang fand die Psychologie Adlers, dessen Philosophie ebenfalls die der Aufklärung war (Ellenberger 1970, S. 628), unter Sozialarbeitern weitgehende Anerkennung. Ein Rück-

blick auf die Sozialarbeit bis zur Hitler-Zeit zeigt dies: »Das Wohlfahrtswesen für erwachsene Hilfsbedürftige wurde seit 1914 in der Kriegs- und Nachkriegszeit mit Hilfe psychologischer Erkenntnisse erweitert und vertieft, und zwar war es vor allem die von *Alfred Adler*, Wien, geschaffene Individualpsychologie, die in eine innige Verbindung mit dem Fürsorgewesen in Deutschland trat; hingegen hat die Psychoanalyse von *Sigmund Freud* weder in der Schule und der Erziehungsfürsorge noch im allgemeinen Wohlfahrtswesen große Wirkungen gehabt. Die Psychoanalyse zwingt den Menschen, sich mit sich selber auseinanderzusetzen; die Individualpsychologie verlangt von ihm, sich mit der Wirklichkeit der *Umwelt* auseinanderzusetzen. Und da es sich im Fürsorgewesen meistens um Menschen handelt, die ihre Bindungen an die Gemeinschaft verloren haben, war die Adlersche Lehre wie geschaffen, die Hilfsmaßnahmen zu bestimmen. Es ist in diesem Zusammenhang nicht der Ort, auf die Lehre selbst einzugehen. Bedeutungsvoll ist Adlers Einstellung auf die Praxis, die sich in der Schaffung unzähliger Heilberatungsstellen auswirkte. Das Prinzip der Individualisierung, welches die Wohlfahrtspflege der Kriegs- und Nachkriegszeit von 1914 bis 1933 bestimmte und auch rechtlich anerkannt wurde, orientierte sich wesentlich an der Lehre von Alfred Adler« (Ottenheimer 1959, S. 849–850). Am Kongreß für Individualpsychologie 1930 in Berlin mit über 2000 Teilnehmern war ein Drittel der Mitglieder des Ehrenkomittees führende Kräfte auf dem Gebiet der Sozialarbeit (Kankeleit, 1931). Unter ihnen war Alice Salomon (1872–1948), Begründerin einer der ersten Schulen für Sozialarbeit und international hervorragende Feministin (Kronfeld und Voigt, 1930).
Unter den Arbeiten von Adlerianern auf diesem Gebiet finden wir eine von Sophie Freudenberg (1926) über Sozialarbeit mit Jugendlichen, eine von Lene Credner (1926) über Delinquenz, einen Überblick von Raoul Simon (1937) über Adlers Psychologie und die Gerichte und zwei Arbeiten von Adler (1921, 1935 m) über Vorbeugung gegen Delinquenz.

Beziehung zur Frauenbewegung

Adler (1933 c) betrachtete seine Psychologie als bedeutend für alle fortschrittlichen humanistischen Sozialbewegungen, als eine wissenschaftliche Quelle für sie alle. Daher wollte er sich nicht zu sehr mit einer bestimmten Bewegung, sei sie religiös, politisch oder die Frauenbewegung, identifizieren. »Der Boden meiner wissenschaftlichen Arbeit wehrt sich gegen die in starre Gesetze gefaßten Normen aller anderen jenseits der Wissenschaft gelegenen Strömungen... Die Individualpsychologie darf sich nur rein wissenschaftlicher Methoden bedienen, muß reine Wissenschaft bleiben und in dieser unveränderlichen Form ins Volk gehen, in der Hoffnung, auch andere wissenschaftliche Bewegungen und Strömungen die dem praktischen Leben näher stehen als sie, zu befruchten... Da ich auf die Kraft und Wirkung der Individualpsychologie vertraue, aber seit jeher überzeugt war, mit einer langen Zeit rechnen zu müssen, da ich zufrieden bin zu sehen, wie ihre Anschauungen in der Seelsorge, in der Schule, in der Kriminalistik, in der Erziehung und in der Psychiatrie immer mehr Boden gewinnen – wie selbst in den politischen Parteien der Gedanke der Gemeinschaft... immer weiter greift – liegt ein Eingreifen in religiöse oder politische Strömungen weniger nahe« (S. 73–75).

In Übereinstimmung mit dieser Haltung drückte Adler der Frauenbewegung nur mit gewissen Einschränkungen seine Unterstützung aus, bei den relativ wenigen Gelegenheiten, wo er das tat.

So schrieb er (1927a): »...Wir müssen sie (die bisherigen Ziele der Frauenbewegung nach Freiheit und Gleichberechtigung)... tatkräftig unterstützen«, aber er fügte die Einschränkung hinzu: »weil schließlich Glück und Lebensfreude der ganzen Menschheit davon abhängen, daß 1) Bedingungen geschaffen werden, die es der Frau ermöglichen, sich mit der Frauenrolle auszusöhnen sowie 2) davon, wie der Mann die Frage seiner Beziehung zur Frau zu lösen imstande ist«. Und er leitete diesen Abschnitt mit der behutsamen Aussage ein: »Wir haben keinen Grund, den gegenwärtigen Zielen der Frauenbewegung... entgegenzutreten«. Er warnte auch, daß die Frauenbewegung von Zeit zu Zeit »in der Hitze des Gefechts den Bogen überspannt« (S. 115).

Wie zu erwarten war, schrieben zahlreiche Frauen, beginnend mit Hedwig Schulhof (1914), über die Frauenfrage im Lichte der Individualpsychologie. Margarete Minor (1925) verglich die Frauenbewegung mit dem männlichen Protest, woran Hilde Grünbaum-Sachs (1926) vieles auszusetzen hatte. Alice Friedmann (1936) befürwortete, daß die Frauen aus ihren neuen Möglichkeiten den Vorteil ziehen, indem sie die Männer in der Arbeit und in der Liebe übertreffen. Der bedeutendste Beitrag ist eine vierhundertseitige Arbeit von Alice Rühle-Gerstel (1932), die nach vierzig Jahren 1973 neu aufgelegt wurde. Das Buch hat zum Thema, wie Frauen jeder der drei Adlerschen Lebensaufgaben – der Liebe, der Arbeit und der Gesellschaft – begegnen. Die Autorin, eine der Marxistinnen, die später von Adler zurückgewiesen wurden, sieht die meisten Frauen aus zwei Gründen in einer Position der Unter-

legenheit: als Proletarierinnen und als Frauen (S. 399). Die ideale Frau wäre »eine Kameradin und Genossin... mutig, fröhlich, intelligent und kompetent« (S. 409). Interessanterweise werden Heirat und Kinder nicht von ihr erwähnt.
So wie Schriftsteller der heutigen Frauenbewegung Unterstützung von Romanschriftstellern und Dramatikern bezogen haben (De Beauvoir 1953, S. 185 ff; Millett 1969, S. 179 ff), so beschäftigen sich auch Adlerianische Autoren mit weiblichen Figuren der Literatur, um zu zeigen, wie durch die ganze Geschichte hindurch die Frauen gegen ihre benachteiligte Situation angekämpft haben (Freschl, 1914; Lazarsfeld, 1927; Oppenheim, 1924/25; Plottke, 1947; Schmid, 1914; Schulhof, 1923, 1923/24a, b).

Freud, Psychologe der weiblichen Minderwertigkeit

Adlers Stellungnahme für die soziale Gleichheit der Frau war einer der Punkte, in denen er sich diametral im Gegensatz zu Freud befand. Doch geht dieser spezielle Gegensatz nicht aus Adlers Schriften hervor. Seine Kritik konzentrierte sich auf Freuds Theorie der menschlichen Sexualität. Eine Erklärung dafür könnte sein, daß, als Adler seine »Kritik der Freudschen Sexualtheorie« veröffentlichte, Freud seine wichtigen, die Frauen abwertenden Aussagen noch nicht gemacht hatte. Freud tat dies nicht bis 1914, und die deutlichsten Aussagen stammen von 1925 und 1933. Zu diesem Zeitpunkt reagierte Adler nicht mehr im einzelnen auf Freuds Entwicklung.
Aber einer von Adlers Anhängern, Erwin O. Krausz (1934), nahm diesbezüglich Stellung. Er zeigte auf, »daß die psychoanalytischen Vorstellungen über ›Die Weiblichkeit‹... von einer stillen *Höherbewertung und Privilegierung des Mannes* und damit einer *Herabsetzung und Entwertung der Frau* durchdrungen sind« und daß »die Psychoanalyse letzten Endes eine Verteidigung des angemaßten Rechts des Mannes darstellt, die Frau als Sexualobjekt anzusehen bzw. sie zu dieser Rolle zu erniedrigen« (S. 16).
Es ist das Verdienst der heutigen feministischen Schriftstellerinnen, daß sie Freuds Ansichten von der konstitutionellen psychologischen Minderwertigkeit der Frau gegenüber dem Mann vollständig aufgedeckt haben. Kate Millett (1969) verfaßte eine ausgezeichnet dokumentierte vierunddreißigseitige Arbeit über Freuds Standpunkt, in welcher sie ihn als »ohne Frage die stärkste gegenrevolutionäre Kraft der sexualpolitischen Ideologie dieser Zeit (1930 bis 1960)« darstellt

(S. 235). Betty Friedan (1963) greift Freud in einem Kapitel von einundzwanzig Seiten an, in dem sie festhält: »In den vierziger Jahren tauchten sie (die alten Vorurteile) nun allerdings in Freudscher Verkleidung wieder auf... Es ist eine zu einer scheinbaren Tatsache erhärtete Freudsche Idee, die sich für so viele Amerikanerinnen als Fallstrick herausstellte« (S. 68).

Die Freudschen Zitate, die diese beiden Autorinnen anführen, sind genau diejenigen, die Krausz bereits dreißig Jahre früher zitiert hatte. Freuds vielleicht vernichtendste Passage über Frauen ist teilweise von allen drei zitiert worden. Sie lautet: »Daß man dem Weib wenig Sinn für Gerechtigkeit zuerkennen muß, hängt wohl mit dem Überwiegen des Neids in ihrem Seelenleben zusammen, denn die Gerechtigkeitsforderung ist eine Verarbeitung des Neids, gibt die Bedingung an, unter der man ihn fahren lassen kann. Wir sagen auch von den Frauen aus, daß ihre sozialen Interessen schwächer und ihre Fähigkeit zur Triebsublimierung geringer sind als die der Männer« (Freud, 1933a, S. 144f; Krausz, 1934, S. 30; Friedan, 1963, S. 108; Millett, 1969, S. 253).

Die Aussage, mit der Freud seine Vorlesung »Die Psychologie der Frau« abschließt, wird von Krausz und Millett zitiert. Sie lautet: »Das ist alles, was ich Ihnen über die Weiblichkeit zu sagen hatte. Es ist gewiß unvollständig und fragmentarisch, klingt auch nicht immer freundlich. Vergessen Sie aber nicht, daß wir das Weib nur insofern beschrieben haben, als sein Wesen durch seine Sexualfunktion bestimmt wird. Dieser Einfluß geht freilich sehr weit, aber wir behalten im Auge, daß die einzelne Frau auch sonst ein menschliches Wesen sein mag« (Freud 1933a, S. 145; Krausz 1934, S. 31; Millett 1969, S. 272).

Krausz empfiehlt, diesen Satz sorgfältig zu lesen; vor allem verdient das Zugeständnis, »daß die einzelne Frau auch sonst ein Mensch sein mag«, nicht übersehen zu werden.

Aus dem eben Gesagten ergibt sich natürlich, daß Freud gegen den Feminismus eingestellt war. Freud (1925j) schrieb: »Man zögert es auszusprechen, kann sich aber doch der Idee nicht erwehren, daß das Niveau des sittlich Normalen für das Weib ein anderes wird... Charakterzüge, die die Kritik seit jeher dem Weibe vorgehalten hat... fänden in der oben abgeleiteten Modifikation der Über-Ichbildung eine ausreichende Begründung. Durch den Widerspruch der Feministen, die uns eine völlige Gleichstellung und Gleichschätzung der Geschlechter aufdrängen wollen, wird man sich in solchen Urteilen nicht beirren lassen...« (S. 29f) Ein paar Jahre später fügte Freud (1931b) hinzu: »Man geht wahrscheinlich nicht fehl, wenn man aussagt, daß dieser Unterschied in der gegenseitigen Beziehung von Ödipus- und Kastrationskomplex den Charakter des Weibes als soziales Wesen prägt.«[1] (S. 523).

Freuds ablehnende Einstellung zum Feminismus ergab sich nicht erst in diesen späteren Jahren. Seine Haltung war bereits zwanzig Jahre oder noch länger zuvor offensichtlich. Schon 1908 sagte Freud: »Überhaupt profitieren die Frauen als Gruppe gar nichts durch die moderne Frauenbewegung; höchstens einzelne« (Nunberg und Federn, 1976, S. 331).

Ein Denkmal der Frauen für Adler

Eine Anekdote aus der Biographie von Hertha Orgler (1963, S. 192–197) erscheint uns als passender Abschluß zu diesem Kapitel. Die Anekdote bezieht sich auf die dänische Bildhauerin Thyra Boldsen (1884–1968), die nach 1931 nach Kalifornien kam und durch riesige Werke aus Marmor wie zum Beispiel »Die Flut«, »Mütter der Welt« und »Die Lebensmelodie«, ebenso wie durch Büsten von Berühmtheiten wie der Schauspielerin Eva le Gallienne und Charles Lindbergh, bekannt wurde. Sie nahm auch aktiven Anteil an Problemen der Philosophie und Erziehung (Bodelsen, 1933–1944). Während ihrer Zeit in Kopenhagen, als Adler dort im Januar 1931 auf Einladung einer Gruppe Vorlesungen hielt, war sie seine Gastgeberin. In einem Brief an Frau Orgler vom 28. Dezember 1937 berichtet Frau Boldsen über die folgende Unterhaltung mit Adler bei Tisch:

BODELSEN: »Ich als Frau muß Ihnen besonders danken für die Hilfe, die sie den Frauen geleistet haben. Was Sie über die Psychologie der Überlegenheit des Mannes über die Frau geschrieben haben, ist von großem Wert für die Frauen in ihrem Streben nach Selbstanpassung an ihre natürliche Stellung in der Gesellschaft. Das Patronat der Männer wird uns nicht länger zermürben, weil wir wissen, daß es durch Eitelkeit und Angst bedingt ist. Und Ihre Aufforderung an die Frauen, daß sie zu ihrem Teil der Verantwortung für das Schicksal der Menschheit aufwachen müssen, ist gerecht und von großer Bedeutung.«

ADLER (wendet sich ihr zu und sagt betont): »Wenn die Frauen wüßten was ich für sie getan habe, würden sie mir ein Denkmal errichten.«

Fünf Jahre später, so Bodelsen, war sie in Kalifornien, als Adler zufällig

1 »Man kann vorhersehen, daß die Feministen unter den Männern, aber auch unsere weiblichen Analytiker mit diesen Ausführungen nicht einverstanden sein werden.« (Fußnote von Freud.)

dort Vorträge hielt, und sie erhielt Gelegenheit, mit einer solchen Skulptur zu beginnen. Damals arbeitete sie gerade an einer großen Skulptur zu Ehren des Frauenstimmrechts. Eine der Figuren sollte Adler darstellen, während die anderen alle Frauen zeigten, die »die Fähigkeiten der Frauen durch bedeutende Beiträge zur Kultur bewiesen und verdeutlicht hatten«. In der Tat saß Adler eine Woche lang mehrere Stunden am Tag Modell. »Dr. Adler erzählte während der Sitzung Geschichten, da ich eine lächelnde Büste schaffen wollte. Er war das lebendigste und interessanteste Modell, das ich je hatte«.

Aber wir wissen nicht, was aus dem Projekt geworden ist.

III. Männlicher Protest – Streben nach Überwindung

Eine Darstellung von Adlers Sexualtheorien muß sich zuerst mit denen von Freud auseinandersetzen, im Gegensatz zu welchen Adler die seinigen entwickelte. Die Kontroverse dreht sich um Adlers Begriff vom »männlichen Protest«, der den zentralen Unterschied zwischen der Psychologie Freuds und Adlers überhaupt repräsentiert. Die Kontroverse wurde bis Februar 1911 in den wöchentlichen Sitzungen der Wiener Psychoanalytischen Vereinigung ausgetragen.
Eine Möglichkeit, diesen grundsätzlichen Unterschied zu erklären, ist, Freuds Theorie als eine physikalistische Triebpsychologie zu definieren, hingegen Adlers Auffassung als eine humanistische Wertpsychologie. Für Freud war Sexualität oder Libido der wichtigste Trieb, während er für Adler ein wichtiger Trieb unter anderen war, wobei alle Triebe der individuellen Bewertung des Menschen unterworfen sind sowie dem zielgerichteten Gebrauch, den er davon macht.
Für Adler war das Hauptziel des Menschen das Bestreben, Minderwertigkeitsgefühle und Schwierigkeiten zu überwinden, stark und machtvoll zu werden und erfolgreich zu sein im Sinne der für jeden Menschen einmaligen Vorstellung von Erfolg. Adler beobachtete dies zuerst bei seinen Patienten als das Bestreben, »wie ein Mann sein zu wollen«, nicht »wie eine Frau«, »männlich zu sein«, nicht »weiblich«. Für diesen alles überwältigenden Wunsch prägte Adler den Terminus »männlicher Protest«.
Beide Teile dieses Terminus bedürfen einer weiteren Erklärung. »Protestieren« bedeutet hier nicht nur »Einwand erheben«, wie der Terminus meistens verwendet wird, sondern auch »beteuern«. Und »männlich« hat wenig zu tun mit den physiologischen Geschlechtsmerkmalen des Mannes. Es bezieht sich vielmehr auf die bevorzugte Stellung des Mannes gegenüber der Frau in der Kultur im allgemeinen und auf die Art, wie das Individuum darauf reagiert. Die Kultur hat ganze Syndrome an positiven und negativen Eigenschaften für »männlich« beziehungsweise »weiblich« geschaffen, und diese sind besonders bedeutend für den Neurotiker.
In einer Arbeit mit dem Titel »Über männliche Einstellung bei weiblichen Neurotikern« stellte Adler (1911c) eingangs fest, daß: »als

Hauptmotor der neurotischen Erkrankung... der männliche Protest gegen weibliche oder weiblich scheinende Regungen und Empfindungen... anzusehen ist« (S. 120). Bei der zweiten Auflage dieser Arbeit (1924), setzte Adler folgenden Passus über die Minderwertigkeit-Überlegenheit-Dynamik dem oben erwähnten Abschnitt voran: Es ist »ausgeschlossen, daß ein Mensch das Gefühl der Minderwertigkeit glatt verträgt. Wo immer wir den Bestand von Minderwertigkeitsgefühlen feststellen können, finden wir auch Gefühle des Protestes und umgekehrt. Ja der Wille selbst, sofern er Handlungen vorausgeht, geht immer in der Richtung von ›unten‹ nach ›oben‹, was freilich zuweilen nur aus *Zusammenhangsbetrachtung* klar wird« (1924j, S. 120). Dem schickte Adler folgende Zitate aus Kants »Anthropologie« voraus: »Die Herrschsucht fängt von der Furcht an, von anderen beherrscht zu werden und ist darauf bedacht, sich beizeiten in den Vorteil der Gewalt über sie zu setzen.
Wenn der verfeinerte Luxus hoch gestiegen ist, so zeigt sich die Frau nur aus Irrung sittsam und hat kein Hehl zu wünschen, daß sie lieber Mann sein möchte: wo sie ihren Neigungen einen größeren und feineren Spielraum geben könnte; kein Mann aber wird ein Weib sein wollen.«

Bedeutung und Wandlung des Begriffs

Bedeutung

Als Adler den Begriff »männlicher Protest« geprägt hatte, erwies sich dieser als ziemlich gut geeignet, um den Hauptunterschied zwischen Adler und Freud aufzuzeigen. Für Freud war Sexualität das alles überragende biologische Phänomen, repräsentiert durch die Libido und ihre Verdrängung. Für Adler schien Sexualität deshalb ein so bedeutsamer Faktor beim Neurotiker zu sein, weil der kulturell bedingte Rangunterschied zwischen den Geschlechtern Angst hervorbringt. Beim Mann äußert sich dies in der Befürchtung, seine sexuelle oder Geschlechtsrolle nicht erfüllen zu können, und bei der Frau handelt es sich eher um eine Unzufriedenheit mit der ihr zugeteilten sexuellen Rolle. »Meine eigenen Befunde gehen nur dahin, hinter dem Sexuellen, das man sieht, viel wichtigere Beziehungen aufzuzeigen, wie den männlichen Protest, die nur das Sexuelle vortäuschen« (1911i, S. 147).
Adler (1910n) führte den Begriff vor der Wiener Psychoanalytischen Vereinigung mit den Worten ein, es sei eine Frage, »was der Neurotiker unter männlich und weiblich versteht, und da zeigt sich, daß er unter weiblich fast alles Schlechte, sicher aber alles Minderwertige ver-

steht... In dieser Wertung scheint alles Aktive als männlich, alles Passive als weiblich aufgefaßt zu werden« (S. 385 f.). »Die Anstrengung zur Ausmerzung dieser ›weiblichen‹ Züge wird als männlich empfunden... Beim Neurotiker ist dieser *Protest des Männlichen* immer nachzuweisen« (S. 387).

Der Begriff ist also eine Metapher für menschliches Wertstreben in der Neurose. Adler (1911 h) bezeichnet ihn als *primum movens*, den Hauptbeweggrund (S. 111), den er einige Jahre vorher als Aggressionstrieb beschrieb(1908 b). Damit meinte er nicht nur Feindseligkeit, sondern auch eine Untätigkeit-Initiative-Dimension wie später bei George Kelly (1955, S. 508–510; 1963, S. 143) verstanden wurde, obwohl Adler diesen Punkt nicht ausdrücklich herausstellte.

Als Adler den Begriff »männlicher Protest« einführte, ersetzte er damit den Aggressionstrieb und gab dazu folgende wichtige Erklärung: Die Konzeption des Aggressionstriebes » litt an dem Mangel, daß sie eine biologische war, und sich zum lückenlosen Verständnis der neurotischen Erscheinungen nicht eignete. Man muß dazu die Auffassung des Neurotikers berücksichtigen, die höchst individuell ist und die Erscheinungen so wertet, daß man sie nicht biologisch fassen kann, sondern psychologisch fassen muß oder kulturpsychologisch« (Nunberg und Federn, 1967, S. 385).

Wandlung

Zuerst verglich Adler den »männlichen Protest« mit Nietzsches »Wille zur Macht«, wobei er allerdings seine eigene Auffassung als umfassender betrachtete. Aber der Begriff eignet sich nicht wirklich für so eine weitgefaßte Bedeutung. Dieses Phänomen ist nur in einer sozialen Ordnung der männlichen Vorherrschaft möglich. Valentine Adler (1925), Adlers Tochter, wies darauf hin: »Mit der Vernichtung dieser Vormachtstellung fällt das Problem ›Mann – Weib‹ fort und mit ihm seine dialektische Umwandlung, der ›männliche Protest‹ (S. 307). So schränkte Adler (1928 k) im Lauf der Jahre den männlichen Protest auf »einen häufigen Spezialfall« des allgemeinen »Höherstrebens, des Willens zur Macht... also eine Form des Strebens nach Überlegenheit« ein (S. 61). Über dieses Streben äußerte sich Adler (1956 b) später folgendermaßen: »Alle unsere Funktionen folgen seiner Richtung. Sie streben nach Eroberung, Sicherheit, Wachstum entweder zur richtigen oder zur falschen Seite. Der Antrieb von minus nach plus endet niemals. Der innere Drang von unten nach oben hört niemals auf. Ganz gleich von welchen Prämissen all unsere Philosophen und Psychologen träumen – von Selbsterhaltung, Lustprinzip, Ausgleich – alle diese sind nur vage Darstellungen, sind Versuche, den großen Trieb nach oben auszudrücken« (S. 114).

Der »häufige Spezialfall«, auf den Adler (1933 b) den männlichen Protest beschränkte, war die »Proteststellung der Frau gegen die Geschlechtsrolle... als Überlegenheitskomplex... der sich über einem Minderwertigkeitskomplex aufbaut: ›Nur ein Mädchen‹« (S. 51). Doch bleibt der Begriff eng verbunden mit Adlers intellektueller Entwicklung und mit einigen seiner wichtigsten Auffassungen.
Adler kündigte nicht immer die Änderungen in seiner Theorie und Terminologie an. Manchmal drückte er sich sogar so aus, als wenn seine früheren Auffassungen nie existiert hätten. Das folgende extreme Beispiel für diese Tendenz bezieht sich auf den männlichen Protest. Als er seine Kritiker anklagte, ihn völlig mißzuverstehen und ihm Unrecht zu tun, schrieb er: »Es gibt ja immer noch einige Autoren, die, um nur rasch mit der Individualpsychologie fertig zu werden, im männlichen Protest das Um und Auf unserer Anschauung suchen, ohne zu verstehen, daß dieser nur eine wichtige Konkretisierung des formalen Strebens nach Überlegenheit vorstellt« (1930d, S. 70). Um gerecht zu sein, konnte Adler seinen Kritikern nur zur Last legen, daß sie über seine Entwicklung seit 1911 nicht informiert waren, die seine stillschweigende Eingrenzung der Bedeutung und Verwendung des Begriffs ›männlicher Protest‹ und die Einführung zusätzlicher Termini beinhaltete.

»Wille zur Macht« und seine Mißverständnisse

Die Einführung von Nietzsches »Wille zur Macht« im Zusammenhang mit dem männlichen Protest führte sofort zu dem Mißverständnis, das immer noch besteht, nämlich, daß Adler glaube, das Streben nach Macht über andere sei die allgemeine menschliche Dynamik, und daß er dieses Streben sogar noch unterstütze. Doch sah Adler ein solches Streben nach Macht bloß beim Neurotiker und lehnte es deutlich zugunsten der Kooperation ab. [Nebenbei gesagt, nach Walter Kaufmann (1974) ist auch für Nietzsche der Wille zur Macht »im wesentlichen eher ein Streben, über sich selbst hinauszuwachsen und sich zu vervollkommnen« (S. 248), als ein Streben, über andere zu herrschen.]
Adler (1928 m) bedauerte, daß »wir heute noch unser Leitideal zuwenig im Sinne des Gemeinschaftsgefühls und zuviel im Sinne der persönlichen Macht aufgebaut haben... das Streben nach persönlicher Macht ist ein verhängnisvolles Blendwerk und vergiftet das Zusammenleben der Menschen. Wer die menschliche Gemeinschaft will, muß dem Streben nach Gewalt über Andere entsagen« (S. 233 f).
Adler machte wiederholte Anstrengungen, um das Mißverständnis

über seine Verwendung des Begriffs »Wille zur Macht« zu korrigieren. Im Vorwort zur zweiten Ausgabe von *Über den nervösen Charakter*, sieben Jahre nach der ersten Ausgabe, sah er die Notwendigkeit, dem »sinnlosen Geschwätz« entgegenzuwirken: »Der ernste Leser wird, hoffe ich, mit mir... jede Menschenseele im einheitlichen Fortschreiten nach einem Ziel der Überlegenheit erblicken, so daß Bewegungen, Charakterzüge und Symptome unweigerlich über sich hinausweisen. Die gewonnenen Erkenntnisse werden ihn dann freilich mit einer Lebensaufgabe belasten: voranzugehen bei dem Abbau des Strebens nach persönlicher Macht und bei der Erziehung zur Gemeinschaft« (1928k, S. 27).

Drei Jahre später, im Vorwort zur dritten Ausgabe, erklärte Adler nochmals: »Die Anschauungen unserer Individualpsychologie verlangen den bedingungslosen Abbau des Machtstrebens und die Entfaltung des Gemeinschaftsgefühls. Ihre Losung ist der Mitmensch, die mitmenschliche Stellungnahme zu den immanenten Forderungen der menschlichen Gesellschaft« (1928k, S. 28).

Zehn Jahre später lesen wir: In Bezug auf das Machtstreben begegnen wir dem »Mißverständnis... als ob die Individualpsychologie das Seelenleben nicht nur auffaßt als ein Streben nach Macht, als ob sie es auch propagieren würde. Dieses Streben nach Macht ist nicht unser Wahnsinn, es ist der, den wir bei anderen finden... Das Streben jedes sich bewegenden Individuums geht nach Überwindung; Streben nach Macht, besser, nach persönlicher Macht, stellt nur einen der tausend Typen vor, die alle nach Vollendung, nach einer sichernden Plussituation suchen« (1956b, S. 123).

Die Entwicklung des Begriffs der Macht in der Adlerschen Psychologie ist von Kurt Adler aufgezeichnet worden (1972).

Psychologischer Hermaphroditismus

Adler (1910c) führte den Begriff »männlicher Protest« in einer Arbeit über den »psychologischen Hermaphroditismus« ein, die daraufhin eine seiner wichtigsten Arbeiten wurde.

Hermaphroditismus bedeutet das Vorhandensein von biologischen Komponenten des anderen Geschlechts in verschiedenen Proportionen in jedem Individuum und wurde mit Bisexualität gleichgesetzt. Psychologischer Hermaphroditismus bedeutete das entsprechende Vorhandensein von Charakterzügen des anderen Geschlechts in einem Individuum, je nach seiner geschlechtlichen Verfassung.

Nebenbei möchten wir darauf hinweisen, daß sowohl der Terminus »Hermaphroditismus« wie der der »Bisexualität« heute andere Bedeutungen erhalten haben. Hermaphroditismus bedeutet »ein angeborener Zustand der Unbestimmtheit der Fortpflanzungsstrukturen, so daß das Geschlecht des Individuums nicht klar als ausschließlich männlich oder weiblich definiert ist« (Money und Ehrhardt, 1972, S. 285), wohingegen Bisexualität bedeutet, daß man sowohl homosexuelle als auch heterosexuelle Beziehungen eingeht.

Adler rückte den psychologischen Hermaphroditismus weg von jeglicher direkter Abhängigkeit von biologischen Faktoren. Im Gegensatz zu Freud (1905) war seine Meinung, daß solche Faktoren bestenfalls einen indirekten Zusammenhang haben und daß Individuen beiderlei Geschlechts die Fähigkeit besitzen, »männlicher« oder »weiblicher« zu sein, je nachdem, was sie bevorzugen und was ihren Zwecken am besten dient. Man muß bedenken, daß wir in einer männlich beherrschten Kultur leben, die günstigere Bedingungen und Stereotypen für den Mann als für die Frau geschaffen hat. So kann es sein, daß Menschen beiderlei Geschlechts vorziehen »wie ein Mann« zu sein, und nicht »wie eine Frau«. Dies ist der männliche Protest, der in abgeschwächter Form ziemlich weit verbreitet ist, während die extreme Form neurotisch ist.

Als Adler (1910n) diese Gedanken der Wiener Psychoanalytischen Vereinigung vorstellte, glaubte er, daß er »die heikelsten Punkte des psychoanalytischen Forschungsgebietes« berührte (S. 384), und er hatte recht. Genau diese Gedanken waren es, die u. a. zum Bruch mit Freud führten, der dann Adlers Schrift (1910c) über dieses Thema während der Kontroverse am häufigsten zitiert.

Sozialer Ursprung des Begriffs »Männlicher Protest«

Adler betrachtete seine Individualpsychologie als Sozialpsychologie (1956b, S. 161). Diese Beziehung ist in der Tat so nahe, daß er den Begriff »männlicher Protest« direkt aus dem sozialen Leben und der Frauenbewegung auf die Dynamik des einzelnen Menschen übertrug.

Adler (1911h) stellte ausdrücklich fest: »Die Wertung von männlich und weiblich in der Neurose ist nur Kristallisation jener Wertung..., die auch in unserer Kultur seit jeher besteht und am Anfang der Kultur bereits begonnen hat« (S. 109). Bei einem weiblichen Patienten kann man »*das ganze Rüstzeug des sozialen Emanzipationskampfes der Frau ... in ihrem Gebaren wiederfinden, nur verzerrt, ins Unsinnige, Kindische und Wertlose umgebildet.* Dieser individuelle Kampf, sozusagen eine Privatunternehmung gegen männliche Vorrechte, zeigt aber als Analogon, als Vorläufer, oft auch als Begleiter des großen, wogenden sozialen Kampfes für Gleichberechtigung der Frau, daß er auf dem Wege aus der Minderwertigkeit zur Kompensation aus der Tendenz zur *Manngleichheit* entspringt« (1911c, S. 137; Kursivschrift im Original).

Adler (1911i) hat auch eine Verbindung zwischen dem männlichen Protest und den Ideen der Evolution (Kampf ums Dasein) hergestellt. In seinem Vortrag vor der Wiener Psychoanalytischen Vereinigung beim historischen Treffen vom 1.2.1911 sagte er in der Einführung (die nur in den *Protokollen* und nicht im publizierten Text enthalten ist): »Das Problem, welcher Herkunft die Protesttendenzen bei Mann und Weib sind und ob sie existieren« läßt sich »durch Hinweis auf die menschliche Kultur- und Gesellschaftsentwicklung dahin beantworten... daß diese Triebkräfte in der Tat immer lebendig und wirksam gewesen sind, wofür ja unter anderem auch die Tatsache spricht, daß wir uns alle mit dem Gedanken des Kampfes ums Dasein vertraut gemacht haben. Ebenso kommt ein zweiter Punkt, daß nämlich die Frau vom Manne entwertet wird, in unserer Kultur deutlich zum Ausdruck, ja darf geradezu als Triebkraft für unsere Kultur angesehen werden. Hier genügt ein Hinweis auf die literarischen Bestrebungen der sogenannten Antifeministen« (S. 139f.).

Zwei Jahre, bevor er den Begriff »männlicher Protest« geprägt hatte, beobachtete Adler bereits: »Die Frauen sind erst im Begriff, ein selbstständiges Leben neben ihrer Familie zu leben und ihren Charakter zu entwickeln; diese Bestrebungen bilden auch einen gewissen Gegensatz zu dem Aufgehen im Koitus. Das macht vielleicht die besondere Häufigkeit der Anästhesien in unserer Zeit begreiflich« (Nunberg und Federn 1976, S. 290). Adler schätzte, daß 70% der Frauen frigid sind.

Adler (1930d) schreibt: »Der Drang nach Änderung dieser Lage (der gegenwärtigen Bedingungen der Frauen) zeitigt alle Ideale von... Emanzipation und artet im persönlichen Leben zu hundert Formen des ›männlichen Protestes‹ aus« (S. 118). Aber, so warnt Adler, der soziale Kampf für weibliche Gleichheit darf nicht in die persönliche Beziehung eindringen. Die benachteiligte Position der Frau ist ein kultureller Fehler. »Er kann durch persönliche Auflehnung nicht überwunden werden. Vor allem in der Ehe selbst würde eine Auflehnung die Gemeinschaftsbeziehung und die Zuneigung des Partners stören. Die gesamte Einstellung unserer Kultur muß überprüft und neu durchdacht werden« (1931b, S. 223).

In diesem Lichte ist die Frage, ob die Frauenbewegung letztlich als eine Erweiterung des männlichen Protests zu verstehen ist, mit einem klaren »Nein« zu beantworten. Vielmehr ist der männliche Protest ein Fehler, der aus der Frauenbewegung ins Privatleben einer individuellen Frau hineindringt – auf der allgemein unnützlichen Seite des Lebens.

Soziale, psychologische und philosophische Herkunft anderer Begriffe

Die Ableitung des »männlichen Protests« aus dem sozialen Gebiet war nur ein Aspekt von Adlers allgemeiner Einstellung, die Psychologie als eine soziale und kulturelle Wissenschaft zu betrachten – also nicht in erster Linie als eine biologische Wissenschaft im mechanistischen Sinne – trotz seiner *Studie über Organminderwertigkeit und ihre psychische Kompensation* (1907a). Es ist fast eine Ironie, daß Freud ihm ausgerechnet diesen Punkt vorhielt: Adlers Lehre »gibt statt Psychologie zum großen Teil Biologie« (1911i, S. 145). Oder früher: Adler unterwirft »das psychologische Material zu früh biologischen Gesichtspunkten« (Nunberg und Federn 1967, S. 391).
Adler (1956b, S. 104–105) nahm Anstoß an Freuds Gebrauch von Metaphern aus der Physik und der Mechanik. Da der Mensch keine Maschine ist, können solche Metaphern der Sache nicht gerecht werden. Statt dessen übernahm Adler seine Begriffe und Metaphern aus dem sozialen Leben und den Sozialwissenschaften. Eine Gruppe besteht aus Individuen, deshalb sollte, was dort in Erscheinung tritt, auch für das Individuum gelten. Die folgenden sind einige von Adlers Begriffen, die auf Sozialwissenschaftler zurückgeführt werden können.

Subjektive Bewertung objektiver Tatsachen

Adler (1920a) sagte: »Wichtiger als Anlage, objektives Erlebnis und Milieu ist deren subjektive Einschätzung, und ferner: diese Einschätzung steht in einem gewissen, freilich oft wunderlichen Verhältnis zu den Realien« (S. 23); er verglich dies mit der Auffassung vom »ideologischen Überbau über der ökonomischen Grundlage« von Marx und Engels. In der Psychologie der Massen jedoch »erzwingen« die Tatsachen, die durch den ideologischen Überbau geschaffen werden, »einen Ausgleich der persönlichen Differenzen« (S. 24). Diese Abschnitte, die sich auf Marx und Engels beziehen, sind übrigens in der englischen Ausgabe von *Praxis und Theorie der Individualpsychologie* nicht enthalten.

Die schöpferische Kraft des Individuums

Die subjektive Bewertung, die zu einem erheblichen Grad unabhängig von der objektiven Realität ist, wird von Adler der *schöpferischen Kraft* des Individuums zugeschrieben. Dies war Adlers Antwort auf jedweden absoluten Determinismus. Er schrieb es Hermann Steinthal (1823–1899), einem frühen Sozialpsychologen, zu, »die Psyche als organische Gestaltungskraft« dargestellt zu haben (1920a, S. 135), nur daß Steinthal *Gestaltungskraft* als Synonym für *schöpferische Kraft* verwendete.

Überempfindlichkeit

Überempfindlichkeit ist wichtig in Adlers Beschreibung der neurotischen Disposition. Der Patient mit erhöhten Minderwertigkeitsgefühlen betrachtet sich leicht als »vernachlässigt, verletzt, klein oder beschmutzt« (1956b, S. 274). Adler bezog sich auf Karl Lamprecht (1856–1915), einen Kulturhistoriker, der eine solche *Reizsamkeit* in der *Völkerpsychologie* beobachtet haben sollte.

Lebensstil

Dieser Begriff, der so bedeutungsvoll in Adlers späteren Schriften wurde – d. h. nach 1926 –, geht höchstwahrscheinlich indirekt auf den deutschen Soziologen und Politiker Max Weber (1864–1920) zurück. Weber schrieb vom Lebensstil einer Gruppe oder deren Subkultur. Als Adler den Begriff einführte, bezeichnete er ihn deshalb zuerst als »individuellen Lebensstil« (s. Ansbacher, 1967). In Fortsetzung der Parallelen von Kultur und Individuum hat Powers (1973) vorgeschlagen, daß, so wie die Mythen einen Schlüssel zum Verständnis einer Kultur oder eines Gruppenlebensstils darstellen, die frühen Kindheitserinnerungen eines Individuums diesen Schlüssel zum Verständnis seines individuellen Lebensstils liefern.

Symptome als Sicherungen des Selbstwertgefühls

Was seine Einsicht betrifft, daß z. B. Faulheit und eigentlich alle hemmenden neurotischen Symptome als Mechanismen seitens des Patienten zur Sicherung seines Selbstwertgefühls verstanden werden können, bezieht sich Adler (1920a) auf den deutschen Historiker Barthold G. Niebuhr (1776–1831). Er zitiert aus der *Römischen Geschichte*, Band 3, von Niebuhr: »Nationaleitelkeit wie auch persönliche schämt sich des Mißlingens, welches Beschränkung der Kraft verrät, mehr als der größten Schmach, welche träges und feiges Unterlassen aller Anstrengungen nach sich zieht: durch jenes werden hoffärtige Ansprüche vernichtet, bei diesen bestehen sie fort« (S. 117).

Adler (1956b) drückt das so aus: »Faule Kinder sind wie Seiltänzer, die mit einem Netz arbeiten; wenn sie fallen, fallen sie weich. Es ist weniger schmerzlich, wenn einem gesagt wird, daß man zu faul ist, als wenn einem angedeutet wird, daß man unfähig ist... Faulheit dient als Schild, um den mangelnden Glauben des Kindes an sich selbst zu verbergen und um es davon abzuhalten, Versuche zu unternehmen, mit den Problemen, mit denen es konfrontiert wird, fertig zu werden« (S. 360).

Verschiedene Begriffe

Als Sozialpsychologe war Adler auch ein philosophischer Psychologe, wobei er die Philosophie als Teil der Humanwissenschaften im Gegensatz zu den Naturwissenschaften betrachtete, und er anerkannte gern seine Verpflichtung gegenüber den Philosophen. [Dies wiederum im Kontrast zu Freud, der z. B. jede Kenntnis von Nietzsche leugnete, wenn gewisse Ähnlichkeiten im Denken irgendwie herausgegriffen wurden (Nunberg und Federn, 1962, S. 338–339)]. Adler bezog den Wahlspruch *»Alles hängt von der eigenen Meinung ab...«* für sein erstes bedeutendes Buch (1912a) von dem führenden stoischen Philosophen Seneca. »Der Wille zur Macht« stammte natürlich von Nietzsche. Der Begriff *zielgerichteter Anpassung* wurde durch Adler verstärkt, und auf die Bedeutung der *Fiktionen* in diesem Prozeß wurde Adler durch das Werk des deutschen pragmatischen Philosophen Vaihinger (1911) hingewiesen, der für ihn besonders wichtig wurde. *Frühe (Kindheits-)Erinnerungen* als ein diagnostisches Werkzeug wurden Adler durch das Werk des französischen Pragmatikers Bergson (Ansbacher 1973) klar. Was den Begriff eines einheitlichen *Lebensplanes* betrifft, der während vieler Jahre dem Begriff des Lebensstils vorausging, so stimmte Adler teilweise mit den bedeutenden Lehren von Steinthal, Vaihinger und Bergson überein (1913h, in den späteren Ausgaben ist Steinthal ausgelassen). *Gesunder Menschenverstand* im Gegensatz zu *privater Intelligenz* als Beschreibung von seelischer Gesundheit gegenüber seelischer Störung wurde von Adler sehr wahrscheinlich von Kant übernommen (Ansbacher 1965). Adlers Verständnis der drei Hauptbedingungen unseres Lebens (Leben auf dieser Erde, in sozialer Interaktion und in Zweigeschlechtlichkeit) als *Lebensaufgaben* stimmt mit dem Neokantianer Hermann Cohen überein, der der Ansicht war, daß alles, was dem Menschen *gegeben* ist, ihm eigentlich *aufgegeben* ist, als ein Rätsel oder eine Aufgabe (Vleeschauwer, 1974). Schließlich hatte Adlers Begriff des *Gemeinschaftsgefühls* seine Vorläufer in John Stuart Mills »kameradschaftlichem Gefühl« und im »sozialen Gefühl der Menschheit, dem Wunsch, in Einklang mit unseren Mitmenschen zu sein« (Ansbacher 1968, S. 140).

Neben der Zugehörigkeit zu den Sozialwissenschaften teilen Adlers Quellen eine gemeinsame Basis, aus der Ellenberger (1970) richtig schloß: »Mit seiner nachdrücklichen Feststellung, der Mensch sei ein rationales und soziales Wesen, ausgestattet mit einem freien Willen und der Fähigkeit, bewußte Entscheidungen zu fällen, gehört Adler eindeutig der Philosophie der Aufklärung an« (S. 848).

Dialektische Dynamik

Wie oben erwähnt, ersetzte Adler den Begriff »Aggressionstrieb« durch »Männlichen Protest«, weil er einen Begriff wollte, der nicht biologisch umschrieben, sondern »nur durch psychologische oder kulturpsychologische Ausdrücke definiert wurde« (Nunberg und Federn, 1967, S. 385). Wir können hinzufügen, daß er sich nicht mit mechanistisch-naturwissenschaftlichen, sondern mit sozialwissenschaftlichen Begriffen ausdrücken wollte. Trieb ist eine mechanistische Vorstellung; Maschinen protestieren nicht, noch streben sie.

Bipolare Auffassung

Typisch für einen mechanistischen Begriff ist ein *unipolarer* Trieb, d. h. einfach eine Kraft, die angewendet wird und sonst nichts. Das ist eine *demonstrative* positivistische Vorstellung. Andererseits ist der Protest die feierliche Erklärung eines Standpunkts, gewöhnlich einer abweichenden Meinung oder eines Widerspruchs, obwohl es auch eine Behauptung sein kann. »Meinung« impliziert, daß verschiedene Ansichten hinsichtlich des gleichen Themas, über das man diskutieren kann, möglich sind. Daher ist der Protest ein dialektischer Begriff und somit *bipolar*, wie wir sehen werden. Rychlak (1968) hat im Detail gezeigt, daß diese beiden Auffassungen zwei wissenschaftliche Philosophien darstellen und daß »die dialektische Terminologie ein *überaus genaues* Bild der menschlichen Grundbedingungen vermittelt« (S. 255).

Eine dialektische Auffassung ist bipolar in dem Sinne, als sie These und Antithese einschließt. Aber dies schließt auch einen dritten, vereinigenden Faktor ein, nämlich den gemeinsamen Bezugspunkt der ersten zwei, oder die Synthese, durch die der Antagonismus zwischen den beiden gelöst werden kann. Als Adler (1910c) das Konzept des »männlichen Protests« vorstellte, spezifizierte er diese drei Faktoren wie folgt: »(A) Weiblich gewertete Züge. (B) Hypertrophischer männlicher

Protest. (C) Kompromißbildung zwischen A und B« (S. 90). Während Adler sehr bald die Begriffe »weiblich«, »männlich« und »männlicher Protest« zugunsten seines dialektischen dynamischen Konzepts aufgab, hielt er an deren Struktur und Bedeutung fest.

Punkt A wurde als normale oder verstärkte Minderwertigkeitsgefühle bezeichnet, als Gefühle der Unsicherheit, der Schwäche, des »sich unten-Fühlens« oder eine empfundene »Minusposition«.

Punkt B erhielt die größte Anzahl von aufeinanderfolgenden Bezeichnungen: der Wunsch, ein richtiger Mann zu sein, Macht haben zu wollen oder ein Ziel der Macht erreichen zu wollen, Überlegenheit, Erfolg, Vollkommenheit, Vollendung, eine »Plus-Situation«.

Punkt C wurde die Bewegung, das Streben nach diesen Zielen, ein ständiges Überwinden von Schwierigkeiten, Kompensation oder im Falle seelischer Krankheit eine Errichtung von zusätzlichen Schwierigkeiten (den Symptomen) als Entschuldigung für nichterreichte Ziele aus der Angst vor dem Versagen, während man sich trotzdem noch eine Spur von Selbstwertgefühl rettet.

Im gleichen Jahr, wenn auch nicht so genau, beschrieb Adler (1910f) die dialektische Struktur mit den Begriffen (a) Minderwertigkeitsgefühl (b) psychologische Kompensationstendenzen und (c) entsprechende Verhaltensweisen und Einstellungen. Der betreffende Absatz lautet: Man kann »ein psychologisches Grundgesetz ableiten... vom dialektischen Umschlag aus der Organminderwertigkeit über ein subjektives Gefühl der Minderwertigkeit in psychische Kompensations- und Überkompensationsbestrebungen... Nicht um ein Naturgesetz handelt es sich dabei, sondern um eine allgemeine, naheliegende Verführung des menschlichen Geistes... Das äußere Gebaren und innere psychologische Verhalten des also zur Neurose disponierten Kindes zeigt deutlich die Spuren dieses dialektischen Umschlags, und zwar in außerordentlich früher Kindheit« (S. 94).

Die dialektische Dynamik wird von Adler (1929d) besonders gut im folgenden beschrieben, auch verbunden mit den Begriffen der Vergangenheit und der Zukunft. »Die Zukunft ist nun mit unserem Streben und unserem Ziel verknüpft, während die Vergangenheit für den Zustand von Minderwertigkeit oder Unzulänglichkeit steht, den wir zu überwinden trachten. Es sollte... uns nicht überraschen, daß wir in Fällen, die einen Minderwertigkeitskomplex erkennen lassen, auch einen mehr oder minder verborgenen Überlegenheitskomplex entdekken. Auf der anderen Seite stoßen wir stets auf einen mehr oder minder verborgenen Minderwertigkeitskomplex, wenn wir einen Überlegenheitskomplex durchleuchten. Wenn wir die Dinge so sehen, dann löst sich das Paradox auf, das darin zu bestehen scheint, daß in einem und demselben Menschen zwei widersprüchliche Tendenzen... bestehen sollen. Es liegt auf der Hand, daß das Überlegenheitsstreben und das Minderwertigkeitsgefühl sich als normale Gefühlshaltungen gegenseitig ergänzen. Wir würden nicht danach streben, überlegen zu sein und Erfolg zu haben, wenn wir nicht das Gefühl hätten, unserem gegenwärtigen Zustand fehle etwas... Das Überlegenheitsstreben läßt niemals nach. Tatsächlich konstituiert es den Geist, die Psyche des Individuums« (S. 41 f).

Anerkennung von Hegel und Nietzsche

Als Adler dialektische bipolare Konzepte bildete, bezog er sich auch auf Hegel (1770–1831), Dialektiker und Lehrer von Marx. Als er 1907 eine Rede in der Philosophischen Gesellschaft der Wiener Universität über Organminderwertigkeit und Kompensation hielt, und als er Freuds Auffassung der Verdrängung als eine Beschränkung auf »unangemessene oder unreife Methoden der Überkompensation« erklärte, führte Adler (1908 e) aus: »Daß dabei eine Charakteranlage, ein Trieb, ein Wunsch, eine Vorstellung in die Kontraststellung geraten, sich durch ihre Antithese äußern, stellt einen Spezialfall vor und erinnert einigermaßen an die Hegelsche Dialektik« (S. 49). 1909 bescheinigte Adler Hegel, daß er »den Entwicklungsgedanken zum Durchbruch in der Philosophie gebracht hat«, indem er »in den Vordergrund seine Auffassung von der Dialektik, der Umwandlung eines Dinges in sein Gegenteil, der These in die Antithese« stellte, »Dinge, die uns ja fortwährend beschäftigen« (Nurnberg und Federn 1977, S. 302). Im folgenden Jahr, 1910, stellte Adler sein Konzept des männlichen Protests vor, eine dialektische Konstruktion, wie wir gesehen haben.

Betreffs »Entwicklungsgedanken« hatte Hegel behauptet, »daß es möglich ist, etwas ist und nicht ist, wenn es sich im Prozeß des Werdens befindet« (Rychlak, 1968, S. 286–287). Von Anfang an war das »Werden« für Adler von größter Wichtigkeit. So zitierte er auf der letzten Seite seines Buches *Über den nervösen Charakter* den wenig bekannten deutschen Philosophen Rudolph Hildebrand (1824–1894): »Durch das große *Sein*, das uns umgibt und weit in uns hineinreicht, zieht sich ein großes *Werden*, das dem vollendeten *Sein* zustrebt« (1912 a, S. 278; s. a. Ansbacher, 1962 a).

Zur Zeit seiner ersten Bezugnahme auf Hegel – also 1908 – drückte Adler auch seine große Bewunderung für Nietzsche (1844–1900) aus. »Von allen bedeutenden Philosophen steht Nietzsche unserer Denkweise am allernächsten... Bei Nietzsche handelt es sich fast auf jeder

Seite um Beobachtungen wie in der Kur, wenn der Patient ziemlich weit gekommen ist und die Unterströmungen seiner Seele analysieren kann« (Nunberg und Federn, 1962, S. 336f). Diese Ähnlichkeit beruhte auch größtenteils auf der Dialektik. Gemäß Walter Kaufmann (1974, S. 84) war Nietzsche sogar konsequenter dialektisch als Hegel. So konnte Adler leicht den Übergang vom männlichen Protest zu Nietzsches »Wille zur Macht« vollziehen. »›Ich will ein ganzer Mann sein!‹ ist die leitende Fiktion... in jeder Neurose, für die sie im höheren Grade als für die normale Psyche Wirklichkeitswerte beansprucht... Nietzsches ›Wille zur Macht‹... umfaßt vieles von unserer Auffassung« (1912a, S. 32). Daß »Wille zur Macht« im Prinzip nicht Macht über andere bedeutet, sondern stark-sein-wollen, fähig-sein, Hindernisse zu überwinden, einschließlich eigene Schwächen, wurde im Vorhergehenden diskutiert.

Teleologisches Prinzip

Wichtig für Nietzsche wie für Adler ist das teleologische Prinzip, d. h. nicht nach Ursachen für das Verhalten in der Vergangenheit zu suchen, sondern nach den Zielen in der Zukunft. Nietzsche (1884) faßte dieses Prinzip so zusammen: »Nicht woher du kommst, festigt fortan deine Ehre, sondern wohin du gehst... Dein Edelmut soll nicht rückwärts schauen, sondern vorwärts!« (S. 315–316). Nietzsches Einfluß erkennt man an dem entsprechenden Ausdruck Adlers (1956b): »Die wichtigste Frage des gesunden und kranken Seelenlebens lautet nicht: Woher? sondern Wohin?... In diesem Wohin? aber steckt die Veranlassung« (S. 103).

Fragende Haltung

Kaufmann (1974) beurteilt Nietzsche »als konsequenter dialektisch als Hegel, weil Nietzsche bei weitem der radikalere Fragende war... Alle Annahmen mußten infrage gestellt werden« (S. 84). Als Beispiel zitiert er von Nietzsche: »Ich kann mich nicht für ein System ereifern – nicht einmal für mein eigenes System« (S. 80). Dieselbe fragende Haltung findet man bei Adler (1956b): »Wir betrachten den Menschen so, als ob nichts in seinem Leben kausal bestimmt wäre und jede Erscheinung in seinem Leben auch hätte anders sein können« (S. 103–104) und »Allgemeine Regeln, wie sie auch die von mir geschaffene Individualpsychologie aufstellt, sollen nicht mehr sein als Hilfsmittel, um vorläufig ein Gesichtsfeld zu beleuchten, auf dem das einzelne Individuum gefunden oder vermißt werden kann« (S. 194). Und schließlich: »Glauben Sie niemandem aufs Wort, mir auch nicht!« (1930e, S. 186).

Bei all diesen methodischen Ähnlichkeiten ist es wichtig zu erkennen, daß in der Substanz Adler meist der Gegenpol zu Nietzsche war. Das zeigt sich am besten in ihren jeweiligen Vorstellungen vom idealen Menschen – für Nietzsche war es der elitäre »Übermensch«; für Adler der demokratische »Mitmensch«.

Objektive Wirklichkeit oder Denkprozeß? – Vaihinger
Betreffs der dialektischen Methode ist eine Hauptfrage: Folgen die objektiven Geschehnisse in der physikalischen Welt dem Prinzip der Dialektik oder funktionieren nur unsere Denkprozesse in dieser Weise? Hegel vertrat die erste Position. Wie Thilly und Wood (1957) feststellten, deckten sich nach Hegel »die dialektische Entwicklung der Denkmodelle der Philosophen mit der objektiven Entwicklung der Welt; die Kategorien des subjektiven Denkens entsprechen den Kategorien des Universums; Denken und Sein sind identisch« (S. 480). Dies zeigt natürlich Hegels Idealismus. Doch interessanterweise kann besonders der letzte Satz »Denken und Sein sind identisch« in umgekehrter Reihenfolge auch als eine Aussage des reinen Materialismus angeführt werden.

Die zweite Alternative, daß nur unsere Denkprozesse dialektisch arbeiten, wird von Nietzsche vertreten, noch betonter bei Vaihinger, bei dem Adler starke Unterstützung fand; und bei Adler selbst.

Nach Kaufmann (1974) glaubte Nietzsche nicht, »daß die Realität sich selbst widerspricht. Nur unqualifizierte Beurteilungen der Realität verwickeln uns in oberflächliche Unvereinbarkeiten« (S. 80). So kann man Nietzsche als »dialektischen Monist« betrachten (S. 235). »Die Metaphysik des Willens zur Macht ist ein dialektischer Monismus, in dem die treibende Kraft als im wesentlichen schöpferisch betrachtet wird« (S. 241).

Der deutsche Pragmatiker Hans Vaihinger (1852–1933) ist für seine Theorie der Fiktionen, seine Philosophie des »als ob« bekannt. Vaihingers (1911) Grundannahme besteht darin, daß das Denken als eine Aktivität zur Lösung realer Probleme zu betrachten ist und sich zu diesem Zweck gut eignet, wobei es sich aber gleichzeitig vom objektiven Vorgang unterscheidet. »Die Wege des Denkens sind andere als die des Seins« (S. 10). »Der eigentlich größte und wichtigste Teil der menschlichen Irrtümer entsteht dadurch, daß man die Wege des Denkens für die Abbilder der realen Verhältnisse selbst nimmt« (S. 11 + 12). Vaihinger bezichtigt Hegel, diesen Fehler gemacht zu haben. »Das Hegelsche System bietet das historisch grellste, das typische Beispiel dieses Generalirrtums der Philosophie dar: die Verwechslung der Wege des Den-

kens mit denen des Geschehens, der Verwandlung subjektiver Denkvorgänge in objektive Weltvorgänge« (S. 10).
Vaihinger beschuldigt Hegel des »Mißbrauchs« von Abstraktionen (S. 393), ein Ausdruck, den Adler übernahm. »Somit sind die Abstrakta zwar notwendige Hilfsmittel des Denkens, und sie entsprechen einem praktischen Bedürfnis – aber sie geben keine theoretische Erkenntnis, man mag sie drehen und wenden, definieren und distinguieren wie man will. Man verwechselt Faktum und Fiktum, Sache und Mittel, wenn man aus diesen Hilfsausdrücken etwas folgern will« (S. 394). Vaihinger behauptet, daß Hegel die Widersprüche, die er in seinen Abstraktionen gefunden hatte irrtümlich »in die Wirklichkeit hineinverlegte, nachdem er die Abstrakta zu Wirklichkeiten gemacht hatte. Durch den Mißbrauch entstehen eben jene Beunruhigungen durch die ›fratzenhaftesten Widersprüche‹« (S. 395).

Adlers allgemeine dialektische Auffassung

Adlers dialektische Anschauung reichte in die verschiedenen Aspekte seiner Theorie und deren Anwendung hinein und machte sie zu einem bemerkenswert integrierten System. Wir werden noch Bezug nehmen auf Adlers Dialektik im Zusammenhang mit seinen Ansichten über die menschliche Kreativität und Selbstbestimmung (S. 106f), dem Verstehen von Ehekonflikten (S. 73f), Methoden der Problemlösung und Konfliktlösung (S. 76) im allgemeinen, der Theorie der Neurose (S. 60–63), der Interpretation von Symptomen (S. 124f) und Techniken der Psychotherapie (S. 157ff). Gleichzeitig hielt Adler an der demonstrativen Einheit und Spontaneität des Organismus fest und lehnte die Annahme von objektiven und festgelegten Kategorien, Dichothomien und Widersprüchen ab. So scheint es angezeigt, Adlers philosophische Anschauung als »dialektischen Monismus« zu bezeichnen, ein Ausdruck, den Kaufmann (1968, S. 241) auf Nietzsche anwendete.
Joseph F. Rychlak (1968), der die Bedeutung der dialektischen Tradition der amerikanischen zeitgenössischen Psychologie nahebrachte, zitiert als Hauptmerkmal der dialektischen Auffassung die Metapher aus dem Talmud »Jeder Stock hat zwei Enden« (S. 328). Diese Metapher ist in der Tat zutreffend für Adlers allgemeine Auffassung, für Adler als Praktiker und für die heutigen Adlerschen Psychologen. Tatsächlich gibt es einen Aufsatz mit dem Titel »Jeder Stock hat zwei Enden« von dem Adlerianer William Beecher (1946). Dieser Aufsatz handelt von einem Jungen, der nach einer ernsthaften Krankheit zunehmend von seinen Eltern abhängig geworden war, so daß sie

eigentlich zu seinen Sklaven wurden. Beecher berichtet über diesen Fall, um daran zu erinnern, daß »wir möglicherweise allzuoft das falsche Ende des Stockes ergreifen. Wir vergessen, daß das ›schwache‹ Individuum sich in der stärkeren Position befindet. Es ist nutzlos, es aufzufordern, seine günstige Position aufzugeben – solange seine ›Sklaven‹ willig oder eingeschüchtert bereit sind, ihm zu Diensten zu sein« (S. 85).

Aber Rychlak (1968) glaubt offenbar, daß die Dialektik völlig mit dem Dualismus verbunden ist. Er versteht nicht, daß jemand sehr wohl ein Monist sein kann, im Sinne der demonstrativen Tradition, was die objektive Realität betrifft und gleichzeitig ein Dialektiker, was die Subjektivität der menschlichen psychologischen Vorgänge betrifft – d. h. ein dialektischer Monist. So schließt Rychlak (1973) ganz irrtümlich, daß Adler im tiefsten Innern genauso der Dialektik mißtraute wie Freud, und »daß er, nachdem er Freuds Lager verlassen hatte, sich aktiv jeglicher Formulierung in Gegensatzpaaren widersetzte« (S. 209). Dolliver (1974) betrachtet Adlers Entwicklung in gleicher Weise und stellt sogar die gewagte Behauptung auf, »daß Adler versuchte, den Einfluss der Dialektik aus seiner Theorie wegen ihrer Assoziation mit Freud auszumerzen« (S. 20). Es stimmt, daß Adler fortfuhr, sein holistisches Modell der menschlichen Struktur zu vervollkommnen, indem er alle Überreste von Dualismus daraus entfernte. In der Tat bezeichnete er alle Theorien als unwissenschaftlich, die Dichotomien im positivistischen Sinne akzeptieren (S. 54). Aber, was das subjektive menschliche Seelenleben betrifft, so spielt eine dialektische Auffassung sowohl in Adlers Theorie des Auffassungs- und Erkenntnisvermögens als auch in seiner Praxis der Rekonstruktion dieser Funktionen, eine zentrale Rolle.

Freud, Dialektiker wider Willen

Freud war ein großer Gegner der Dialektik. Um uns nochmals auf Rychlak (1968) zu beziehen: »Freud hätte niemals das Etikett Dialektiker akzeptiert. Er wäre sogar über die Unterstellung aufgebracht, da er die Dialektik mit der Sophisterei gleichsetzte« (S. 323). Obwohl Freud zahlreiche gegensätzliche Begriffspaare aufstellte, wie: Ich versus sexuelle Instinkte, Ich versus Es, Liebe (Eros) versus Tod (Thanatos), Bewußtes versus Unbewußtes, sollten diese nicht dialektisch verstanden werden, als zwei Pole einer umfassenderen Realität.

Vielmehr betrachtete Freud diese als Dualismen, die unabhängige, miteinander im Widerstreit liegende Kräfte darstellen, wobei er sie weitgehend reifizierte. Er machte dies besonders in einer Diskussion seiner Auffassung von der Ambivalenz deutlich. So sah Freud (1917e) in der Melancholie eine »Unzahl von Einzelkämpfen, in denen Liebe und Haß miteinander ringen« (S. 444). Und, wie wenn er diese Unterscheidung unterstreichen wollte, sagte Freud (1915c): »Liebe und Haß... sind nicht aus der Spaltung eines Urgemeinsamen hervorgegangen, sondern haben verschiedene Ursprünge und haben ein jedes seine eigene Entwicklung durchgemacht« (S. 230).

Insofern als Freud immer zwei theoretische, demonstrative, gegenüberstehende Kräfte fand, kann er sicher ein »Dualist« genannt werden. *Jones* (1955) kommentiert zu diesem Punkt: »Den meisten Schülern Freuds ist aufgefallen, was man seinen hartnäckigen Dualismus nennt; wäre er Philosoph gewesen, wäre er allerdings weder ein Monist gewesen, noch hätte er sich in William James' pluralistischem Universum zuhause gefühlt« (S. 422). Wir würden Freud einen positivistischen demonstrativen Dualist nennen. Im Gegensatz zur dialektischen Metapher »Jeder Stock hat zwei Enden«, die Adler kennzeichnet, wäre für Freuds Konzept die kennzeichnende Metapher die von Gaspedal gegenüber Bremspedal im Auto mit ihren jeweiligen Funktionen.

Und dennoch, da die menschliche Seele dialektisch funktioniert, mußte Freud diesem Phänomen irgendwie gerecht werden, trotz seiner widersprüchlichen »Erkenntnis«. Adler erkannte, daß Freud mit seiner mechanistischen Auffassung nicht soweit ging, »daß man nicht das energetische Prinzip, das *panta rhei* (alles ist in Bewegung), nachträglich hineinzubringen versucht hatte« (1911b, S. 103). In Adlers Bezugnahme auf Heraklits Konzept des *panta rhei* ist Dialektik inbegriffen. Nach Klaus Riegel (1976) besteht »dialektische Psychologie aus dem Studium von Handlungen und Veränderungen. Deswegen haben beide, Hegel und Marx, ihre Wurzeln in Heraklits Konzept der ›unendlichen Bewegung‹ gefunden und nicht in den statischen Abstraktionen des Eleatischen Seins« (S. 696). Die Methode, mit der Freud unzugegeben, sozusagen durch die Hintertür, Dialektik hineinbrachte, wie Adler (1931f) sagte, bestand darin, daß er »mit unübertrefflicher Anmut jedem seiner Triebe menschliche Züge verlieh« (S. 92). Rychlak (1968) stimmt zu, indem er fast dasselbe Bild gebraucht, wenn er schreibt: »Freud ließ seine Energien sich dialektisch verhalten... Wie wohlbekannt, ist die Vielseitigkeit der Libido nur begrenzt durch Freuds Genie, durch sie seine Theorie auszudrücken« (S. 314).

Die neurotische antithetische Art der Apperzeption

Adler behauptet mit Vaihinger, daß die dialektische antithetische Art, die sich auf Abstraktionen gründet, nur auf Gedankenprozesse zutrifft – d. h. auf solche Prozesse, die sich mit der Realität beschäftigen, aber nicht auf Prozesse der Realität selbst. In der objektiven Welt gibt es keine festgelegten Kategorien, Gegensätze und Dichotomien, nur Kontinuen und Verteilungen gemäß der Normalverteilungskurve. Wie Kurt Lewin (1935) sagt, werden in einer guten wissenschaftlichen Theorie »Dichotomien und begriffliche Antithesen durch immer fließendere Übergänge und Abstufungen ersetzt, die den Dichotomien ihren antithetischen Charakter nehmen, und damit in logischer Form eine Übergangsphase zwischen dem Konzept der Klasse und dem der Serie darstellen« (S. 10).

Dies trifft auch auf psychologische Vorgänge zu, wenn man sie *objektiv* betrachtet. Sagte doch Adler (1931 b): »Die Menschen glauben oft, daß links und rechts Gegensätze sind, ebenso wie Mann und Frau, heiß und kalt, leicht und schwer, stark und schwach. Vom wissenschaftlichen Standpunkt aus sind dies keine Gegensätze, sondern Spielarten... Auf die selbe Art sind gut und böse, normal und abnorm keine Gegensätze sondern Grade. Jede Theorie, welche Schlaf und Wachsein, Traumgedanken und Tagesgedanken als Gegensätze behandelt, ist notwendigerweise unwissenschaftlich« (S. 83). Ebenso sind Bewußtsein und Unbewußtes, Erinnern und Vergessen, Wahrheit und Vorstellung objektiv gesehen nicht »zwei antagonistische Hälften eines Individuums« (1956b, S. 226).

Doch sind Abstraktionen, Kategorien, Dichotomien und Antithesen – alle enthalten in Vaihingers Begriff der Fiktion – sehr nützliche Werkzeuge für die Auseinandersetzung mit der realen Welt. Der Mensch ist ständig gezwungen, Entscheidungen zu treffen – d. h. zwischen Alternativen zu wählen. Um den Entscheidungsprozeß zu erleichtern, ist es von Vorteil, bestehende Unterschiede zu vergrößern, zu dichotomisieren, Gegensätze zu schaffen.

Verdinglichung der Fiktion

Adler (1912a) entwickelte diesen Gedanken weiter. Der normale Mensch verwendet diese Abstraktionen im allgemeinen ganz unbewußt als Arbeitshypothesen, als nützliche Fiktionen »um die Rechnung des Lebens überhaupt ansetzen zu können« (S. 54) und verwirft sie, wenn sie nicht länger ihren Zweck erfüllen. Beim Neurotiker ist dies wegen seiner größeren Unsicherheit anders. Er gruppiert »innere

sowie äußere Geschehnisse nach einem streng gegensätzlichen Schema, etwa wie nach dem Soll – Haben in der Buchhaltung, das keine Übergänge gelten läßt« (S. 63).
Diese Vorstellung wurde viel später zu einer der Komponenten der Kommunikationstheorie in Bezug auf die Schizophrenie von Bateson et al. (1956), die wegen ihres Begriffs des »double bind« bekannt ist. Sie beobachteten, daß alle menschliche Kommunikation Metaphern enthält, aber »daß der Schizophrene *unetikettierte* Metaphern benutzt« (S. 205), wodurch er ihnen Realitätswert verleiht. Bateson (1955) hatte bemerkt, daß der Patient nicht in der Lage ist, »die metaphorische Natur seiner Phantasien zu erkennen... Die Wendung ›als ob‹ wird weggelassen und die Metapher oder Phantasie wird auf eine Art erzählt und in die Tat umgesetzt, die nur dann einen Sinn ergäbe, wenn die Phantasie eine Botschaft von direkterer Art wäre« (S. 190). In der Therapie wird der Patient »dazu veranlaßt, das ›als ob‹ einzufügen« (S. 192). »Der Irrtum des Schizophrenen ist, daß er die Metaphern... wie buchstäbliche Wahrheit behandelt« (S. 192).

Primitive Orientierung
Adler (1912a) wies darauf hin, daß die Verdinglichung der Fiktion eine primitive Art ist, mit der Welt umzugehen: ... »im primitiven Denken, im Mythos, in der Legende, in der Kosmogonie, Theogonie, in der primitiven Kunst, in den Leistungen der Psychose und in den Anfängen der Philosophie« (S. 63) finden wir immer ähnliche Vorgänge. Sie alle betrachten als Realität, was in Wirklichkeit nur die dialektische Art des menschlichen Umgangs mit der Realität ist.
Adler bezieht sich hier auf die Kategorien von Aristoteles und die Pythagoräische Tabelle der Gegensätze. Während er sie nur kurz erwähnt, meinen wir, daß es von Vorteil wäre, hier einen kurzen Abriß von diesen beizufügen.
Aristoteles (384–322 v. Chr.) stellte zehn Kategorien auf, die er als »die grundsätzlichsten und allgemeinsten Aussagen, die von einem Ding überhaupt gemacht werden können«, betrachtete (Thilly und Wood, 1957, S. 103). Diese Kategorien sind: Substanz, Qualität, Quantität, Verhältnis, Raum, Zeit, Position, Zustand, Aktivität und Passivität. »Die Kategorien sind nicht nur gedankliche oder sprachliche Begriffe, sondern auch Aussagen über die Realität« (S. 103). Aristoteles glaubte, sie seien »grundsätzliche Merkmale des Realen« (S. 103).
Pythagoras (580–500 v. Chr.) hinterließ keine Schriften, so daß man allgemein von den Pythagoräern spricht. Diese gingen von der Annahme aus, daß »die Natur selbst eine Vereinigung von Gegensätzen« ist, und

sie arbeiteten eine Tabelle mit zehn solchen Gegensätzen aus: begrenzt – unbegrenzt, ungerade – gerade, Einzahl – Vielzahl, rechts – links, männlich – weiblich, Ruhe – Bewegung, gerade – gekrümmt, Licht – Dunkelheit, gut – schlecht, quadratisch – rechteckig.
Man wird bemerken, daß die Pythagoräische Tabelle den Gegensatz männlich – weiblich enthält, der die Grundlage für Adlers dialektische Dynamik darstellt. Beim Neurotiker ist das ganze Leben auf diese Gegensätze ausgerichtet, die gleichzeitig mit zahlreichen anderen Gegensätzen in einer Wechselbeziehung stehen, in Übereinstimmung mit den falschen Werten unserer Kultur. Einige dieser Gegensatzpaare, die von Adler (1912a, S. 93; 1920a, S. 50) im Zusammenhang mit männlich-weiblich erwähnt werden, sind:

oben – unten
mächtig – unterlegen
Persönlichkeitsideal – Minderwertigkeitsgefühle
Sicherheit – Unsicherheit
Sieg – Niederlage
Triumph – Unterlegenheit
Aggressivität – Gehemmtheit
aktiv – passiv
kompetent – inkompetent
aufsässig – gehorsam
tapfer – feige
reich – arm
grausam – zärtlich

Wenn man fälschlicherweise annimmt, daß das Leben tatsächlich solchen Konstruktionen entspricht, führt dies zu »nach Gegensätzlichkeit gruppierenden Urteilen« (1912a, S. 92), durch die die Realität künstlich aufgeteilt wird.

Die Alles-oder-Nichts-Einstellung

Ein Aspekt von solchen dichotomisierenden Urteilen ist das, was Adler (1930a) die Alles-oder-Nichts-Einstellung nannte, die einen großen selbstzentrierten Ehrgeiz ausdrückt. »Menschen, die nach solch einem antithetischen Schema leben, halten sich an eine Denkformel, die sich mit der Maxime ›Alles oder Nichts‹ ausdrücken läßt. Natürlich ist es in dieser Welt unmöglich, ein solches Ideal zu verwirklichen … Zwischen diesen beiden Extremen gibt es tausendundeine Abstufung. Wir finden die genannte Formel grundsätzlich bei jenen Kindern, die unter einem starken Minderwertigkeitsgefühl leiden, und die als Kompensation einen übermäßigen Ehrgeiz entwickelt haben. Die Geschichte hat mehrere solcher Charaktere verzeichnet, zum Beispiel Cäsar, der von seinen Freunden ermordet wurde, als er nach der Krone trachtete« (S. 83).

Die Alles-oder-Nichts-Maxime ist sehr unvernünftig. Sie entspricht einer »Privatphilosophie oder einer dem Common Sense widersprechenden Privatintelligenz« (1930a, S. 84). Adler (1928f) behauptet: Wir haben »scharf zu unterscheiden... zwischen Vernunft, die allgemeine Gültigkeit hat... und... der isolierenden Intelligenz des Neurotikers (›alles oder nichts‹), kurz also der Intelligenz in den Fehlschlägen, mit denen wir uns immer beschäftigen« (S. 227–228).

Ein Beispiel hierfür sehen wir in Philip Mairets (1969) Adlerianischer Deutung des *Hamlet*. Die oberste Eigenschaft Hamlets ist seine »Alles-oder-Nichts«-Einstellung, gefolgt von seinem »Ziel der Gottähnlichkeit«, Mangel an Gemeinschaftsgefühl, Entwertungstendenz und Pessimismus. »Durch das ganze Stück hindurch können wir beobachten, wie Hamlets Denken auf diese Art von Perfektionismus, gepaart mit Pessimismus, zurückfällt – es nimmt viele verschiedene Formen an. Hamlet ist nicht zufrieden mit einer bloßen Annäherung an Vollkommenheit; wenn es nicht alles ist, zählt es nicht... die Alles-oder-Nichts-Einstellung« (S. 77). Der berühmte Spruch: »Sein oder Nichtsein« war eine falsche Antithese. Das wirkliche Problem war, für ein schreckliches Verbrechen Vergeltung zu üben, und Hamlet mußte es nicht auf sich nehmen, der Rächer zu sein. Wie Mairet erklärt, »würde man von einem Renaissance-Prinzen in seiner Stellung (nach der politischen Moral seiner Zeit) ... fast erwarten, eine Gegenverschwörung zu planen – und mit Erfolg durchzuführen« (S. 73). »Es wäre der richtige Weg für Hamlet gewesen, seinen Freunden zu vertrauen... und ihre Mitarbeit zu gewinnen« (S. 80). Aber dafür war er zu ich-bezogen und hatte zu wenig Gemeinschaftsgefühl.

Die Adler-Freud-Kontroverse

Als Adler anfänglich vor der Wiener Psychoanalytischen Vereinigung 1910 den Begriff »männlicher Protest« einführte, lehnte Freud ihn einfach mit den Worten ab: »Doch taugen die Begriffe männlich und weiblich in der Psychologie nichts, und wir bedienen uns mit Rücksicht auf die Ergebnisse der Neurosenpsychologie besser der Begriffe Libido und Verdrängung. Alles, was libidinös ist, hat männlichen, was Verdrängung ist, weiblichen Charakter... was Adler beschrieben hat...

ist... ein Wechsel der Nomenklatur, bei dem wir an Klarheit nur verlieren« (Nunberg und Federn 1976, S. 392).

Im ersten Augenblick scheint Freuds Bemerkung etwas rätselhaft zu sein. Sie zeigt aber genau den springenden Punkt auf. Libido – Verdrängung bezieht sich auf einen vermuteten grundlegenden unbewußten *intrapsychischen* Konflikt, den er in sehr abstrakten Begriffen ausdrückt, wogegen männlich – weiblich sich auf einen *zwischenmenschlichen*, transaktionalen Konflikt bezieht, der eher konkret ausgedrückt wird. Wenn Freud dann behauptete, daß dies bloß ein Problem der Terminologie ist, versuchte er wohl, den Unterschied auf ein Minimum zu reduzieren.

Kurz danach paßte Freud den männlichen Protest seinem eigenen System an, als er ihn unter dem Kastrationskomplex – d. h. der Angst vor Kastration und Penisneid – zusammenfaßte. Diese Anpassung ist ihm so gut gelungen, daß er heute oft als Urheber des männlichen Protests betrachtet wird.

Für Freud wurde der männliche Protest zu Recht zum Symbol der Kontroverse mit Adler, und er beschäftigte ihn Zeit seines Lebens.

Freud (1911c) führte den männlichen Protest in seinem bekannten Vortrag über den Fall Schreber wie folgt ein: »Es stellte sich sofort eine entrüstete Abweisung der noch unpersönlich gehaltenen femininen Phantasie – ein richtiger ›männlicher Protest‹ nach dem Ausdrucke, aber nicht im Sinne Alf. Adlers – ein...« (S. 277). Was Freud mit »nicht im Sinne« meinte, erläuterte er im selben Jahr anläßlich einer Sitzung der Psychoanalytischen Vereinigung: »Bei... Neurotikern, die soviel Wert auf ihre Männlichkeit legen, ist die Zurückführung auf den Kastrationskomplex... etwas, was fast immer gelingt. Eine Reihe von Adlers Aufstellungen wird sich, bei Berücksichtigung des Kastrationskomplexes, mit unseren Anschauungen in Einklang bringen lassen« (Nunberg und Federn 1979, S. 262).

Einige Jahre später hat Freud (1918b) in seinem Vortrag »Das Tabu der Virginität« den männlichen Protest dem Kastrationskomplex angegliedert. »Wir wissen aus der Analyse vieler neurotischer Frauen, daß sie ein frühes Stadium durchmachen, in dem sie den Bruder um das Zeichen der Männlichkeit beneiden und sich wegen seines Fehlens (eigentlich seiner Verkleinerung) benachteiligt und zurückgesetzt fühlen. Wir ordnen diesen ›Penisneid‹ dem ›Kastrationskomplex‹ ein. Wenn man unter ›männlich‹ das Männlichseinwollen mitversteht, so paßt auf dieses Verhalten die Bezeichnung ›männlicher Protest‹, die Alf. Adler geprägt hat, um diesen Faktor zum Träger der Neurose überhaupt zu proklamieren« (S. 175).

Die deutlichste Stellungnahme in Bezug auf die Kontroverse findet sich in einer von Freuds letzten Arbeiten. Freud (1937c) sagte: »Man darf sich durch die Bezeichnung ›männlicher Protest‹ nicht zur Annahme verleiten lassen, die Ablehnung des Mannes gelte der passiven Einstellung, dem sozusagen sozialen Aspekt der Femininität. Dem widerspricht die leicht zu bestätigende Beobachtung, daß solche Männer häufig ein masochistisches Verhalten gegen das Weib, gradezu eine Hörigkeit zur Schau tragen. Der Mann wehrt sich nur gegen die Passivität im Verhältnis zum Mann, nicht gegen die Passivität überhaupt. Mit anderen Worten, der ›männliche Protest‹ ist in der Tat nichts anderes als Kastrationsangst« (S. 89, Fußnote).

Adlers Gegenargument lautete von Anfang an: »Die Kastrationsfurcht ist symbolisch zu nehmen: Der Patient stellt sie als Schreckbild auf, um sich... vor irgendwelchen Unternehmungen zu schützen... Also diente der Kastrationskomplex zur Sicherung« (Nunberg und Federn, 1979, S. 264f). Mit anderen Worten: er wird zu einer fixen Idee, die das Individuum als Entschuldigung dafür einsetzt, daß es sozial wichtigere Aufgaben, auf die es sich nicht vorbereitet fühlt, nicht in Angriff nimmt.

Trotz seiner Umdeutung des männlichen Protests, anerkannte Freud stillschweigend die tiefere theoretische Bedeutung von Adlers Konzept, indem er drei Jahre später eigene Begriffe einführte, die ähnliche Funktionen hatten.

Während der Endpunkt der Freudschen Dynamik das Erreichen eines Objekts zur Befriedigung eines Triebes war, war Adlers »Ziel«-Begriff ein angestrebter zukünftiger Zustand des Individuums selbst, ein Selbstideal.

Ein solcher Begriff, der eine Projektion auf die Zukunft seitens des Individuums bedeutet, wurde von Freud (1914b) in seiner Schrift »Über den Narzißmus« eingeführt. Der Begriff war das »Ich-Ideal«, das in der Folge zum »Über-Ich« wurde. Der Herausgeber der *Standardausgabe* von Freuds Werken, John Strachey, unterstreicht die Bedeutung dieser Schrift in seinem Vorwort: »Die Arbeit gehört zu den wichtigsten von Freuds Schriften und kann als einer der Angelpunkte in der Entwicklung seiner Ansichten betrachtet werden... Sie geht auf die tieferen Probleme der Beziehung zwischen dem Ich und Objekten der Außenwelt ein, und unterscheidet neu zwischen ›Ich-Libido‹ und ›Objekt-Libido‹. Weiter – und was vielleicht das Wichtigste ist – führt sie die Begriffe des ›Ich-Ideals‹ ein ... die Grundlage dessen, was letztlich in ›Das Ich und das Es‹ (1923) als ›Über-Ich‹ beschrieben werden sollte... An zwei Punkten... berührt diese Arbeit die Kontroverse

mit Adler und Jung... *Eines der Motive Freuds... war es zweifellos zu zeigen, daß der Begriff des Narzißmus eine Alternative bietet zu Jungs Begriff nichtsexueller ›Libido‹ und zu Adlers ›Männlicher Protest‹*« (S. 70, Kursivschrift hinzugefügt).
Zunächst meinte also Freud, daß Adlers Begriff »männlicher Protest«, der auf der Dialektik männlich-weiblich beruht, einfach auf seine zwei damaligen Hauptbegriffe »Libido« und »Verdrängung« reduziert werden könnte. Aber es stellte sich heraus, daß Freud sein System weiterentwickeln mußte, um eine Alternative anzubieten für die sozialen Aspekte, die mit dem Begriff »männlicher Protest« eingeführt worden waren. Es dauerte ein Jahrzehnt, bis Freud seine Begriffe vom Es, Ich und Über-Ich einführte, Begriffe, die wichtiger erschienen als Libido und Verdrängung. Aber diese werden heute, sogar von Psychoanalytikern, als zu statisch angesehen.
Wir haben also gesehen, daß Freud nicht fähig war, Adler »gehen zu lassen«, wie Paul Roazen (1975, S. 208) es ausdrückte. Roazen bemerkte auch, daß »Adlers Ideen von Freuds Schülern aufgesogen wurden, auch wenn sie sich dessen vielleicht nicht bewußt waren« (S. 205). Adler (1933b) war zu einer sehr ähnlichen Schlußfolgerung gekommen: »Manchem wird es dann so erscheinen, als ob ich die Entwicklung der Psychoanalyse in den letzten fünfundzwanzig Jahren widerrechtlich vorausgedacht hätte. Ich bin da der Gefangene, der sie nicht losläßt« (S. 155).
In Bezug auf Freuds Kritik an Adler kommt Roazen zu dem Schluß (1975): »Wenn man zeitgenössische Analytiker auffordern würde, Freuds Kritik an Adler zu verteidigen, würden sie in eine peinliche Situation geraten« (S. 204). Roazen unterstreicht dies, indem er Begriffe von Freud anführt, die aus der psychoanalytischen Literatur verschwunden sind und Auffassungen von Adler, die stillschweigend übernommen wurden.

IV. Sexualität, Liebe und Ehe

Ganzheitliche und zielgerichtete Betrachtungsweise

Adlers Auffassung von Sexualität, Liebe und Ehe stimmt mit seiner ganzheitlichen und teleologischen Orientierung überein. Er betrachtet den Menschen als einheitliche Ganzheit, nicht nur im Raum, sondern auch in der Zeit, mit einer relativ konstanten Zielorientierung und Methoden, dieses Ziel zu erreichen, woraus ein verhältnismäßig konstanter Lebensstil folgt, wenn sich auch die Konkretisierung des Zieles mit der Zeit verändert. Der Lebenslauf eines Menschen stellt eine in sich geschlossene Einheit dar. »Das Seelenleben des Menschen richtet sich wie eine von einem guten dramatischen Dichter geschaffene Person nach ihrem V. Akt« (1956b, S. 106).
Der Einzelne wird aber nicht nur als Einheit in Raum und Zeit betrachtet, sondern wird am besten als Teil größerer Einheiten verstanden, zu denen er gehört und die wiederum zielgerichtet sind. Diese Einheiten erstrecken sich, räumlich gesehen, von der Mutter bis zur Familie, bis hin zur größeren Gemeinschaft und umfassen schließlich die ganze Menschheit; und – wiederum zeitlich gesehen – ist es die Menschheit von der Vergangenheit bis in die ferne Zukunft.

Gemeinschaftsgefühl
Erfolgreiches individuelles Streben stimmt überein mit dieser in die Zukunft gerichteten Tendenz der Menschheit, der sozialen Evolution, der Höherentwicklung des Menschen. Ein solches Streben ist allgemein nützlich, gelenkt von einem gutentwickelten Gemeinschaftsgefühl. Im weitesten Sinne meint Adler (1933i) damit: »Mitfühlen mit der Gesamtheit, *sub specie aeternitatis* (unter dem Aspekt der Ewigkeit). Es bedeutet ein Streben nach einer Form der Gemeinschaft, die man als ewig betrachten muß, wie man sie sich vorstellen könnte, wenn die Menschheit die Ziele der Vollkommenheit erreicht hätte. Es handelt sich weder um eine Gemeinschaft oder Gesellschaft der heutigen Zeit, noch um eine politische oder religiöse Form. Das Ziel also... müßte eines sein, das die ideale Gemeinschaft der ganzen Menschheit vertritt, die letzte Erfüllung der Evolution« (S. 26).

Sexuelle Funktion und ihre Entwicklung

Adlers Auffassung der sexuellen Funktion ist in einer späten Arbeit (1945 b) dargestellt, in der er offensichtlich auf Freuds Behauptung von den psychosexuellen Entwicklungsphasen antwortet. Eine ganzheitliche Theorie, die die Einheit des Individuums nicht nur im Raum, sondern auch in der Zeit betont, würde logischerweise die Bedeutung von Entwicklungsphasen als künstliche Abstraktionen, die für den Einzelfall nicht sehr relevant sein können, stark vermindern. Außerdem kann man überhaupt nichts über natürliche psychosexuelle Phasen wissen, weil die sexuelle Funktion wie alle anderen sofort von kulturellen und sonstigen Umweltfaktoren beeinflußt wird sowie von den persönlichen Einstellungen des Individuums.

Alles, was Adler anerkennt, ist eine anfängliche primäre Phase von Autoerotik und eine bleibende Sekundärphase des heterosexuellen Funktionierens. Dazwischen liegt eine schmerzliche Zeit, in der der junge Mensch zu heterosexueller Beziehung fähig ist, aber durch die Kultur daran gehindert wird. »Die langsame Entwicklung der sexuellen Funktion und ein Mangel an Bedingungen, die ihr Wachsen in eine soziale Funktion begünstigen – d. h. wann dies eine Aufgabe für zwei Menschen verschiedenen Geschlechts ist – behindert ihre richtige evolutionäre Entwicklung zu Liebe und Fortpflanzung und zur Erhaltung der Menschheit« (1938 a, S. 201; im Urtext, 1933 b, nicht enthalten).

Adler hat keine fertige Lösung für dieses Dilemma außer dem Zusatz: »Der Grad an Gemeinschaftsgefühl ist entscheidend« (S. 201). Er spricht sich auch gegen die »grobe Sinnlichkeit« aus und im Falle älterer Jugendlicher auch gegen Beziehungen mit Prostituierten, was zu seiner Zeit ziemlich allgemein verbreitet war. Stattdessen befürwortet Adler, daß man den jungen Menschen »volle Rechte auf eine echte Liebe, in der beide Partner bereit sind, füreinander einzustehen«, gewährt. Dies schließt ein, daß die Eltern Frühehen ihrer Kinder finanziell unterstützen würden.

Die Frage nach dem Zweck

Bereits in seiner ersten Schrift über Sexualität (1905 a) war Adlers Orientierung teleologisch. Zu der Zeit akzeptierte er noch Freuds Grundannahme einer frühkindlichen Sexualität. Aber darüber hinaus definierte Adler die Sexualität neu, als eine Form der Sinnlichkeit, verbunden mit den Sinnesorganen. So versuchte Adler die Sexualität in die gesamte Wechselbeziehung eines Menschen zu seiner Umwelt zu integrieren.

Adler (1905 a) fragte: »Was beabsichtigt die Natur, wenn sie einen

Säugling bei seinem Eintritt in die Welt mit Sexualität ausstattet?« Er antwortet: »Die Bedeutung und Wichtigkeit dieser Tatsache und der zusätzlichen Ausdehnung der Sinnlichkeit über den ganzen Körper – ihre offensichtliche Verteilung auf alle Sinnesorgane einschließlich des Geruchsinns – scheinen im folgenden zu liegen: Die Sinnlichkeit und der Drang nach Befriedigung zwingen das Individuum dazu, mit all seinen Organen mit der äußeren Welt in Beziehung zu treten, um Eindrücke und Nahrung zu sammeln. So dient das sexuelle Motiv, der sinnliche Mechanismus der Zelle dem Zweck, das Kind zu den Dingen der äußeren Welt zu führen und Beziehungen zur Kultur herzustellen. In der Erziehung muß man dafür sorgen, daß die Sexualität dem gleichen Zweck dient« (S. 361).

Von Anfang an beschäftigte sich Adler also mehr mit den Transaktionen eines Menschen mit seiner kulturellen Umwelt als mit intrapsychischen Erscheinungen, und er betrachtete die Sexualität in diesem Zusammenhang. Die Gültigkeit von Adlers Antwort ist hier weniger wichtig als die Tatsache, daß er die Frage aufwarf und wie er sie beantwortete. Dies zeigt den fundamentalen Unterschied zu Freud, der schließlich zu Adlers Trennung sechs Jahre später (1911) führte. Um Watzlawick et al. zu folgen (1969): »Zwischen dem psychodynamischen (psychoanalytischen) Denkmodell und jeder begrifflichen Formulierung der Wechselbeziehung zwischen Organismus und Umwelt besteht ein grundsätzlicher Unterschied... Sie stehen zueinander in einer Beziehung begrifflicher Diskontinuität« (S. 30).

Der Zweck »letzten Endes«

Etwa dreißig Jahre später warf Adler nochmals die Frage nach dem Zweck der Sexualität auf. Dieses Mal betrachtete er die Sexualität als eine der Möglichkeiten, die der Mensch alle entwickeln muß, um seine Probleme zu bewältigen. Die Frage nach dem Zweck wird jetzt weiter gefaßt, über das Wohl des Einzelnen hinaus, auf ein letztliches Ziel hin. Adlers Frage lautet jetzt: »Wozu? Nach welchem Ziel muß das Individuum streben und seine ererbten menschlichen Möglichkeiten entwikkeln?« Und er antwortet: »Einzelne und die Menschheit als Ganzes benützen ihre Möglichkeiten, das Erbe unserer Vorfahren, um diese in einer vom Menschen veränderten Welt zu steigern zum Nutzen der ganzen menschlichen Familie« (1945 b; 1964 a). Dies setzt einen gewissen Grad an Gemeinschaftsgefühl als Vorbedingung für eine befriedigende Lösung aller wichtigen Lebensprobleme voraus.

Die Frage nach dem Zweck oder dem Sinn ist natürlich eine philosophische Frage, vor allem, wenn sie sich auf einen sogenannten »letzten« Sinn bezieht. Aber, ob ausdrücklich oder unausgesprochen, entsteht beim Menschen in der Tat diese Frage und ist somit legitimer Gegenstand der Psychologie. Alle Lebensprobleme werden leichter gemeistert, wenn sie für sinnvoll gehalten werden – d. h. wenn sie einen größeren Zweck einzuschließen scheinen.

Adler versuchte diese Frage »Was ist der Sinn des Lebens?«, die auch das Thema eines seiner Bücher war, zu beantworten und dabei trotzdem an einer soliden wissenschaftlichen Grundlage festzuhalten, indem er eine pragmatische oder eine idealistisch-positivistische Haltung einnahm. Es gibt kein »Letzes«, keine absolute Wahrheit oder einen letzten Zweck oder Sinn. Aber man kann die Lücke durch Arbeitshypothesen, Fiktionen nach Vaihinger, füllen, solange diese als solche erkannt werden, den Tatsachen nicht widersprechen und nützlich sind.

So wurde Adlers Begriff des »letzten« Sinnes zur »letztlichen Erfüllung der Evolution« oder »zum Wohl der ganzen menschlichen Familie«, das ein »Über-sich-selbst-hinauswachsen« verlangt als Gemeinschaftsgefühl. Die Begründung dafür ist, daß die Menschen 1) am besten zu verstehen sind, *als ob* sie zielgerichtet wären, selbst wenn kein bewußtes Ziel vorhanden ist und 2) daß sie mehr zu ihrer eigenen Befriedigung wie auch zur Befriedigung anderer funktionieren, wenn sie nach einem Ziel streben, das auch für andere Bedeutung hat, das sozial nützlich ist. Alle Fehlschläge im Leben sind ausgerichtet auf Ziele auf der unnützen Seite des Lebens, was einhergeht mit einem unterentwickelten Gemeinschaftsgefühl. »Alle Fehlschläge – Neurotiker, Psychotiker, Verbrecher, Alkoholiker, schwererziehbare Kinder, Selbstmörder, Perverse und Prostituierte – sind Fehlschläge, weil es ihnen an Gemeinschaftsgefühl fehlt« (1956b, S. 160).

Liebe und Ehe als »Aufgaben«

Aus der Sicht des organismischen Psychologen reagiert das Individuum nicht passiv wie ein Mechanismus auf Reize und Situationen, sondern ist aktiver Teilnehmer in der Situation. Ähnlich sieht der neokantianische Philosoph Hermann Cohen (1842–1918) das Individuum nicht mit kalten absoluten Tatsachen konfrontiert, sondern mit Problemen der Wahrnehmung und Interpretation. »Nichts ist *gegeben*«, führt er mit Nachdruck aus; »alles ist *aufgegeben* (›liegt vor‹, wie ein Rätsel) zum Bedenken« (Vleeschauwer 1974, S. 396). Das Material, das unseren Sinnen dargeboten wird, wird sofort zur *Aufgabe* (zum Vorschlag oder Problem, worauf der Geist kreativ antwortet). Eine Wahrnehmung ist bereits in gewissem Maß ein Produkt oder eine Schöpfung, und eine Reaktion auf die Situation ist es gewiß. Die Situation wird zur Aufgabe oder zum Problem, weil es verschiedene Arten der Lösung gibt, so daß das Individuum diese Möglichkeiten verstehen, unterscheiden und sich für eine entscheiden muß. Somit wird nach Cohen »Erkenntnis in verschiedenen Dimensionen zur ›unendlichen Aufgabe‹« (Landry 1959, S. 260).

Eine von drei Lebensaufgaben

Wahrscheinlich kannte Adler Cohen nicht. Aber er benutzte Vorstellungen und eine Terminologie, die der Cohens ähnelt, ganz im Einklang mit Adlers kantianischer und neokantianischer Ausrichtung. Adler (1924n) gruppierte die Hauptgegebenheiten oder objektiven Tatsachen unseres Lebens in drei *Bezugssysteme*: (1) Mensch – Erde: Wir befinden uns physisch auf dieser Erde und müssen uns unter diesen Bedingungen behaupten. (2) Individuum – Gemeinschaft: Wir leben mit anderen Menschen zusammen und müssen aufeinander einwirken. (3) Mann - Frau: Wir leben als Mitglieder von zwei Geschlechtern und müssen uns mit unserer Ergänzung durch das andere Geschlecht zurechtfinden.

Diese drei Gegebenheiten nannte Adler die »drei Hauptpflichten« (1931b, S. 14) unserer Existenz. Sie werden zu unseren Aufgaben oder Problemen, und man löst sie am besten, indem man sie als solche versteht. Es sind Probleme der Arbeit, des Zusammenlebens und der Liebe und Ehe. Eigentlich sind dies drei Gruppen von Problemen, von denen Adler ursprünglich als Aufgabenkomplexe (1926a, S. 99) sprach.

Darüber hinaus erkannte Adler (1956b) diese drei Hauptprobleme des menschlichen Lebens als wesentliche soziale Probleme, für deren erfolgreiche Lösung Kooperation nötig ist, die ihrerseits am besten durch ein gutentwickeltes Gemeinschaftsgefühl gesichert wird. Alle Versager »nähern sich den Problemen des Berufs, der Freundschaft und der Liebe ohne das Vertrauen, das diese Probleme durch Zusammenarbeit gelöst werden könnten... Niemand außer ihnen hat einen Vorteil davon, wenn sie ihre Ziele erreichen, und ihr Interesse hört bei ihrer eigenen Person auf« (S. 160).

Förderung durch einen erweiterten Bezugsrahmen

Im Hinblick auf Liebe und Ehe betonte Adler (1931b), daß dies nicht nur eine einzigartige Aufgabe für zwei Menschen verschiedenen Geschlechts sei, sondern von besonderer sozialer Bedeutung. Es ist »eine Zusammenarbeit nicht nur für das Wohl der beiden Beteiligten, sondern eine Zusammenarbeit auch für das Wohl der Menschheit« (S. 207). Die Ehe bietet die »Gelegenheit, schöpferisch zum Wohl der Gesellschaft tätig zu sein« (S. 220). Solch ein erweiterter Sinn kann verschiedentlich vertreten werden und fördert eine konstruktive Begegnung mit dem Problem. Psychologisch, im einzelnen Fall, ist das eine Konstruktion, in Vaihingers Sinn eine »als-ob«-Konstruktion, eine Fiktion.

Nach Adler wird ein Mensch mit Gemeinschaftsgefühl das Problem von Liebe und Ehe so zu lösen versuchen, »*als ob* das Wohl Anderer dabei inbegriffen wäre. Es ist für ihn nicht nötig zu wissen, daß er es auf diese Weise zu lösen versucht... Aber er wird spontan die Wohlfahrt und den Fortschritt der Menschheit suchen« (S. 208). In diesem Fall wäre die soziale Ausrichtung die Schlußfolgerung oder Konstruktion des Psychologen. Ein anderes Mal, wenn Adler ausdrückt, daß eine Trennung der Ehe am leichtesten zu vermeiden ist, »*wenn* wir die Ehe... *als* Auftrag der Allgemeinheit verstehen, – als Auftrag, dessen Ausführung von uns erwartet wird« (S. 220), wäre es die Konstruktion der betroffenen Person.

Solche Konstruktionen sind praktische oder ethische Fiktionen im Sinne Vaihingers (1911 b), die auch Ideale einbeziehen. Obwohl das Ideal der Wirklichkeit widerspricht, hat es »ungeheuren, weltüberwindenden Wert« (S. 67). Die Fiktion der umfassenderen sozialen Natur der Ehe ist gerechtfertigt, weil sie den Umgang mit dem Problem fördert. Der fiktive Charakter der Ehe als von allgemeiner sozialer Bedeutung, als Fiktion im Sinne des Ideals wird durch folgende Aussage Adlers (1931 b) klar: »Liebe und Ehe sind keine Privatangelegenheiten... sondern allgemeine Aufgaben, an denen nach Geist und Gesinnung die ganze Menschheit teilnehmen soll« (S. 198). Das »Sollen« bezeichnet dies als ein Ideal. Das Ideal wird in den vielen Ehezeremonien, an denen die Gemeinschaft teilnimmt, symbolisiert oder konkretisiert, obwohl man privat heiraten oder ohne verheiratet zu sein zusammenleben kann.

Prestigepolitik als Hindernis

Während die allumfassende menschliche Dynamik für Adler ein subjektiv verstehbares Aufwärtsstreben nach Überwindung, Macht und Erfolg war, war die konkrete Beziehung der Geschlechter in der Kultur eine der männlichen Vorherrschaft, welche die Frau mit dieser Ungleichheit weitgehend unbefriedigt läßt. Die Lösung des Ehe- und Liebesproblems wird gefördert, wenn beide Partner die kulturellen Vorurteile überwinden im Streben nach Gleichheit und auf ein gemeinsames

Ziel hin über sich selbst hinauswachsen. Adler bemühte sich, solch eine Lösung zu beschreiben und zu fördern.
Andererseits war die Dynamik der ehelichen Uneinigkeiten beinahe selbstverständlich. Sie würde in einem persönlichen Machtkampf bestehen, bei dem sich die Partner auf »Prestigepolitik« (1926a, S. 117) einlassen. Fast vierzig Jahre später schrieb Kate Millet (1969) ein Buch mit dem Titel *Sexual Politics*.
Adler bemerkte, daß in einer Liebesbeziehung das Bedürfnis nach Macht »leicht zur Tyrannei (gegen den Geliebten) ausarten kann«. »Wir sehen so jenen Faktor das Liebesleben des Menschen durchziehen, der auch sonst immer zu Störungen des Mitmenschentums führt: das Streben nach Macht und persönlicher Überlegenheit« (1926a, S. 106). »Beide Geschlechter geraten nur zu leicht in den Strudel der Prestigepolitik und spielen dann eine Rolle, der sie beide nicht gewachsen sind, die dazu führt, die Harmlosigkeit und Unbefangenheit ihres Lebens zu stören und sie mit Vorurteilen zu sättigen, denen gegenüber jede Spur wahrhafter Freude und jedes Glücksgefühl verschwinden muß« (S. 117f).
Freud, mit seiner Betonung des Sexualtriebes, interessierte sich nicht für die konkreten männlich-weiblichen Beziehungen. Er interessierte sich für den abstrakten Geschlechtstrieb und die Verdrängung. Lief (1972), der Adler als einen Psychoanalytiker im weiteren Sinn ansah (s. S. 100f), schrieb: »Mit Ausnahme von Adler, für den Macht ein zentrales Thema wurde, ist Macht in den psychoanalytischen Publikationen beinahe völlig vernachlässigt worden... Dies mag einer absichtlichen Vermeidung zuzuschreiben sein, weil Adler soviel aus dem Thema der Macht machte, oder dem unbearbeiteten Konflikte in Bezug auf Macht in Freud selbst (... vielleicht gab er seinen früheren Machttrieb nie ganz auf) oder der Natur der psychoanalytischen Therapie selbst... in der Macht kaum je in Begriffen der Macht diskutiert wird« (S. 117).
Broderick (1972) stimmt zu: »Adler ist ein klinischer Theoretiker, der das Schwergewicht seiner Arbeit auf das Konzept der Macht gelegt hat... Sogar der berühmte Ödipuskomplex und seine Lösung können als ein Machtkampf bewertet werden« (S. 150).

Paradoxe Machttaktiken

Broderick (1972) fährt fort: »Der späte Don Jackson, Jay Haley und ihre Kollegen vom Mental Research Institute in Paolo Alto, Kalifornien, haben in letzter Zeit diese Auffassung einen Schritt weitergeführt... Watzlawick, Beavin und Jackson (1967) entwickelten diese Idee weiter, indem sie die eheliche Kommunikation in Bezug auf

den Versuch, daß ein Ehegatte die Oberhand in den konfliktsymmetrischen und metakomplimentären Beziehungen gewinnt, analysieren« (S. 150).
Die Arbeit dieser Autoren verbindet sich sehr harmonisch mit der Adlerschen Theorie. Haley (1963) findet, daß in einem ehelichen Ringen »die Taktik... die ist, die in jedem Machtkampf vorkommt: Bedrohung, gewalttätiger Angriff, Rückzug, Sabotage, passiver Widerstand und Hilflosigkeit oder physische Unfähigkeit zu tun, was der andere will« (S. 126). Hilflosigkeit oder physische Unfähigkeit als Machttaktik seien »paradoxe Kommunikation« (S. 131). Adler rückte solche Taktiken von Anfang an in den Brennpunkt: »Der männliche Protest des Weibes geht nur meist verdeckt und verwandelt und sucht den Triumph mit weiblichen Mitteln« (1910c, S. 88). Aber auch im allgemeinen: »Gehorsam oder Trotz – die menschliche Psyche ist fähig, in jeder dieser Richtungen zu arbeiten« (1911b, S. 105). Adler (1956b) wies gern auf folgende Taktiken hin: »Tränen und Klagen – das Mittel, das ich ›Wasserkraft‹ genannt habe – können äußerst nützliche Waffen sein, Kooperation zu stören und andere in einen Zustand der Sklaverei zu versetzen« (S. 272). Besonders in Bezug auf depressive und suizidale Patienten schrieb Adler (1937h): »Immer zeigte sich ein Lebensstil, der erraten ließ, wie sie durch gesteigerte Klagen, Trauer und Leiden auf andere einzuwirken trachteten... In die einfachste Form gebracht, zeigt sich der Lebensstil des potentiellen Selbstmörders... darin, daß er den anderen oder andere dadurch trifft, daß er sich selbst in Schädigungen hineinphantasiert oder sie sich zufügt (S. 171). Selbstmord nimmt dann die Form der paradoxen Kommunikation an (Ansbacher, 1969).

Die ideale Beziehung

Das Problem des Ideals wird zwangsläufig zum Bestandteil von Adlers zielorientierter pragmatischer Psychologie. Das Folgende ist eine detailliertere Beschreibung seiner Idealvorstellung von Liebe und Ehe, mit Empfehlungen, wie man sich ihr annähern kann.

Dyade von gleichen Partnern

In seiner letzten Schrift über das Thema schrieb Adler (1936n): »Moderne Liebe beruht auf gegenseitiger körperlicher und geistiger Hingabe. Wir sind nicht eher Liebende, bis wir wissen, daß es *zwei braucht, um Liebe zu machen*... So paradox es klingt, der Durchschnittsmensch begreift nicht, daß die *Liebe eine Aufgabe für zwei* ist... Die Liebe mag ihre Anfänge in einer plötzlichen Schwärmerei haben, aber... sie verdient den Namen Liebe nicht, ohne Arbeit und Disziplin, Opfer und Zusammenarbeit... Liebe ist nicht eine ungleiche Partnerschaft, wo einer alles gibt und der andere gibt wenig oder nichts. *Liebe ist die gleichwertige Partnerschaft zwischen einem Mann und einer Frau – in der zwei zu einem verschmelzen, eine menschliche Dyade, in der der sexuelle Drang dieser Menschen versöhnt wird mit den biologischen Bedürfnissen der Gattung und den Anforderungen der Gesellschaft*« (S. 148f).

Der Begriff Dyade – gemäß der ersten Definition im Wörterbuch »zwei Einheiten, die als eine betrachtet werden« – entspricht Adlers früherer Aussage »Die Einteilung der Menschheit in zwei Geschlechter ist weit davon entfernt, eine Trennung zu schaffen; sie bedeutet einen ewigen Drang zueinander«. Von Anfang an beklagte Adler die »künstliche Aufteilung des natürlichen Zusammenhangs der Geschlechter« (1914f, S. 482–483). Dies ist es genau, warum Adler die männliche Vorherrschaft als so schädlich für das allgemeine Wohl betrachtete.

In früheren Schriften beschrieb Adler (1926f) die Liebes- und Ehebeziehung als eine *Zweisamkeit*, ein Begriff Nietzsches, geschaffen als Gegensatz zur Einsamkeit. »Erotik ist ›Zweisamkeit‹, Leistung zweier gleichwertiger Partner« (S. 127).

Ethische Erfüllung: der größere Zusammenhang

Adlers ideale Beziehung zwischen den Geschlechtern ist mit allen alten Tugenden ausgestattet, insofern diese mit der Gleichheit der Partner zu vereinbaren sind. Dies wird durch das Gemeinschaftsgefühl erreicht, das hier so notwendig wie bei den anderen beiden Lebensaufgaben ist. »In der Liebe, die mit starken Befriedigungen körperlicher und seelischer Art ausgestattet ist, zeigt sich das Gemeinschaftsgefühl als unmittelbarer und unzweifelhafter Gestalter des Schicksals« (1933b, S. 48). Adler verbindet Gemeinschaftsgefühl mit Agape (Liebe zum Mitmenschen) und betrachtet sexuelle Liebe, die elterliche Liebe, Kindesliebe und Liebe für die Menschheit alle als Abkömmlinge des Gemeinschaftsgefühls (Ansbacher 1966, S. 114). Gemäß Adler (1933c): »bei einer starken Durchdrungenheit mit dem Gefühl der Gemeinschaft« wird es auch »die Liebe zum Nächsten oder die *Agape* geben« (S. 75). Offensichtlich gibt es hier einen Berührungspunkt zwischen Individualpsychologie und Religion. Adler anerkennt, daß dort »Gemeinsamkeiten vorliegen, oft im Denken, im Fühlen, immer aber in Anblick des Zieles der Vollkommenheit der Menschheit« (S. 73). Darüber hinaus

sieht er die Funktion der angewandten Individualpsychologie darin, dort, »wo die Religionen ihren Einfluß verloren haben, das heilige Gut der Allmenschlichkeit zu schützen und zu fördern« (S. 75).
Adlers Ethik stammt jedoch nicht vom Idealismus, sondern von einem positivistischen Idealismus (Vaihinger). Dies bedeutet, daß die Ideale als Fiktionen durch ihre erwünschte Wirkung in der konkreten Wirklichkeit gerechtfertigt werden müssen. In der Tat erlebt der Einzelne ein größeres Wohlbefinden, wenn er anfängt, sich für die physische und soziale Welt um ihn herum zu interessieren, sich damit zu identifizieren und sich damit zu befassen. Für Adler wird das Gemeinschaftsgefühl, zusammen mit dem Selbstwertgefühl, zur Bedingung erfolgreichen Lebens. Adler (1931b) postuliert diesen Unterschied zur Religion wie folgt: »Das wichtigste religiöse Gebot lautete immer ›Liebe Deinen Nächsten‹ ... Es ist bemerkenswert, daß wir den tieferen Sinn dieses Bestrebens jetzt vom wissenschaftlichen Standpunkt aus bestätigen können. Das verwöhnte Kind fragt uns: ›Warum sollte ich meinen Nächsten lieben? Liebt mein Nächster mich?‹... Der Mensch, dem seine Mitmenschen nichts bedeuten, hat im Leben die größten Schwierigkeiten und fügt anderen das größte Unrecht zu. Es sind solche Menschen, die alle menschlichen Fehlschläge verursachen« (S. 198f). Es war Freud (1929), der gefragt hat: »Warum sollen wir unseren Nächsten lieben?« (S. 468) und er antwortete: »Ich muß ehrlich bekennen, er hat – wenn er ein Fremder ist – »mehr Anspruch auf meine Feindseligkeit, sogar auf meinen Haß. Er scheint nicht die mindeste Liebe für mich zu haben« (S. 469). Freud glaubte, daß es eine »primäre Feindseligkeit der Menschen gegeneinander« gibt (S. 471).
Die Lösung von persönlichen Problemen durch Einbezug des größeren sozialen Zusammenhanges war Adlers allgemeine Methode. Wir sind ihr bereits begegnet in Bezug auf die Abtreibung (S. 23, oben). Man könnte sie einen dialektischen Zugang zur Problemlösung nennen – d. h. der Versuch, das Problem nicht auf der Ebene, wo es erscheint, zu lösen, sondern indem man für die Lösung auf die nächsthöhere Ebene der Abstraktion geht. Dies ist eine Umformulierung des Problems (Watzlawick et al., 1974). Adler nannte dies *Zusammenhangsbetrachtung*, die Methode der verstehenden Psychologie, wie sie von Wilhelm Dilthey begründet wurde (Seelbach, 1932).

Forderung nach Einehe und Treue

Adler preist Einehe, Treue und Keuschheit und nimmt entschieden Stellung gegen »Bagatellisierung der Liebe«, indem er stets die Wirkungen solchen Verhaltens in Bezug auf das Wohlbefinden des betreffenden

Individuums betont oder auf die von seinen Handlungen Betroffenen, manchmal sogar in Form einer »als-ob«-Konstruktion, wie vorher erwähnt.

In Bezug auf die *Einehe* postuliert Adler: »Von Natur aus neigt der homo sapiens weder zur Monogamie noch zur Polygamie. Die höheren seelischen Werte sind aber in solchem Maße der monogamen Ehe zugeteilt, daß nur der Schwachmütige ihr auszuweichen geneigt ist. Damit ihm dies gelinge, dirigiert er seine Neigung in andere Richtung. Dann freilich empfindet er so, wie es seine Schwachheit verlangt« (1926q, S. 22–23). »Die Lösung des Liebes- und Eheproblems in unserem praktischen und sozialen Leben ist die Monogamie, die Einehe« (1931b, S. 220).

Angesichts des oben Gesagten sollte Adlers Behauptung, daß »Kinder selbstverständliche und überzeugte Anhänger der Einehe sind« (1931b, S. 211), ergänzt werden durch »unter den vorherrschenden Bedingungen«. Eine solche Einschränkung wird ersichtlich an Adlers Darstellung »einer guten Ehe« als »unseres Wissens das beste Mittel zur Aufzucht der zukünftigen Generation der Menschheit« (S. 220).

Was die *Treue* betrifft, finden wir, »Wenn ein Mensch wirklich an einem anderen interessiert ist, muß er alle die Eigenschaften besitzen, die zu diesem Interesse gehören. Er muß treu, ein guter Freund, verantwortungsbewußt, zuverlässig und vertrauenswürdig sein« (S. 221). »Untreue widerspricht der Aufgabe der Ehe« (1926q, S. 23). »Untreue ist stets ein Mittel, sich zu rächen. Menschen, die untreu sind, suchen sich bekanntlich stets damit zu rechtfertigen, daß sie von Liebesgefühlen sprechen, doch wir kennen den Wert von Gefühlen und Empfindungen. Gefühle stimmen immer mit dem Überlegenheitsziel überein und sollten nicht als Gründe angesehen werden« (1929d, S. 133).

Adler (1931b) verabscheute jegliche *Bagatellisierung der Liebe*. »Wir können« Liebe und Ehe »nicht als Kinderspiel behandeln« (S. 222). »Eine solche Bagatellisierung der Liebe, wie sie sich in der Promiskuität zeigt, in der Prostitution, in den Perversionen und im heimlichen Versteck der Nacktkultur würde der Liebe alle Größe, allen Glanz und allen ästhetischen Zauber nehmen« (1933b, S. 49). »Geschlechtsverkehr ohne Liebe ist eine Unart« (1926j, S. 106).

»Die Weigerung, ein dauerhaftes Bündnis einzugehen, streut Zweifel und Mißtrauen zwischen die Partner einer gemeinsamen Aufgabe und macht sie unfähig, sich ganz hinzugeben« (1933b, S. 49). So nahm Adler auch Stellung gegen Versuchsehen, oder wie sie auch genannt wurden ›companionate marriage‹. *The Companionate Marriage* war der Titel eines Buches von Judge Ben B. Lindsey und W. Evans (1927). Ein

Buch, das zwei Arten von Ehen vorschlug, eine für die Kameradschaft und leichter aufzulösen und eine für die Fortpflanzung. Das Buch verursachte viele Diskussionen und Auseinandersetzungen zu jener Zeit.

Wie man die Dyade erreicht

»Um die Dyade der vollkommenen Liebe zu erreichen« empfiehlt Adler (1936n) die folgenden Regeln:

1. »Schau nicht zu deinem Partner empor und schau nicht auf ihn herab. Geh auf die Liebe als ein Gleichwertiger ein.
2. Erwarte keine unmögliche Vollkommenheit von anderen, zu der du selbst unfähig bist: liebe eine Frau, nicht einen Engel; einen Mann, nicht ein Phantom oder Ideal.
3. Betrachtet Euch nicht als einen oder als zwei, sondern als eine Zweisamkeit.
4. In der Liebe nimm nicht, ohne zu geben und gib nicht, ohne zu nehmen.
5. Such dir keinen Partner aus, der dich nicht physisch anzieht, aber mache dein Schicksal nicht abhängig von jemand, der dich nur auf der körperlichen Ebene anzieht.
6. Kooperiere mit deinem Partner auf jeder Ebene – sozial, ökonomisch, intellektuell, geistig, emotional und biologisch.
7. Verliere dich nicht auf Nebengleise und in Sackgassen: Es gibt immer einen Ausweg aus emotionalen Labyrinthen – alle Menschen sind ursprünglich normal veranlagt.
8. Sei weder Sklave der Konvention noch deiner eigenen Eigenheiten: Vergiß nicht, daß du nicht nur ein Individuum bist, sondern eine Einheit deiner sozialen Gruppe und der gesamten Menschheit« (S. 149).

»Für die richtige Wahl des Partners« für Liebe und Ehe kommen nach Adler (1933b) »neben der körperlichen Eignung und Anziehung hauptsächlich folgende Punkte in Betracht, die den zureichenden Grad seines Gemeinschaftsgefühls erweisen sollen: (1) Der Partner muß bewiesen haben, daß er Freundschaft halten kann; (2) er muß Interesse für seine Arbeit besitzen; (3) er muß mehr Interesse für seinen Partner an den Tag legen als für sich« (S. 50). Mit anderen Worten, er muß Beweise für die richtige Stellungnahme gegenüber allen drei Lebensaufgaben gegeben haben.

Für Frauen empfahl Adler (1927a) zusätzlich, daß sie ihren zukünftigen Partner fragen: »›Wie stellst du dich zum überragenden männlichen Prinzip in der Kultur, insbesondere im Rahmen der Familie?‹ Diese

Frage wird meist während des ganzen Lebens nicht entschieden. Die Folge ist in einem Fall ein stärkerer Ausdruck für das Streben nach Gleichstellung mit dem Mann, in anderen Fällen eine Art Resignation in verschiedener Stärke« (S. 119).

Gegenwärtige Bestätigungen

Adler betrachtete seine Psychologie als eine »Kulturpsychologie« und als auf das tägliche Leben anwendbar. Da die Kultur sich mit der Zeit ändert, würde man erwarten, daß eine solche Psychologie etwas veralten wird, besonders im Bereich von Sexualität, Liebe und Ehe, wo in den letzten Jahrzehnten solch revolutionäre Änderungen stattgefunden haben. Und in der Tat hören sich Adlers Ansichten zu diesen Dingen ab und zu etwas altmodisch an. Doch bei genauerer Untersuchung findet man, daß dies eher eine Sache des Stils und einiger Einzelheiten ist, im Hinblick auf das Wesentliche.
Besonders drei Grundsätze haben den Test der Zeit gut überstanden: Ablehnung der »Bagatellisierung der Liebe«, das Hochhalten der monogamen Treue und Kooperation zwischen den Partnern.

Ablehnung der Bagatellisierung der Liebe
Fast vierzig Jahre nachdem Adler die »Bagatellisierung der Liebe« abgelehnt hatte, während die sexuelle Revolution voll im Gange war, nahm Rollo May (1969) den Faden da wieder auf, wo Adler aufgehört hatte. Er sprach von »Trivialisierung der Sexualität« (S. 38) und »Banalisierung von Sexualität und Liebe« (S. 64) und bemerkte: »Die Empfängnisverhütung, wie alle Apparate und Maschinen, kann unsere Möglichkeiten von Freiheit und Auswahl vergrößern. Aber die neue Freiheit... drückt sich jetzt in der Banalisierung von Sexualität und Liebe aus... Sicherlich kann eine Handlung, die soviel Kraft hat wie der Geschlechtsakt, und Kraft im entscheidenden Bereich des Weitertragens des Namens und der Art, nicht für banal und unbedeutend gehalten werden, ohne unserem Wesen Gewalt anzutun, wenn nicht der ›Natur‹ überhaupt« (S. 120–121). Eine solche Banalisierung geht einher mit »einer Verwirrung der Motive in der Sexualität... wobei gegenwärtig fast jedes Motiv in der Handlung vorhanden ist, außer dem Wunsch, zu lieben«. Es gibt einen Rückgang von Gefühl und Leidenschaft, der »oft die Form einer Art Anästhesie annimmt, bei Menschen, die das Mechanische des sexuellen Verkehrs gut ausüben können. Wir gewöhnen uns allmählich an die Klage seitens des Patienten, ›Wir haben

Liebe gemacht, aber ich habe nichts dabei gefühlt‹« (S. 59); oder »auf die Dauer wird der Liebhaber, der am besten funktioniert, auch der impotente sein« (S. 55).

Wenn Adler es als eine »bekannte Tatsache« betrachtete, daß »allzu willfähriges Gewähren Abstumpfung erzeugt« (1926f, S. 128), gibt May uns noch eine Bestätigung dieser Tatsache. Was Freud betrifft, stellt May in diesem Zusammenhang fest, daß dieser sicher »nicht den Wunsch hatte, Liebe und Sexualität zu banalisieren« (S. 332). Jedoch, »Wenn man seine Begriffe ›Trieb‹ und ›Libido‹ im populären Sinn wörtlich nimmt, führt dies aus dem Freudianismus im populären Sinn direkt zu einer Banalisierung der Sexualität und Liebe, wie sehr auch die wahren Absichten des Autors dem entgegengesetzt waren« (S. 82).

In einem mehr geistigen Sinn sagtc Adler (1933b) wie bereits zitiert: »Bagatellisierung der Liebe... würde der Liebe alle Größe, allen Glanz und allen ästhetischen Zauber nehmen« (S. 49). Heute stimmen Masters und Johnson (1975) zu: »Wenn man Sexualität auf den körperlichen Austausch reduziert, beraubt man sie ihres Reichtums und ihrer Feinheit und... all ihres gefühlsmäßigen Wertes.« Ähnlich bemerkt Nikelly (1977), ein erfahrener Berater von College-Studenten: »Eine echte sexuelle Revolution bedeutet... sexuelle Gleichheit, eine sexuelle Freiheit, die die Freiheit zu lieben und Zärtlichkeit und Zuneigung auszudrücken, einschließt. Menschen, die meinen, daß ›Spiele‹ spielen und ›Rollen‹ einnehmen notwendige Aspekte ihres Sexuallebens sind... sind in einer Form der sexuellen Tyrannei gefangen« (S. 220).

Empfehlung der monogamen Treue

In letzter Zeit haben Sexualforscher und Therapeuten die Bedeutung eines echten Engagements für den Partner im Gegensatz zur bloßen Sexualtechnik betont; z. B. sagt Helen Singer Kaplan (1974) im letzten Abschnitt ihres Werkes über Sexualtherapie, daß wichtiger als eine technische Kompetenz im Liebemachen die Liebe selbst sei, womit sie Engagement und wahre Intimität meint. »Die gegenseitige Liebe kann die Qualität des Lebens zutiefst verändern« (S. 524).

Masters und Johnson, die bekannten »Sexualtechniker« sagen, daß sie sich heute wie auch früher nicht so sehr für Sex an sich interessieren und interessiert haben, als für das Ausmaß, mit dem er menschliche Beziehungen verschönert. So, wie Adler festgestellt hatte, daß die Liebe »eine Entscheidung für immer« (1931b, S. 214) verlangt, so halten Masters und Johnson (1975) fest, daß die Sexualität Engagement bedeuten soll, »die Entwicklung einer dauerhaften Beziehung, anstatt alles auf kurzfristige Verwöhnung des einzelnen Ichs zu konzentrieren« (S. 136).

Es ist besonders bemerkenswert, daß Masters und Johnson »Verwöhnen des einzelnen Ichs« ablehnen, da für Adler »der verzärtelte Lebensstil« (1956b, S. 233) ein zentraler Aspekt schlechter Anpassung war. »Wenn zwei verwöhnte Kinder heiraten... beansprucht jedes Anteilnahme und Aufmerksamkeit und keines kann zufriedengestellt werden« (1931b, S. 216). »Die Ehe zwischen zwei verwöhnten Kindern verläuft stets unglücklich, weil beide in der Einstellung zu nehmen verharren und keiner von ihnen zu geben beginnt« (1929c, S. 107).

Indem Masters und Johnson (1975) die sexuelle Treue und das Engagement befürworten, bedauern sie auch, daß Worte wie Loyalität und Treue außer Gebrauch gekommen sind. »Doch hängt alles menschliche Zusammenleben von diesen und ähnlichen Werten ab, und sie können in Bezug auf die Ehe nicht außer acht gelassen werden« (S. 203). Sie nähern sich besonders Adlers Begriff vom Gemeinschaftsgefühl, indem sie Engagement als »den Zement, der Individuen und Gruppen verbindet«, definieren (S. 268). In einer guten Beziehung »handeln beide Partner gegenseitig im Interesse des Anderen« (S. 269). Wir waren in einer früheren Arbeit zu dem Schluß gekommen, daß das Gemeinschaftsgefühl am besten mit den Worten von Ralph Barton Perry als »das Interesse seitens eines Menschen an den Interessen eines zweiten« definiert wird (Ansbacher 1968, S. 140).

Schließlich stellen Masters und Johnson (1975) auch fest, daß die Untreue zum größten Teil nicht durch eine größere Anziehung seitens einer dritten Person verursacht wird, sondern durch den Wunsch, »mit dem Partner ins Reine zu kommen« (S. 145). In gleicher Weise hat Adler bemerkt, daß es seitens der Frau »immer ein Racheakt ist« (1926c, S. 121) und daß es beim Mann »Rachegedanken gegen die eine Frau sind, die leicht imstande sind, die Liebe zu einer anderen zu entzünden« (1926f, S. 130).

Kooperationsmetapher: alt und neu

Für Adler (1929d) war ein alter deutscher Hochzeitsbrauch eine metaphorische Beschreibung einer guten Ehe als einer Zusammenarbeit von zwei gleichwertigen Partnern. Dem jungen Paar wird eine Säge mit zwei Griffen gegeben, und sie werden aufgefordert, einen Baumstamm durchzusägen. Dies ist wirklich eine Aufgabe für zwei: »Jeder der beiden muß sich darauf einstellen, was der Andere tut und seine Bewegungen mit denen des Partners abstimmen. Diese Methode wird als gute Prüfung für die Ehetauglichkeit angesehen« (S. 137f).

Adler mochte diese Geschichte sehr und verwendete sie häufig in leicht abgeänderten Versionen. In einer früheren Version bedeutet der Brauch, »daß die Liebe keine Privatangelegenheit ist und daß es wichtig ist, an den anderen zu denken, um für ihn oder für sie die Dinge zu erleichtern« (1926o). Die folgende Version hat die Bedeutung eines Vertrauens- und Kooperationstests. »Wenn kein Vertrauen zwischen ihnen herrscht, ziehen sie gegeneinander an und erreichen nichts... Der Wille zu gemeinsamer Arbeit« ist »das Hauptanforderung für die Ehe« (1931b, S. 207).

Bis heute wird dieser Brauch im Harzgebirge praktiziert, obwohl er langsam verschwindet, wie Adolf Reinecke (1975), Historiker dieses Gebiets, berichtet. Er beschreibt die Bedeutung des Brauchs, eines von mehreren dieser Art, so, daß das junge Paar »sich mit allen Angelegenheiten des Lebens gemeinsam konfrontieren sollte... daß sie auch schwierige Aufgaben erfüllen müssen und daß die Arbeit immer vor dem Vergnügen kommt«.

Heute beschreiben Masters und Johnson (1975) eine neuere Entwicklung unter Lastwagenfahrern, die als eine moderne Version dieses alten Brauchs angesehen werden kann. Sie schreiben: »Auf Fernfahrten, wo die Fahrer zu zweit arbeiten müssen, so daß der eine den anderen am Steuer ablösen kann, tut sich eine kleine, aber wachsende Anzahl von Ehepartnern zusammen... ein anschaulicher Beweis, daß das Prinzip der Gleichheit der Geschlechter sich ausbreitet... Die Vorteile eines solchen gemeinsamen Unternehmens scheinen sehr einleuchtend... Der Ehemann... nimmt die Kooperation der Frau an... Die Frau, die als Lastwagenfahrerin nicht weniger weiblich ist, gewinnt die Sicherheit einer engeren Beziehung zu ihrem Mann... Wenn man ein Bild benötigt, um die Beziehung zwischen Ehepartnern heute zu charakterisieren, kann es vielleicht darin gefunden werden: zwei Fahrer (co-drivers) eines Fahrzeuges, das beide zum gleichen Ziel führt, wobei jeder dem anderen vertraut, daß er ihm in die Richtung steuern hilft, in die sie wollen; sie reisen zusammen, weil sie nicht getrennt sein mögen« (S. 91).

Überhaupt ist dieses Buch von Masters und Johnson (1975) gut geeignet für eine Adler-Buchliste.

Undogmatischer Standpunkt

Wie erwähnt, müßte man erwarten, daß Aussagen über Sexualität, Liebe und Ehe, die im ersten Drittel dieses Jahrhunderts gemacht wurden, an dessen Ende sich etwas veraltet anhören würden. Aus seinen sozialen, psychologischen, pragmatischen und dialektischen Positionen heraus würde man auch erwarten, daß Adler sich dieses Zeitfaktors bewußt war. Und in der Tat schränkte er (1) seine Behauptungen als in erster Linie anwendbar für die Kultur seiner Zeit ein, und (2) nahm er Änderungen vorweg und akzeptierte sie.

Zeitlich-kulturelle Begrenzungen

In einer Schrift, in der er einer Laienleserschaft seinen Weg zur Menschenkenntnis präsentiert, bemerkt Adler (1926k): »Wir rechnen damit, daß der Höhepunkt unserer Erkenntnis sicher auch mit der gegenwärtigen Kultur zusammenfällt. Wir glauben nicht, daß wir die letzten Dinge erforscht, die letzte Wahrheit ausgesprochen haben, sondern daß dies alles nur ein Bestandteil der heutigen, gegenwärtigen Erkenntnis und Kultur sein kann; wir freuen uns auf die, die nach uns kommen« (S. 141).

In seinem Beitrag zu einem großen zweibändigen *Handwörterbuch der Arbeitswissenschaft* (1930n) schrieb Adler: »Grade unsere Einsicht in die Zusammenhänge von Mensch, Erde, Gemeinschaft, Zweigeschlechtlichkeit, unsere Feststellungen über die Einheit der Persönlichkeit innerhalb dieser Grenzen bewahrt uns vor der Einseitigkeit zu glauben, als ob es eine ewig unerschütterliche Weisheit und Erkenntnis gäbe. Die Individualpsychologie beansprucht für sich nicht mehr als für eine Lehre genommen zu werden, die dem gegenwärtigen Kulturzustand und dem gegenwärtigen Wissen um den Menschen und seine Seelenzustände besser als andere Zusammenhangsbetrachtungen gerecht wird« (S. 33).

Dies ist natürlich zum Teil ein kultureller Relativismus, für den Adler (1929d) ein Beispiel bezüglich des sexuellen Verhaltens gab: »Neben dem Einfluß der Kindheitsumwelt, wie er sich im Lebensstil widerspiegelt, wirken sich auch die politischen und wirtschaftlichen Bedingungen eines Landes auf das sexuelle Verhalten aus. Diese Bedingungen schaffen einen Gesellschaftsstil, dem der einzelne sich nur schwer entziehen kann. Nach dem Russisch-Japanischen Krieg [1904–1905] und dem Zusammenbruch der ersten Russischen Revolution, der das Volk in Hoffnungslosigkeit und Resignation stürzte, breitete sich eine große sexuelle Bewegung aus, die als Saninismus bekannt wurde... Eine ähnliche sexuelle Überspanntheit macht sich allgemein in Revolutionszeiten bemerkbar, und es ist natürlich nur zu bekannt, daß in Kriegszeiten die Hinwendung zu sexueller Sinnlichkeit besonders stark ist, weil das Leben wertlos erscheint« (S. 144).

Vorwegnahme und Annahme von Veränderungen

In der ganzen Adlerschen Psychologie ist ein Glaube an Veränderung, letztlich zum Besseren hin, enthalten (siehe 1937g), der einige seiner Formulierungen beeinflußt haben dürfte. Was die Struktur der Familie betrifft, glaubt er schon 1908, »daß die gegenwärtige Gruppierung von Frau und Mann nicht unveränderlich ist, sondern daß der Rahmen der Familie heute schon erschüttert ist und es noch mehr wird« (Nunberg und Federn 1962, S. 331f).

Adler schätzte völlig richtig ein, in welchem Maß Charakterzüge kulturell bestimmt sein können und somit dem Wandel, einhergehend mit dem der Kultur, unterworfen sind. »Sogar scheinbar angeborene Eigenschaften, wie Warten auf den Bewerber, Passivität, Reserviertheit, weibliche Bescheidenheit und Monogamie sind in größerem Maße als meistens erkannt wird, der Tendenz der Zeit unterworfen und werden vom Endziel geleitet«. Mutterschaft wird weniger wichtig werden, parallel dazu, daß Frauen größere ökonomische Gleichheit erreichen. »Die Frau wird sich nicht hindern lassen, durch die Mutterschaft einen Beruf zu ergreifen: Mutterschaft wird entweder einigen hinderlich bleiben oder aber sie wird ihre Beschwerden verlieren« (Nunberg und Federn, 1962, S. 331f).

Die Frauen werden auch ein aktiveres Liebesleben erreichen. Dies ist in Adlers Beobachtung enthalten, daß »der größere Aktionsraum im Liebesleben des Mannes... vor allem bedingt (ist) durch den ihm zufallenden Aktionsraum im Leben überhaupt« (1926f, S. 123). Daraus folgt, daß, wenn Frauen aktiver am Leben teilnehmen, sie auch sexuell aktiver werden.

Was voreheliche Beziehungen betrifft, glaubte Adler, »daß die innige Hingabe in Liebe und Ehe am besten gesichert ist, wenn es vor der Ehe keine Geschlechtsbeziehungen gab«. Die letztliche Begründung für diese Meinung war jedoch, daß »beim herrschenden Zustand unserer Kultur, die Belastung für das Mädchen schwerer (ist), wenn vor der Ehe Geschlechtsbeziehungen bestehen« (1931b, S. 217). Adler lehnte auch »Abwechslungen« von der Ehe mit der Begründung ab, daß »es immer die Frauen (sind), die letzten Endes den Schaden zu tragen haben« (S. 223). Da es Adler um das Wohlergehen der Frau ging, darf man annehmen, daß Adler wahrscheinlich mit dem Vorhandensein von besseren Methoden der Geburtenkontrolle, zusammen mit vielen zusätzlichen Faktoren, seinen Standpunkt zu diesem Thema wohl geändert hätte.

In Adlers Betrachtung über die Ehe waren die Fortpflanzung der Menschheit und die Bereitschaft, die Verantwortung der Kindererziehung zu akzeptieren, von großer Bedeutung. Aber in seinem letzten Buch (1933b) anerkannte er: »Seit die Menschheit den Spruch erfüllt hat und so zahlreich ist wie der Sand am Meere, dürfte das Gemeinschaftsgefühl der Menschen in der Strenge der Forderung nach unbeschränkter Nachkommenschaft stark nachgelassen haben... Die sozialen Verhältnisse verlocken nicht zur weiteren rapiden Vermehrung« (S. 49f). Stattdessen akzeptierte Adler, daß dies und die verschiedenen technischen Fortschritte »dazu beigetragen haben, der Liebe... eine... fast unabhängige Rolle zuzuweisen, ein höheres Niveau, eine Glückssteigerung, die sicher zum Wohle der Menschheit beiträgt« (S. 50).

Schließlich, obwohl Adlers Ideal die dauerhafte Ehe war, akzeptierte er, daß die Scheidung gelegentlich wünschenswert sein könnte. »Wie man im Leben keine Regel findet, die restlos unfehlbar wäre, so gibt es auch Gründe, die für eine Auflösung einer Liebes- oder Ehebindung sprechen...«. Man sollte »diese Frage in die Hände erfahrener Psychologen legen, denen man ein Urteil im Sinne des Gemeinschaftsgefühls zutrauen kann« (S. 49).

Sexualerziehung der Kinder

Was das Problem der kindlichen Sexualerziehung betrifft, betrachtete es Adler (1930a, S. 118–129) als äußerst wichtig, daß ihnen folgendes beigebracht wird: (1) ihre geschlechtliche Identität und Unveränderbarkeit derselben und (2) die Gleichwertigkeit der Geschlechter. Die Unterweisung in Bezug auf die körperliche Seite der Sexualität war ihm von untergeordneter Bedeutung und kann wie folgt zusammengefaßt werden: »Damit kann man warten, bis die kindliche Neugier erwacht... und dann müssen die Antworten so beschaffen sein, daß sie sein Verständnis nicht übersteigen. Man sollte vermeiden, Antworten zu geben, die den Sexualtrieb anstacheln« (S. 127).

Geschlechtliche Identität

Adler (1956b) betrachtete die Unsicherheit in Bezug auf die Geschlechtsrolle als die wichtigste von den »typischen Veranlassungen zum Ausbruch der Neurosen und Psychosen« (S. 280). Darum war es

ihm von größter Wichtigkeit, daß ein kleiner Junge erfährt, daß er zu einem Mann heranwachsen wird und ein kleines Mädchen, daß es eine Frau wird. Jegliche Unklarheit in diesem Zusammenhang muß vermieden und verhindert werden.
Diese Forderung ist ganz unabhängig von allen sexuellen Stereotypen in der Kultur. Wie Money und Ehrhardt (1972) betont haben: »Die Natur selbst liefert die grundsätzlichen, unveränderbaren Aspekte der geschlechtlichen Unterschiede, die keine Kultur ausmerzen kann... Frauen können menstruieren, schwanger werden und Milch geben und Männer nicht« (S. 13). Männer können zeugen. So sind »trotz großer Vielfalt der Kulturen in der Vorschrift geschlechtlich zweiformigen Verhaltens... die Möglichkeiten nicht unbegrenzt... wenn die Kultur überleben soll« (S. 145). Die gegenwärtigen Änderungen in der Definition der Geschlechtsrollen dürfen nicht als grundlegende Umwandlung der geschlechtlichen Unterschiede gedeutet werden, sondern einfach »als eine Anpassung von gewissen traditionellen Facetten der Geschlechtsrollen, der männlichen und weiblichen, an den Wandel der Zeiten und der Umstände« (S. 13).
In den letzten Jahren haben eine Anzahl von Forschungsstudien Adlers Behauptung vom psychopathologischen Risiko der Geschlechtsrollenunsicherheit unterstützt. Sie wurden von Biller (1973) zusammengefaßt, der einer der Hauptautoren dieser Forschungen ist und zum Schluß kam, daß die Unsicherheit in Bezug auf die Geschlechtsrolle »ein grundsätzlich bestimmender Faktor der Psychopathologie ist«.

Gleichwertigkeit der Geschlechter

Gleichzeitig fand Adler es äußerst wichtig, den Kindern die Gleichwertigkeit der Geschlechter zu lehren und ihnen gleichwertige Entfaltungsmöglichkeiten anzubieten. Adler schrieb (1929c): »Ich würde niemals einem Mädchen verbieten, mit Eisenbahnen zu spielen, auf Bäume zu klettern oder sich am Spiel von Jungen zu beteiligen, doch bin ich fest überzeugt, daß man sich im späteren Leben von Kindern viel Ärger ersparen könnte, wenn sie von Anfang im Wissen um und in Vorbereitung auf ihre richtige Geschlechtsrolle aufgezogen würden. Dies ist natürlich unmöglich, wenn die Atmosphäre erfüllt ist von Hinweisen auf weibliche Unfähigkeiten und männliche Vorrechte, wie so oft der Fall ist« (S. 59f).
Dies ist heute im wesentlichen die Ansicht der Leiterin eines Tageshorts (day-care center), der von der Organisation der Frauenbefreiungsbewegung, The Women's Action Alliance, New York (Hammel, 1974) geführt wird. Wir zitieren Jan Galvin: »Kinder identifizieren sich zu-

erst mit ihrem eigenen Geschlecht, und wir halten es für sehr wichtig, daß dies durch das ganze Leben eine positive Identifikation bleibt«. Eine andere Mitarbeiterin, Barbara Sprung (1974) schreibt: »Es ist möglich, Mädchen und Jungen zu erziehen, die ihre biologische sexuelle Identität verstehen... und sich doch frei fühlen, zwischen allen Möglichkeiten des Lebens zu wählen, weil sie nicht in bestimmte Rollen, die nur kulturell definiert sind, gezwungen werden«.

Primäre Vorbeugung

Da die Gleichheit zweifellos zu Adlers Zeiten nicht erreicht war, sah er als primäre Vorbeugung auch die Notwendigkeit, Mädchen gegen Ungerechtigkeiten, denen sie ausgesetzt sein würden, zu stärken. So schrieb Adler (1914j): »Von unserem Gesichtspunkte aus ergibt sich vorläufig die Notwendigkeit, prophylaktisch und therapeutisch, die Unwandelbarkeit des organischen Geschlechtscharakters dem Kinde frühzeitig einzuprägen, alle Benachteiligungen aber *als nicht unüberwindlich* und als Schwierigkeiten des Lebens wie andere auch verstehen und bekämpfen zu lehren. Damit, scheint uns, wird aus der Frauenarbeit auch jene Unsicherheit und jene Resignation schwinden, gleichzeitig auch die übertriebene Geltungssucht, die sie [die Frau] so oft als minderwertig erscheinen läßt« (S. 85).
Betreffs Opfer von Vorurteilen im allgemeinen meinte Adler (1930e): »Man müßte sie darüber aufklären, daß in der Menschheit eine ganze Reihe von Ungerechtigkeiten besteht, daß die Welt häufig etwas ausfindig macht, um die anderen zu drücken« (S. 128). »Es gibt bis zu dem Zeitpunkt, wo die Menschheit im ganzen einen Kulturfortschritt zu machen geneigt sein wird, kein anderes Mittel, als diese Anfeindungen nicht als spezielle anzusehen, sondern als Ausdruck eines allgemein menschlichen, fehlerhaften Handelns« (S. 129).

Liebes- und Eheberatung

Erkennen des Bedürfnisses

Adler (1926o) sah, daß das Problem der sexuellen Beziehungen die Menschen am meisten beschäftigte: beinahe 70 % der Fragen nach seinen öffentlichen Vorträgen nahmen Bezug auf dieses Problem. Man könnte daraus schließen, schrieb er, »daß ausschließlich das sexuelle Problem die Menschheit beschäftigt und man könnte ernsthaft versuchen, auch die anderen Probleme in diesem Sinn umzudeuten. In all diesen Problemen herrscht große Unsicherheit, nur daß sie beim sexuellen Problem größer ist als bei allen anderen Lebensproblemen« (S. 14). Diese größere Unsicherheit beruht auf »Unwissenheit, unzureichender Vorbereitung und der daraus resultierenden Spannung«. Die Sexualität stellt für jedermann »ein vollständig neues Problem dar – die konkreten Beziehungen zu einem Menschen anderen Geschlechts – für das kein vorbereiteter Pfad, keine Tradition, kein angemessenes Wissen den Weg zu einer Lösung aufzeigt. Kein Wunder, daß so viele unrichtige Antworten gegeben werden!« (S. 13).

So befürwortete Adler (1926q) die voreheliche und eheliche Beratung. Er glaubte: »Es wäre ein wahrer Segen für die Ehe, für die Menschheit und für die kommende Generation, wenn vor jeder Eheschließung von erfahrenen Individualpsychologen eine Eheberatung durchgeführt würde, in der Absicht, mangelhafte Vorbereitungen zu ergänzen und fehlerhafte Stellungnahmen zu verbessern« (S. 23).

Über Eheberatung als solche schrieb Adler (1929d): »In der Ehe werden, wie jedermann sehen kann, so viele Fehler begangen, daß sich unvermeidlich die Frage stellt: ›Ist das alles eigentlich notwendig?‹ Wir wissen, daß solche Fehler ihren Ursprung in der Kindheit haben, und wir wissen auch, daß es durchaus möglich ist, fehlerhafte Lebensstile zu ändern, wenn man das Leitbild und seine Merkmale erkennt und aufdeckt. Man fragt sich also, ob es nicht möglich wäre, Beratungsdienste einzurichten, welche mit Hilfe der Methoden der Individualpsychologie die Fehler in der Ehe entwirren könnten. Solche Beratungsdienste würden aus ausgebildeten Menschen bestehen, denen bekannt ist, wie all die Ereignisse im Leben des einzelnen zusammenhängen und die fähig zur einfühlenden Identifizierung mit dem ratsuchenden Menschen sind« (S. 134).

Übrigens interessierte sich Adler für alle Aspekte einer besseren Vorbereitung von Erwachsenen hinsichtlich ihrer sexuellen Beziehungen. Zum Beispiel unterstützte er ein Buch von Heinrich F. Wolf über die männliche Einstellung zur Werbung, indem er das Vorwort dazu schrieb (1926o). Diesem Vorwort sind die ersten beiden Zitate dieses Abschnitts entnommen.

Adler (1936n) wußte auch die Vorzüge der Literatur über sexuelle Techniken zu schätzen. Er schrieb: »Sogar der idealistischste Liebhaber muß einsehen, daß Liebe eine Kunst ist, die eine Technik erfordert. Sowohl das Abendland als der Orient haben uns Handbücher der Liebe, Lehrbücher der Leidenschaft gegeben. Es spricht einiges für *Kamasutra, The Scented Garden*, sogar für *Lady Chatterley's Lover* und noch mehr spricht für populäre wissenschaftliche Bücher, die bemüht sind, dem Liebhaber Fachwissen zu vermitteln. Aber alles Wissen und alle Künste sind vergebens, wenn sie nicht von beiden Liebhabern in gegenseitiger Hingabe geteilt werden. Wir sollten nicht aus falscher Bescheidenheit die Augen vor der Wahrheit verschließen, daß die Liebe sogar in ihrem körperlichen Aspekt eine Aufgabe ist, die die harmonische und uneingeschränkte Kooperation beider Teile erfordert« (S. 151).

Rationales und geplantes Ergebnis

Für Adler ist die Ehe eine Aufgabe für zwei Menschen verschiedenen Geschlechts, die zusammenleben und zusammenarbeiten. Eine befriedigende Lösung wird erleichtert, wenn das Problem in einem größeren Zusammenhang gesehen wird – zwei Menschen als Teil der Menschheit, die an einem Problem von sozialer Relevanz arbeiten und mit Vergangenheit und Zukunft verbunden sind. Eine Verbesserung besteht hier, wie bei allen Problemen, im Wandel weg von einer auf sich selbst bezogenen, erwartenden, unreifen, engstirnigen verwöhnten Einstellung – Adler (1956b) spricht von dem »engen Stall« des Neurotikers (S. 264) – in Richtung auf eine aufgabenorientierte, über-sich-selbst-hinausgehende, weittragende, weise, kooperative Einstellung, geleitet vom Gemeinschaftsgefühl. Von diesem Standpunkt aus werden Erziehung, Vorbeugung, Beratung und Psychotherapie gleichermaßen Versuche, eine befriedigende, weniger irrtümliche Lebensweise zu lehren. Adlers Modell ist nicht ein medizinisches, sondern ein erzieherisches.

Natürlich verlangt die Psychotherapie besondere Lehrtechniken. In den letzten Jahrzehnten sind auf diesem Gebiet von Verhaltenstherapeuten und Familientheoretikern viele Beiträge gekommen. In dem Grad, wie diese Techniken tatsächlich theoretisch neutral sind, passen sie sehr gut in den Adlerianischen Rahmen, indem sie konkretes Verhalten, Verhaltensänderung bzw. ein transaktionales, dialektisches System der Annäherung betonen.

Da Adlers Konzept nicht medizinisch, sondern erzieherisch ist, spricht er auch nicht von Lösungen oder Heilungen. Stattdessen verspricht er eine weniger irrtümliche Art zu leben, wo sonst große Fehler gemacht wurden oder gemacht werden könnten. »Wer diese Gedanken in sich aufgenommen hat, wird zwar natürlich nicht fehlerlos auf Erden wandeln, sich aber wenigstens des rechten Weges bewußt bleiben und seine Irrtümer statt sie zu vergrößern, ständig verkleinern können« (1926a, S. 118).

Diese Art, den Anspruch auf therapeutische Wirksamkeit seiner Methode zu formulieren, wurde von Adler bei mehreren Gelegenheiten angewendet. Im Zusammenhang mit der Berufsberatung schrieb Adler (1956b): »Geht andererseits ein Mensch mit der richtigen Einstellung durch das Leben, können wir nicht versprechen, daß er sofort Erfolg haben wird. Wir können aber versprechen, daß er seinen Mut behalten und sein Persönlichkeitsgefühl nicht verlieren wird« (S. 395). In Bezug auf die Psychotherapie im allgemeinen finden wir: »In der Praxis versuchen wir, die großen Irrtümer ungeschehen zu machen, sie durch kleine Irrtümer zu ersetzen und diese immer weiter zu verkleinern, bis sie nicht länger schädlich sind« (S. 187f). Und schließlich: »Große Fehler können zu Neurosen führen, doch kleine Fehler machen den ziemlich normalen Menschen aus« (1929c, S. 79). Die Psychotherapie wird später genauer erörtert werden (S. 146f).

Durchführung

Obwohl es sich in vielen von Adlers Fällen um Eheprobleme handelt, haben wir keinen Beleg dafür, daß er sich persönlich mit der Eheberatung als solcher beschäftigte. Aber eine von Adlers sehr aktiven Mitarbeiterinnen, Sofie Lazarsfeld, begann 1926 mit einer Ehe- und Sexualberatungsstelle. Dem vorausgegangen war eine »Brief-Antwort-Spalte« in einer Wiener Zeitung. Lazarsfeld (1931b) berichtete von 1929 bis 1939 von dreihundert Fällen. Die letzten 168 von diesen zeigten ungefähr folgende Verteilung ihrer Hauptbeschwerden: allgemeine nichteheliche Schwierigkeiten 29%, Eheschwierigkeiten 24%, Einsamkeit 18%, konkrete sexuelle Probleme (Masturbation, Impotenz, Frigidität, Homosexualität) 29%. Eine von Lazarsfelds Schlußfolgerungen war: »Sexualität ist kein autonomes Gebiet, losgelöst vom übrigen psychischen Leben, sondern sie beeinflußt das ganze Verhalten eines Menschen, genauso wie letzteres die Sexualität beeinflußt«.

Seitdem ist die Eheberatung ein Teil der individualpsychologischen Praxis. Danica Deutsch (1956, 1967) beschreibt die Eheberatung an der Alfred Adler Mental Hygiene Clinic in New York, wo sie auch Gruppentherapie mit Ehepaaren einführte. Ihre Arbeit von 1967 enthält einen kurzen Fragebogen als Leitfaden für voreheliche Beratung. Helene Papanek (1965) berichtet über Gruppenpsychotherapie mit Ehepaaren. W. L. und Miriam L. Pew (1972), Co-Berater, beraten oft vor einer Gruppe anderer Paare und Berater-Studenten, weil sie gefunden haben, daß dies nicht nur für die Gruppe, sondern auch für das Paar, das beraten wird, von Vorteil ist.

Individualpsychologische Bücher über Ehe und Sexualität

Sofie Lazarsfeld (1931a, 1934), die die Adlersche Eheberatung gründete, hat auch das erste Adlersche Buch über Sexualität geschrieben, das sich an Frauen richtet, *Wie die Frau den Mann erlebt* (1931), in englischer Sprache *Rhythmus des Lebens: Ein Leitfaden der sexuellen Harmonie für Frauen* (1934). Es wurde innerhalb der nächsten zwanzig Jahre in mehrere andere Sprachen übersetzt. Lazarsfeld befürwortet vehement die Gleichwertigkeit der Geschlechter und schreibt 1934: »Viele nervöse und sexuelle Störungen bei beiden Geschlechtern werden verschwinden, wenn einmal diese sinnlose zwanghafte Einstellung, entsprungen aus der ungerechten Überbewertung des Mannes, aufgegeben wird« (S. 81).

Ein zweites populäres Adlersches Buch über Sexualität und Ehe ist *Die Kunst, eine Frau zu sein* von Olga Knopf (1932). Sie betont die Unterordnung der Sexualität unter die Persönlichkeit und den Lebensstil und betont daher den Gebrauch, den die Frau von ihrer Sexualität macht. Knopf zeigt, daß eheliche Unstimmigkeit vielfach von der Situation und besonders dem Gefühl der Minderwertigkeit verschuldet wird. Eheliches Unbehagen entspringt oft einem falschen Verständnis von Prestige. Adler hatte vom »Strudel der Prestigepolitik« (1926a, S. 117) in Liebe und Ehe und dessen zerstörerischen Auswirkungen gesprochen.

Das dritte Buch dieser Art ist *Die Ehe als Herausforderung* von Rudolf Dreikurs (1946). Es wurde ebenfalls in viele Sprachen übersetzt. Auch Dreikurs zeigt die Abhängigkeit des sexuellen Verhaltens – wie allen Verhaltens – vom Lebensstil des Individuums, einschließlich seiner Ziele, auf.

Wie in seinen anderen Arbeiten, geht Dreikurs in der therapeutischen Technik über Adler hinaus. Zum Beispiel kann jeder eine soziale Konfliktsituation verbessern, indem er sein eigenes Verhalten verändert, und dadurch indirekt das Verhalten des Partners.

Wie Adler, aber auf seine eigene Art, stellt Dreikurs die Ehesituation auch in den Rahmen eines größeren Ganzen. Unser Liebes- und Sexualleben und unsere Haltungen haben »Bedeutung für alle unsere Zeitgenossen. Wir verstärken gewisse soziale Richtungen und verneinen andere, während wir glauben, daß wir uns nur mit unseren eigenen Problemen beschäftigen. Wir müssen uns mehr der Rolle bewußt werden, die wir in den zusammenklingenden Bestrebungen der Menschheit nach einer befriedigenden Art des Lebens durch unsere Meinungen spielen. Wir müssen lernen, die soziale Bedeutung unserer persönlichen Überzeugungen und Bevorzugungen besser abzuschätzen« und

wie man sie besser »in den Strom der gegenwärtigen Entwicklung« integriert (S. 240).
Zwanzig Jahre später kam Dreikurs (1968) zu einer weiteren Feststellung: »Einer der springenden Punkte, der zum Ehestreit führt, ist der weit verbreitete Pessimismus hinsichtlich der Aussicht auf eine glückliche, dauerhafte Ehe« (S. 98), »dieser latente Pessimismus, der mit dem Prozentsatz des Eheversagens zunimmt« (S. 101). Das Gegenmittel ist immer noch, was Adler auch empfohlen hätte, »vor allem Mut, Glauben an die eigenen Fähigkeiten mit jedem Problem fertigzuwerden, das auftauchen mag ... Darüber hinaus, die Bereitschaft beizutragen, nützlich zu sein, anstatt der zunehmenden weitverbreiteten Beschäftigung mit Vergnügen und Nehmen« (S. 101).

Brief an eine Tochter zu ihrer Heirat

Ein Brief, in dem Adler seiner ältesten Tochter Valentine und ihrem Mann zu ihrer Hochzeit gratuliert, mag als Zusammenfassung dieses Kapitels dienen. Der Brief ist der Adler-Biographie von Phyllis Bottome (1957, S. 111) entnommen. Er stellt im ersten Teil in einer gefühlvollen, warmen, persönlichen Art ausgezeichnet die Adlerschen Empfehlungen für eine erfolgreiche Ehe dar. Der zweite Teil zeigt ebenso großes elterliches Interesse an einigen sehr praktischen Dingen, ist aber hier nicht relevant.
Liebe Vali und lieber Georgey:
Ich sende Euch meine liebevollsten Grüße und nehme Euch in die Arme und gratuliere Euch von Herzen! Meine Gedanken sind immer bei Euch.
Vergeßt nicht, daß die Ehe eine Aufgabe ist, an der Ihr beide mit Freude arbeiten müßt.
Denkt daran, daß die monogame Form des Lebens die feinste Blume der sexuellen Kultur bedeutet.
Ich bitte Euch, seid fest entschlossen, mehr an den Anderen zu denken als an Euch selbst und versucht immer so zu leben, daß Ihr das Leben des Anderen einfacher und schöner macht.
Erlaubt einander nicht, daß Ihr Euch einander unterwerft. Keiner kann diese Haltung aushalten. Erlaubt niemandem, auf die Gestaltung Eurer ehelichen Beziehung Einfluß zu gewinnen. Schließt nur Freundschaft mit Leuten, die eine echte Zuneigung zu Euch beiden haben ...
Viele Küsse und Grüße Papa

V. Sexuelle Störungen im allgemeinen

Die vorhergehenden Kapitel hatten hauptsächlich die Absicht, Adlers Theorien zu erklären und das Bild von dem Menschen Adler und seiner Zeit genauer auszumalen. In einigen Fällen untersuchten wir auch die Adlerschen Stellungnahmen in Bezug auf die zeitgenössische Szene. Im folgenden Kapitel liegt das Schwergewicht darauf, die Adlerschen Theorien mit den heutigen Entwicklungen zu vergleichen. Wir werden sehen, daß diese zum großen Teil die Adlerschen Theorien bestätigen, obwohl sein Name im allgemeinen nicht erwähnt wird.

Eine übereinstimmende Entwicklung

Wir werden uns in unseren Vergleichen der Einfachheit halber auf eine Gruppe von Psychiatern beschränken, die wir als repräsentativ für Entwicklungen in einem größeren Rahmen erachten.
Wir beziehen uns auf die Amerikanische Akademie für Psychoanalyse und die zukunftsträchtigen Schriften von Sándor Rado (1890–1972). Die Gruppe ist in zwei Bänden, die Judd Marmor (1965, 1968) herausgegeben hat, gut vertreten. Die Akademie, die 1956 gegründet wurde, hatte 1976 bereits 800 Mitglieder. Sie nennen sich »moderne Psychoanalytiker« oder »progressive Psychoanalytiker« und schließen viele von denen ein, die sich vorher »Neo-Freudianer« oder »Ich-Psychologen« genannt haben.

Die weitere Bedeutung von Psychoanalyse
Da diese Gruppe sich mit der »Psychoanalyse« identifiziert, stellt sich das allgegenwärtige Problem der Bedeutung dieses Begriffs. Tatsächlich nannte Adler nach der Trennung von Freud 1911 seine eigene neue Gruppe Verein für Freie Psychoanalytische Forschung. Wie konnte Adler dies tun und später verneinen, daß er ein Schüler von Freud gewesen ist? Wie kann eine Akademie für Psychoanalyse in der Tat vieles von Adler bestätigen? Und wie konnte andererseits Ellenberger (1970) behaupten, »Wenn man Adler studiert, muß der Leser vorübergehend alles, was er über Psychoanalyse gelernt hat, beiseite lassen« (S. 571),

eine Behauptung, die wir stark unterstützen? Die Antwort ist, daß die Psychoanalyse eine weitere und eine engere Bedeutung hat.

Der weitere und frühere Sinn sind Persönlichkeitserforschung und Psychotherapie, zu denen Freud den wichtigen methodischen Beitrag machte, Hypnose durch freien Einfall zu ersetzen. Der Untertitel der 1914 gegründeten *American Psychoanalytic Review* war *Eine Zeitschrift, gewidmet dem Verständnis des menschlichen Verhaltens*. Adlers Mitarbeiter Furtmüller (1914) schrieb: »Die wissenschaftliche Bearbeitung des Inhaltes der Psyche und die Erforschung der Persönlichkeit sind also die beiden wesentlichen neuen Aufgaben, die die Psychoanalyse stellt« (S. 172). Und das Merriam-Webster-Wörterbuch, Taschenbuchausgabe (1974), definiert Psychoanalyse: »Eine Methode, die psychische Störungen behandelt, indem sie den normalerweise verborgenen Inhalt des Bewußtseins studiert, besonders um Konflikte zu lösen«. In allen drei Beispielen ist nichts besonders Freudianisches erwähnt. Es war solch eine umfassendere Bedeutung, die Adler im Kopf hatte, als er zuerst von »Freier Psychoanalytischer Forschung« sprach.

Die *engere Bedeutung* von Psychoanalyse verbindet diese mit den Freudschen Lehren. Diese Definition findet man in Chaplins (1975) Wörterbuch der Definitionen dargestellt: »Ein System der Psychologie, das sich auf das Verstehen, die Heilung und die Vorbeugung von seelischen Störungen richtet, wie Sigmund Freud es entwickelt hat«. Das war auch nach 1910 Freuds Auffassung (1914a, S. 340), als er Adler dafür tadelte, daß er den Begriff »Freie Psychoanalyse« gewählt hatte. Adler akzeptierte bald die engere Bedeutung des Begriffs, indem er »Psychoanalyse« ganz Freud überließ und seine eigene Richtung »Individualpsychologie« nannte. Der Ursprung und die Bedeutung dieses Begriffs wurde anderwärts besprochen (Ansbacher 1974b).

Die Amerikanische Akademie für Psychoanalyse akzeptiert de facto die weitere Bedeutung von »Psychoanalyse«, indem sie viele der Freudschen Theorien fallen ließ.

Standpunkt der Anpassung

Die theoretische Position der Akademie kann von dem Standpunkt Sándor Rados her charakterisiert werden, der auf dem Prinzip der Anpassung beruht. Dies ist ganz im Gegensatz zu Freud, der mit intrapsychischen unbewußten Prozessen und Trieben beschäftigt war, die darauf zielten, den Status quo wiederherzustellen.

Ein Standpunkt der Anpassung wurde von Adler von Anfang an angenommen und wird von ihm in folgendem gut ausgedrückt (1956b): »Die Individualpsychologie steht ganz auf dem Boden der *Evolution* und sieht alles menschliche Streben im Lichte derselben als ein Streben nach Vollkommenheit... An diesem Weg der Entwicklung, einer fortwährenden aktiven Anpassung an die Forderungen der Außenwelt müssen wir anknüpfen, wenn wir verstehen wollen, in welche Richtung Leben geht und sich bewegt... Immer handelt es sich um Überwindung... handelt es sich darum, eine günstige Beziehung herzustellen von Individuum und Außenwelt... Ich spreche von *aktiver Anpassung* als einer *Anpassung* unter dem Aspekt der Ewigkeit... Eine *Anpassung* an die gegebene Realität wäre nichts anderes als Ausnützung der strebenden Leistungen anderer« (S. 116–117).

Ähnlich wie Adler, jedoch ohne Referenz auf ihn, stellte Rado (1969) fest: »Anpassungsfreundliche Psychodynamik betont den Teil, den die Motivation und die Kontrolle in der Wechselbeziehung der Organismen und ihrer kulturellen Umgebung spielt... im Sinn von organischer Nützlichkeit« (S. 6). »Bei der menschlichen Spezies ist es notwendig... die Bedeutung des Wortes ›Anpassung‹ zu verbreitern, sodaß es alle jene ökologischen Reaktionen einbezieht, bei denen das Individuum die Umgebung für seine eigenen Zwecke beeinflußt« (S. 7).

Eine abtrünnige Organisation

Die Amerikanische Akademie für Psychoanalyse wurde laut Masserman (1958) gegründet, weil »einige der weniger fähigen Anhänger Freuds einen dogmatischen, isolierten und engverwalteten Kult förderten... Um dieser Tendenz entgegenzuwirken, begannen umfassender orientierte und fortschrittlichere Analytiker Gruppen zu bilden, die sich der erneuten Forschung widmeten... und sich 1956... vereinigten, um die Akademie für Psychoanalyse zu bilden« (S. V.), später Amerikanische Akademie für Psychoanalyse. Marmor (1968) beschrieb den Zweck der Akademie als »die fortschrittliche wissenschaftliche Entwicklung der Psychoanalyse zu fördern, durch Kommunikation zwischen Psychoanalytikern aller Standpunkte und ihren Kollegen in anderen wissenschaftlichen Disziplinen und in den Geisteswissenschaften, um die Phänomene der individuellen Motivation und des sozialen Verhaltens zu untersuchen« (S. IX).

Unter den Mitgliedern der Akademie sind Anhänger von Erich Fromm, Karen Horney, Harry Stack Sullivan usw. und zu ihren Gründungsmitgliedern gehörten Nathan Ackermann, Franz Alexander, Silvano Arieti, Irving Bieber, Paul Hoch, Donald D. Jackson, Judd Marmor, Jules H. Masserman und Lewis R. Wolberg.

In vielerlei Hinsicht ist der Zweck der Akademie dem von Adlers ursprünglichem Verein ähnlich: »Der Verein für Freie Psychoanalytische

Forschung wurde im Juni 1911 von einigen Mitgliedern der Wiener Psychoanalytischen Vereinigung gegründet… die glaubten, bemerkt zu haben, daß die Mitglieder der alten Gesellschaft den Dogmen und Theorien Freuds in ihrer Gesamtheit verpflichtet werden sollten… Da sie von der kritischen Bedeutung der psychoanalytischen Methode und Richtung überzeugt waren, empfanden sie eine wissenschaftliche Verpflichtung, eine Heimat für eine vollständig unabhängige psychoanalytische Forschung zu sichern« (Vorstand 1912).

Mit einer solchen Ähnlichkeit der Ziele und der grundsätzlichen theoretischen Position zwischen der Akademie und Adlers Gruppe haben die Mitglieder der Akademie viele der theoretischen Schritte, die zuerst von Adler unternommen wurden, gemacht. Wohl die Mehrheit hat solch grundlegende Freudsche Begriffe wie Libido, Besetzung, Vorherrschaft der Es-Impulse, Bedeutung der Bisexualität, latente Homosexualität und viele andere abgelehnt, und einige haben solch Adlersche Begriffe aufgebracht wie Vorherrschaft der Persönlichkeit, Zukunftsorientierung, Zielstrebigkeit, Machtstreben, Anpassung, Symptome als Mechanismen der (Lebens)bewältigung, Lebensstil und viele andere, wie wir weiter unten zeigen werden. Somit haben sie eine breite, unabhängige, übereinstimmende Bestätigung von Adlers ursprünglicher Position geliefert. Dennoch bleibt eine erhebliche Minderheit der Akademie-Mitglieder stark den grundlegenden Freudianischen Begriffen verpflichtet. »Es ist eine der Tugenden der Akademie« schreibt Marmor (1977), »daß wir alle mit diesen Differenzen zusammenleben, und fähig sind, ohne Mißstimmung zu diskutieren«.

Unter diesen Umständen existieren freundschaftliche Beziehungen zwischen der Amerikanischen Akademie für Psychoanalyse und heutigen Adlerianern. Kurt Adler (1972) nahm mit einem Vortrag an dem Symposium der Akademie zu dem Thema: »Die Dynamik der Macht« teil. Zum Kongress der Akademie 1977 in Toronto wurden Adlerianer zu einem »Mündlich-Historischen Porträt von Alfred Adler« eingeladen. Marmor (1972) anerkannte die Beiträge Adlers mit den Worten: »Alfred Adler ist zweifellos die am meisten unterschätzte Figur der frühen psychoanalytischen Bewegung… Adler hat sich wahrlich den Titel als einer der originellsten, kreativsten und progressivsten Denker in der Geschichte der modernen Psychiatrie verdient. Er muß als der erste der Ich-Psychologen gewürdigt werden und als der erste Psychoanalytiker, der die Psychologie des Menschen in ganzheitlichen Begriffen ausdrückte« (S. 153). Lewis Wolberg (1970) bemerkte: »Die volle Bedeutung der Adlerschen Arbeit ist bis vor kurzem noch nie ganz gewürdigt worden. Es ist eine äußerst erstaunliche Sache zu entdekken... wie viele sogenannte moderne Tendenzen betreffs seelischer Gesundheit den Adlerschen Theorien und Methoden ähneln« (S. 16). Leon Salzmann (1962) anerkannte: »Adler... ist der intellektuelle Prophet für viele der Neo-freudschen Neuerungen« (S. 67).

Kritik an Freudschen Begriffen

Psychologischer Hermaphroditismus, Bisexualität, Männlicher Protest
Freud (1905 d) lehnte den Begriff »psychologischer Hermaphroditismus« ab und bevorzugte »Bisexualität«, um aufzuzeigen, daß das für das andere Geschlecht charakterisierte Verhalten eines Menschen konstitutionell bedingt ist. Bisexualität wurde sehr wichtig für die Freudsche Interpretation der Homosexualität, die er »Inversion« nannte: »...auch für die Inversion (kommt) eine bisexuelle Veranlagung in Betracht, nur daß wir nicht wissen, worin diese Anlage über die anatomische Gestaltung hinaus besteht« (S. 42). Und im allgemeinen fand Freud: »...ohne der Bisexualität Rechnung zu tragen, wird man kaum zum Verständnis der tatsächlich zu beobachtenden Sexualäußerungen von Mann und Weib gelangen können« (S. 121); »...die Anlage zu den Perversionen (ist) die ursprüngliche allgemeine Anlage des menschlichen Geschlechtstriebes« (S. 132).
Als Adler (1911 i) den Begriff »psychologischer Hermaphroditismus« benutzte, wies er darauf hin: »Was die Bisexualität betrifft, so ist damit das Angeborene zweier Sexualregungen gegeben, eine Annahme, die der Ausdruck ›psychischer Hermaphroditismus‹ vermeidet« (S. 169). Aber Adler gab auch diesen Begriff auf, so wie Freud es tat, und Adler ersetzte ihn durch »männlicher Protest« (1910 c). Adler (1911 i) meinte, daß der männliche Protest aus dem psychologischen Hermaphroditismus entspringt (S. 169). Beim neurotischen Mann äußert sich der männliche Protest in dem Wunsch, »den richtigen Mann« hervorzukehren; bei der neurotischen Frau nimmt er die Form des Kampfes gegen die Vorstellung an, »nur eine Frau« zu sein. Mit anderen Worten, Neurotiker beiderlei Geschlechts kämpfen gegen die weibliche Seite in ihnen selbst, d. h., gegen die stereotype Vorstellung von Schwachheit und Minderwertigkeit des weiblichen Geschlechts – und streben nach dem männlichen Klischee von Macht und Überlegenheit. Paradoxerweise können beide Geschlechter dies mit männlichen oder weiblichen Mitteln tun. Das verstand Adler unter »psychologischem Hermaphroditismus«. Eine Frau kann sowohl durch die Betonung als auch durch die Verleugnung ihrer Weiblichkeit versuchen, sich durchzusetzen.

Ebenfalls kann ein Mann versuchen, durch weibliche Mittel zum Ziel zu kommen. Adler beschrieb einen männlichen homosexuellen Patienten, der zu seiner Fähigkeit, Männer zu verführen, sagte: »Die Macht, die ich über Männer ausübe, erfüllt mich mit Wonneschauern« (1930d, S. 38). Männliche Homosexuelle halten sich von Frauen entfernt, aus Furcht, von ihnen beherrscht zu werden.

Man sollte vielleicht auch erwähnen, daß Adler (1933b) später über den somatischen Hermaphroditismus folgendes geäußert hat: »Es gibt wirkliche Hermaphroditen, bei denen tatsächlich die Entscheidung schwer wird, ob man es mit Mädchen oder Knaben zu tun hat. Man überläßt ihnen den Gebrauch, den sie von dem Hermaphroditismus machen wollen« (S. 124). Die Arbeit von Money hat gezeigt, daß das Ergebnis in solchen Fällen tatsächlich von menschlicher Entscheidung abhängt – meistens seitens der Eltern und nicht zuletzt auch vom betroffenen Individuum selbst. Im allgemeinen formen Hermaphroditen ihre geschlechtliche Identität in Übereinstimmung mit ihrer geschlechtlichen Zuordnung und ihrer Erziehung und bleiben dabei. Wo dies nicht der Fall ist, ist es auf die Unsicherheit bezüglich der geschlechtlichen Zuordnung zurückzuführen. Um Money und Ehrhardt (1972) zu zitieren: »Hermaphroditische Kinder, die im Laufe der Zeit beschließen, daß sie falsch zugeteilt wurden und eine Änderung verlangen, haben typisch eine Lebensgeschichte von Unsicherheit hinsichtlich ihrer sexuellen Zuweisung« (S. 153).

Zu Freuds Theorie von der angeborenen Bisexualität gehören die Annahmen (1) einer angeborenen homosexuellen Komponente, (2) der latenten Homosexualität und (3) der praktischen Unmöglichkeit, die Homosexualität zu behandeln. Wie von Adler werden diese Annahmen von modernen Psychoanalytikern abgelehnt, wie man heute die ganze Metapsychologie Freuds in psychoanalytischen Kreisen in Frage stellt.

Die homosexuelle Komponente

Adler (1926h) lehnte die Argumente zugunsten der angeborenen Homosexualität in Form von »angeborenen homosexuellen Komponenten des Sexualtriebs« als unhaltbar ab. Freuds Annahme der Bisexualität führte ihn zu dem Schluß, daß der Sexualtrieb als solcher bisexuell sei und daher Komponenten von beiden Geschlechtern habe. Diese würden zu homosexuellem bzw. heterosexuellem Verhalten führen. Die homosexuellen wie auch die heterosexuellen Komponenten könnten verdrängt werden und dabei neurotische Symptome zur Folge haben, oder sie könnten sublimiert werden. Oder sie könnten direkt zu

einer »abnormalen Sexualität« führen. Aus solchen Überlegungen heraus schrieb Freud (1905 d): »Die Neurose ist sozusagen das Negativ der Perversion« (S. 64).
Freuds wichtigster Beweis für die homosexuelle Komponente waren homosexuelle Phantasien und Träume. Adler (1930d) lehnte diese ganze Auffassung ab und betrachtete solche Beweise bloß als »ein Arrangement des Individuums« und »höchstens als Versuch zu verstehen, einer vermeintlichen Homosexualität Vorschub zu leisten, was nicht grade auf große Sicherheit schließen läßt« (S. 85). Mehr darüber später, im Abschnitt über »Training und Selbsttraining«.
Rado (1940) ist derselben Meinung und lehnt Freuds Beweise vehement ab. »Die Vorstellung, daß diese sogenannten männlichen und weiblichen Manifestationen der direkte Ausdruck einer konstitutionellen Komponente des anderen Geschlechts sind, ist unbegründet... Eine Phantasie, obwohl einflußreich in Bezug auf Einstellung und Verhalten, kann der Ausdruck einer teilweise konstitutionellen Komponente sein oder auch nicht.« Rado fügt das eindrückliche Beispiel hinzu: »Durch die Vögel inspiriert, hat der Mensch jahrtausendelang davon geträumt, aus eigener Kraft zu fliegen, aber niemand hat je behauptet, daßs dies eine Komponente oder Anlage zum Fliegen in seiner Konstitution bedeutet« (S. 185).

Latente Homosexualität
Solange die homosexuelle Komponente latent bleibt, wäre sie Freuds »latenter Homosexualität« gleichzusetzen. Ohne den Begriff zu verwenden, bezog sich Adler (1930d) darauf, als er Freuds Annahme ablehnte, eine verdrängte homosexuelle Libido-Komponente »finde sich als Neigung und Phantasie vielleicht bei allen Neurotikern« (S. 81). In einer zweiten De-facto-Bezugnahme betrachtete Adler es als eine Fehldeutung, die Ablehnung der Homosexualität durch ein Individuum als »Kampf gegen die eigene homosexuelle Neigung« aufzufassen. »In der Tat wurde auf diesem Wege versucht, die Zahl der Homosexuellen noch um die zu vermehren, die einen gegensätzlichen Standpunkt zur Duldung der Perversion einnehmen« (S. 25). Freud (1917a) hatte behauptet: »Der Nachweis homosexueller Regungen (mißlingt) bei keinem einzigen Neurotiker und eine gute Anzahl von Symptomen (gibt) dieser latenten Inversion Ausdruck. Die sich selbst Homosexuelle nennen, sind eben nur die bewußt und manifest Invertierten, deren Anzahl neben jener der latent Homosexuellen verschwindet« (S. 318).
Vor kurzem hat Salzman (1965) das Konzept der latenten Homose-

xualität mit besonderem Nachdruck abgelehnt. Ausgehend von B. S. Robbins unterscheidet Salzman beim Begriff Latenz noch weiter zwischen »einer im *Ruhezustand* vorhandenen vollentwickelten und reifen, aber inaktiven Funktion (z. B. der Winterschlaf des Bären und Teile unseres Gedächtnisses) oder einer »*Entwicklungsmöglichkeit*, einen Zustand... herbeizuführen« (S. 235 f). Während die zweite Auffassung von latenter Homosexualität als erwiesen angenommen wird, wird der Begriff streng im ersten Sinne verwendet. Dieser Gebrauch jedoch basiert »auf einem anatomischen und physiologischen Trugschluß« und ist »in wissenschaftlicher und menschlicher Hinsicht schädlich« (S. 244). Deswegen empfiehlt Salzman, daß, wenn der Begriff nicht bestätigt werden kann, man »diesen Terminus ganz aufgeben sollte« (S. 246).
Bieber (1965) drehte geschickterweise die Freudsche Phrase um, als er sagte: »Die meisten Männer sind keine latenten Homosexuellen, eher sind alle Homosexuellen latente Heterosexuelle« (S. 253).

Bedauerliche Konsequenzen
Die Freudsche Annahme der angeborenen homosexuellen Komponente erzeugt den Glauben, daß eine einmal entwickelte Homosexualität unabänderlich ist. Adler (1930d) zeigt auf, daß: »die Homosexuellen, die über ihre ›unglückliche Veranlagung‹ klagen, damit eigentlich recht wenig leisten zur Beseitigung ihres Übels, ja daß sie vielmehr aus der Erfolglosigkeit ihrer Bemühungen... auf die Unrettbarkeit schließen...«. Adler beobachtete auch einen »Stolz anderer Homosexueller auf ihre ›Andersartigkeit‹« (S. 81). Man muß dabei davon ausgehen, daß »der Homosexuelle durch allgemein menschliche Denkschwächen irregeleitet ist« und »seine Argumentation durch vielfachen wissenschaftlichen Aberglauben gefördert ist« (S. 89).
Diese Betrachtungen werden auch von Rado (1940) geteilt: »Der ungenau definierte Begriff der biologischen Biosexualität und die ungeheuer lockere Art und Weise, in der er in der Psychoanalyse gebraucht worden ist, hat bedauernswerte Konsequenzen... Die Vorstellung, daß der Patient sich mit einer homosexuellen Komponente in seiner Konstitution konfrontieren muß, hat oft eine überflüssige Entmutigung oder Panik bewirkt, wenn nicht noch ernsthaftere Komplikationen« (S. 186).
Ovesey (1954) bemerkte, daß die Freudschen Annahmen »die Homosexualität aus den Neurosen ausschließen und auch zumindest theoretisch aus dem Gebiet der psychoanalytischen Theorie, da nur Neurosen der Psychoanalyse zugänglich sind« (S. 128). Weiterhin: »Die klassi-

sche Auffassung der Konstitution kann großen Schaden anrichten. Die Interpretation der offensichtlichen Homosexualität als Ausdruck einer vorhandenen Bisexualität ist entmutigend genug, aber einem heterosexuellen Patienten Abhängigkeit und Machtstreben auf der gleichen Basis zu erklären, kann katastrophal sein« (S. 139).

Ausgehend von seinem Konzept der Bisexualität nahm Freud weiterhin eine normale homosexuelle Entwicklungsphase in der frühen Adoleszenz an. Diese Ansicht hat soviel Ansehen gefunden, daß eine der Definitionen von Homosexualität in Websters »Third International Dictionary« ist: »eine Phase, die in der normalen psychosexuellen Entwicklung während der Vorpubertät beim Mann und während der Adoleszenz bei der Frau stattfindet, in der libidinöse Befriedigung mit gleichgeschlechtlichen Partnern gesucht wird« (Perloff, 1965, S. 44). Die schädliche Suggestion, die durch solch weite Verbreitung dieser irreführenden Freudschen Idee ausgeübt wird, wird von Salzman (1974b) in folgendem bedauert: »Der Wirkungsgrad des Freudschen Einflusses auf unsere Kultur äußert sich darin, daß sich bei einem Menschen diese adoleszenten Zweifel über seine Zulänglichkeit in Sorge um seine Potenz und dann möglicherweise in Homosexualität verwandeln... Der Adoleszente ist wahrscheinlich das häufigste Opfer von solch falschen Auffassungen und Verzerrungen, seine Zweifel können allzuleicht als Beweis von Homosexualität betrachtet werden, mit der Folge, daß seine heterosexuellen Fähigkeiten sich verringern, was zu einem wahren Teufelskreis führt« (S. 206).

Metapsychologie

Freuds Auffassungen von einer angeborenen homosexuellen Komponente und von der latenten Homosexualität sind Teil seiner allgemeinen Auffassung des physikalistischen Reduktionismus. Dies wurde in seiner Metapsychologie mit ihren drei Aspekten formuliert: dem dynamischen in Bezug auf seine ganze Triebtheorie; dem topographischen in Bezug auf die Unterscheidungen zwischen dem Unbewußten, dem Vorbewußten und dem Bewußten, zu der später die Unterscheidungen zwischen dem Es, dem Ich und dem Über-Ich hinzugefügt wurden; und als dem ökonomischen in Bezug auf psychische Energie, Besetzung und Gegenbesetzung und die Art, auf welche psychische Energie verteilt und entladen wird. Wir haben an anderer Stelle (Ansbacher 1974a) aufgezeigt, daß die ganze Adlersche Kritik an Freud, von der das obige nur ein Teil ist, auf eine Kritik von Freuds gesamter Metapsychologie hinausläuft.

Heute gibt es eine breite Bewegung in psychoanalytischen Kreisen, die die Freudsche Metapsychologie aufgibt und nur seine klinische Theorie beibehält. Um einige Eindrücke aus dieser Bewegung zu geben: George S. Klein (1973) findet Metapsychologie unvereinbar mit der klinischen psychologischen Praxis und »irrelevant« für dieselbe (S. 107), wo man mit Begriffen wie »Zweck, Funktion und Vollendung« arbeitet und interpretiert (S. 111) sowie mit Begriffen wie »Absicht und Bedeutung«. Obwohl Freud seine Metapsychologie als »den grundlegenden Maßstab der Erklärung betrachtete« (S. 102), würde Klein sie vollständig beiseite lassen und die ganze psychoanalytische Theorie wieder aufbauen aus dem, was tatsächlich während der psychoanalytischen Stunde stattfindet. Leon J. Saul (1972) schreibt: »Ich glaube, man könnte und hat schon fast die ganze Metapsychologie verlassen, und das wirkt so befreiend, daß sich Analytiker nicht mehr durch die Libido-Theorie eingeengt fühlen müssen und so zu offeneren Beobachtern werden können« (S. 10). Peterfreund (1975) greift, nachdem er feststellte, daß für ihn Metapsychologie »von Anfang an... fast ganz unannehmbar war« (S. 536) – das Konzept des »Ich« als eine »leere Tautologie« (S. 538) heraus. Er findet, daß die Konzepte des »Ich« und »Es« auf solch eine Art verwendet werden, daß »man nicht wirklich zwischen ihnen unterscheiden kann« (S. 542) und daß »durch die psychoanalytische Theorie dem Ich alle Eigenschaften einer Person gegeben werden« (S. 542). Dies ähnelt Adlers (1956b) Beobachtung in Bezug auf das Es, als er schrieb: »Ob man das Ich nun aus dem Unbewußten oder aus dem Es delegiert zu haben glaubt, das Es benimmt sich zum Schluß manierlich oder unmanierlich wie ein Ich« (S. 177). Judd Marmor (1968) erklärt kategorisch: »Die schwerfällige metapsychologische Superstruktur, die Freud aufrichtete, ...ganz besonders seine Theorie der Triebe, der Libido, der dreiteiligen Struktur der Psyche und der psychischen Energie, ist veraltet« (S. 6). »Die psychoanalytische Theorie wird sich nicht nur weiter von der Freudschen Metapsychologie entfernen, sondern wird schrittweise beginnen, die allgemeine Sprache der anderen Verhaltenswissenschaften zu gebrauchen: die Sprache der Anpassung, der Lerntheorie, der Kommunikations- und Informationstheorie« (S. 11).

Solche Stellungnahmen werden heute noch betrachtet als »wissenschaftliche Unabhängigkeit und Mut... die Weigerung, sich von Konventionen, Dogmen oder vorherrschenden Meinungen tyrannisieren zu lassen«, wie Smith (1973, S. 97) in Bezug auf Klein festhält. Von daher mag man Adlers Mut und Größe bewundern, als er Freud persönlich mit der Ablehnung der ganzen Triebtheorie und ihrer Begleiterscheinungen entgegentrat, dies sogar bevor Freud seine Arbeiten über die Metapsychologie geschrieben hatte, zur Zeit, als Freud (1905) glaubte »die Theorie der Triebe ist der wichtigste... Teil der psychoanalytischen Theorie« (S. 34, Fußnote).

Sexualität im Dienste der Persönlichkeit

Adler zufolge wird die Sexualität eines Menschen von seiner Persönlichkeit, von seinem Lebensstil beherrscht. Dieses Prinzip gilt auch für die sexuellen Störungen, die Adler zu den Neurosen zählte. So führt Adler (1930d) aus: »Unsere Erfahrungen zwingen uns, das Verständnis für jede der abnormen sexuellen Ausdrucksweisen aus dem Verständnis des ganzen Menschen herzuleiten, nicht etwa umgekehrt, wie es die Freudsche Psychoanalyse lehrt« (S. 104). »Der Patient erwirbt... diejenige Neurose, die nach seiner Empfindung seinem fiktiven Ziel und dem dazugehörigen Lebensplan am besten entspricht« (S. 56). Das Problem der sexuellen Störung einschließlich der Homosexualität führt so zur Beschreibung und zum Verständnis des jeweiligen Lebensstils, seiner Entwicklung und seiner möglichen Veränderungen.

Ausdruck des Lebensstils

Der Begriff »Lebensstil« bedeutet für Adler die Vorstellung vom Individuum als einer in-sich-selbst-logischen Einheit; als Handelnder und Schöpfer und nicht als bloßes Objekt oder Reagierender und seine Zielgerichtetheit, wie diese sich im einzelnen individuellen Fall jeweils konkret manifestieren. Der Lebensstil schließt die Vorstellung ein, die sich ein Mensch von seinem Erfolgsziel macht, seine Meinung über sich selbst und die Welt und seine charakteristische Art, nach seinem Ziel zu streben. Der Lebensstil ist daher ein fester Bestandteil von Adlers humanistischer Psychologie (Ansbacher, 1971b).

Adler (1956b) setzt den Lebensstil verschiedentlich gleich mit dem Selbst, dem Ich, der eigenen Persönlichkeit, der Einheit der Persönlichkeit, der Individualität, der individuellen Art der schöpferischen Aktivität, der Art, Probleme zu konfrontieren, der ganzen Lebenshaltung und mit anderen Begriffen (S. 175). Die »Einheit in jedem Menschen ... in seinem Denken, Fühlen und Handeln, in seinem sogenannten Bewußtsein wie Unbewußtsein, in jedem Ausdruck seiner Persönlichkeit... nennen wir den Lebensstil des Individuums. Was häufig als Ich bezeichnet wird, ist nichts anderes als der Lebensstil des Individuums« (S. 176).

Auch »werden die organischen Funktionen vom Lebensstil bestimmt. Das gilt vor allem für die Lungen, das Herz, den Magen, die Ausscheidungs- und Geschlechtsorgane. Störungen dieser Funktionen geben die Richtung an, die ein Mensch eingeschlagen hat, um sein Ziel zu erreichen. Ich habe diese Störungen als Organdialekt oder als Organjargon bezeichnet, da die Organe in ihrer eigenen höchst ausdrucksvollen Sprache die Absicht einer individuellen Ganzheit offenbaren. Der Dialekt der Sexualorgane ist besonders ausdrucksstark« (1929c, S. 167).

Die Ansicht, daß die Persönlichkeit die Sexualität beherrscht, ist seither von Rado und Marmor, unter vielen anderen, immer wieder betont worden. Marmor (1974) stellt fest: »Die sexuellen Verhaltensmuster spiegeln immer die persönlichen Verhaltensmuster wider« (S. 89). Er (1977) fügt hinzu, daß »die moderne Physiologie mehr Gewicht auf die Wechselbeziehung von Organsystemen in ihrer Funktionsweise legt, als auf einzelne Organe selbst«. Er bemerkt, daß Franz Alexanders ›Vector-Theorie‹ »eine geschicktere Bearbeitung Adlerianischer Auffassung bietet, wie Organsysteme innerhalb des Körpers durch Aufnehmen, Zurückbehalten und Ausscheiden funktionieren«. Marmor (1968) führte mit seinem »transaktionalen Lebenssystem« auch einen dem Lebensstil ähnlichen Begriff ein (S. 9). Vor ihm gebrauchte bereits Rado in einer den Adlerschen Vorstellungen besonders entsprechenden Stellungnahme einen Begriff, der sinngemäß dem Lebensstil entspricht, um den Einfluß der Persönlichkeit auf die Sexualität auszudrücken. Rado (1949) schrieb: »Die Erfahrungen des Kindes in der Familiengruppe bilden die Grundlage für sein späteres, fest ausgebildetes Muster psychodynamischer Anpassung (Established Pattern of Psychodynamic Adaption = EPPA). Dies umfaßt die Einstellungen des Individuums zu Kooperation und Konkurrenz, seine Tendenz zu herrschen oder sich zu unterwerfen, seine Bestrebungen, sozialen Ängste und Ressentiments. Diese fortwährende Anpassung hat selbstverständlich tiefgreifende Auswirkungen auf das Sexualverhalten des Individuums« (S. 107).

Adlers Auffassung, daß die Sexualität – einschließlich der sexuellen Störungen – der Gesamtpersönlichkeit und dem Lebensstil untergeordnet ist, ist ein Aspekt einer ganzheitlichen Theorie, die den Menschen betrachtet als: (1) eher kulturell- als triebbestimmt, (2) Teil sozialer Einheiten, (3) kreativ und wesentlich selbstbestimmt, (4) zielgerichtet. Die folgenden Seiten zeigen auf, inwiefern Adlers diesbezügliche Theorie Unterstützung gefunden hat.

Kulturelle Bestimmtheit

Adler führte seinen Begriff des »männlichen Protests« ein als einen Schritt weg von der Triebtheorie der Persönlichkeit und in Richtung auf eine Theorie der Kulturpsychologie. Heute ist diese Umorientierung so weitgehend erfolgt, daß Salzmann (1968b) behaupten konnte: »Die Triebtheorie ist als ein biologisches Modell zum Verständnis der Persönlichkeitsentwicklung größtenteils überholt, und die Auffassung von der Sexualität als einem Trieb engt das Verständnis von ihrer Rolle im menschlichen Verhalten ein« (S. 125). Diese Aussage wird durch fünfzehn Zitate belegt. »Die Tendenz weg von einer triebbedingten zu einer mehr kulturell orientierten Perspektive der Persönlichkeitstheorie zeigt sich in einer Reihe alternativer Theorien über kindliche Sexualität, Homosexualität, weibliche Sexualität und sexuell abweichendes Verhalten. Diese Theorien berücksichtigen die wissenschaftlichen Entwicklungen der letzten fünfzig Jahre in den Bereichen der Psychologie, Anthropologie, Soziologie und Persönlichkeitsforschung« (S. 125). Adler machte diesen entscheidenden Schritt hin zu einer kulturell orientierten Persönlichkeitstheorie bereits mehrere Jahre vor Beginn dieser Periode.

Der Mensch als Teil von sozialen Einheiten

Adlers kulturelle Orientierung und seine ganzheitliche Betrachtungsweise schlossen die Vorstellung ein, daß das Individuum Teil größerer sozialer Gruppierungen ist und auch als solches – und nicht als isoliertes Wesen – erforscht werden muß. Adler (1926d) sagte: »Die Individualpsychologie betrachtet und untersucht das Individuum im Zusammenhang mit seinem sozialen Umfeld. Wir weigern uns, den Menschen als isoliertes Wesen zu betrachten und zu untersuen« (S. 9). Später fügte Adler (1936j) hinzu: »Das Untersuchungsfeld der Individualpsychologie ist ... die in Akten vollzogene Beziehung eines eigenartig stilisierten Individuums zu Fragen der Außenwelt« (S. 134). Adlers (1956b) Definition von »Außenwelt« ergibt sich aus seiner Beschreibung der Funktion der Mutter, die das Gemeinschaftsgefühl des Kindes weckt, von sich selbst auf den Vater erweitert und es weiterhin lenkt »auf das gesellschaftliche Leben ... auf andere Kinder der Familie, auf Freunde, Verwandte und Mitmenschen im allgemeinen ... bis es unsere ganze menschliche Gesellschaft einschließt« (S. 345).

Marmor (1968) betrachtet das Auftauchen solch ganzheitlich-sozialen Denkens als die wichtigste Entwicklung der letzten Zeit. »Die revolutionäre Veränderung, die im psychodynamischen Denken der zweiten Hälfte des 20. Jahrhunderts stattgefunden hat, besteht in einer Verlagerung vom geschlossenen System, das sich auf den einzelnen Menschen konzentriert, hin zum offenen System, in dem das Funktionieren des

Individuums stets im Zusammenhang mit seiner Gruppenzugehörigkeit und seinem Umfeld untersucht wird. Während also Freud sich auf das Individuum konzentrierte, steht heute in fortschrittlichen psychoanalytischen Kreisen das Beziehungssystem des Individuums, seiner Familie, seiner Kleingruppe, seiner Gemeinde, seiner Gesellschaft im Brennpunkt der psychopathologischen Betrachtung« (S. 4).

Schöpferische Kraft und dialektische Selbstbestimmung

Adler war auch in kultureller Hinsicht kein Determinist. Über Anlage und Umwelt hinaus hielt Adler (1956b) »die schöpferische Kraft des Kindes« für entscheidend. »Wir können nicht umhin, dem Kinde schöpferische Kraft zuzusprechen, die alle diese Einflüsse, die alle Möglichkeiten ordnet, um eine Bewegung zu gestalten, die zur Überwindung führt, in einer Form, die vom Kinde als richtunggebende Überwindung empfunden wird«. Der Mensch »ist der Künstler seiner eigenen Persönlichkeit« (S. 178). »Die Vererbung stattet« das Individuum »nur mit bestimmten Fähigkeiten aus, die Umwelt gibt ihm nur gewisse Eindrücke. Diese Fähigkeiten und diese Eindrücke... sind die Bausteine, die jeder Mensch für seinen eigenen ›schöpferischen‹ Weg, beim Aufbau seiner Einstellung dem Leben gegenüber braucht« (S. 202). Die Bedeutung, die ein Mensch dem Leben beimißt, »wird im Lebensstil eines Menschen aufgebaut und zieht sich dann durch sein ganzes Leben hin wie eine seltsame Melodie, die er selbst geschaffen hat« (S. 181).

Wie wichtig es ist, dem Menschen kreative Fähigkeiten zuzuschreiben, wurde von Arieti (1975) treffend ausgedrückt und unterstützt. Er stellt z. B. fest: »Das Bild, das ein Kind von sich selbst hat, besteht nicht aus den reflektierten Bewertungen seiner Eltern oder Familienmitglieder, sondern daraus, was das Kind aus diesen Bewertungen machte. In gleicher Weise ist das Bild, das es von den Eltern und Geschwistern hat, nicht ein Spiegelbild, sondern eine subjektive Interpretation... Unser Selbstbild ist nicht ausschließlich von anderen geschaffen, sondern auch von uns selbst. Wir unterstehen unseren eigenen schöpferischen Kräften« (S. 41).

Arieti betrachtet dies als eine wichtige Erkenntnis für den Patienten, um ihm einmal überhaupt zu ermöglichen, nicht mehr den Anderen die Schuld zuzuschieben, sondern selbst die Verantwortung für seine eigene Zukunft zu übernehmen. Adler (1956b) hatte diesen Gedanken noch unterstrichen: »Der Lebensplan des Neurotikers verlangt kategorisch, daß er durch fremde Schuld scheitere und daß seine persönliche Verantwortung dabei aufgehoben sei« (S. 257). Adler betrachtete den

Widerstand, der in der Psychotherapie auftritt, als genau gegen diese Einsicht gerichtet. »Jede therapeutische Kur, noch mehr jeder ungeschickt brüske Versuch, dem Patienten die Wahrheit zu zeigen, entrisse den Patienten der Wiege seiner Unverantwortlichkeit und hat mit dem heftigsten Widerstand zu rechnen« (S. 257).

Um den aktiven Beitrag eines Individuums an der Schöpfung seiner Welt auszudrücken, zitiert Adler (1937g) Pestalozzi (1746–1827): »Die Umwelt formt den Menschen, aber der Mensch formt die Umwelt« (S. 167). Diesen Satz finden wir auch bei Karl Marx (1818–1883), wo er einer der Schlüsselsätze des dialektischen Materialismus wurde. Marmor (1974), der auch von dem aktiven Beitrag des Menschen überzeugt ist, griff diesen Satz in modifizierter Form wieder auf: »Der Mensch formt seine Institutionen, aber er wird auch durch sie geformt« (S. 421). Bei einer anderen Gelegenheit, als er die Abwandlung benützte: »Die Umstände werden vom Menschen genauso verändert, wie er selbst durch die Umstände« (S. 141), drückte Marmor damit aus, daß »Freuds theoretische Grenzen sich... aus der Tatsache ergeben, daß sein Materialismus mechanistisch anstatt dialektisch war« (S. 131). Im Gegensatz dazu, wie bereits früher erwähnt, war Adlers Auffassung dialektisch, und, wie Marmor heute, machte Adler (1930n) es Freud zum Vorwurf, »sich vollkommen auf eine mechanistische Vorstellung« beschränkt zu haben und »ein mechanistisches Prinzip zur Erklärung von Geist und Psyche« (S. 202) zu gebrauchen.

Orientierung auf ein Ziel hin (Teleologie)

Der Begriff der Kreativität führt direkt zur Zielgerichtetheit oder Teleologie. Adler (1956b) sagte: »Die schöpferische Kraft... ist teleologisch. Sie drückt sich in dem Streben nach einem Ziel aus, und jede körperliche oder seelische Regung ist gezwungen, an diesem Streben mitzuarbeiten« (S. 105). »Um alle psychologischen Phänomene zu verstehen, ist, so meint die Individualpsychologie, die Finalität absolut unentbehrlich. Ursachen, Kräfte, Triebe, Impulse und dergleichen können nicht als erklärende Prinzipien herangezogen werden. Das Endziel allein kann Auskunft geben« (S. 104). Dies steht im direkten Gegensatz zu Freud (1937), der mit seinem mechanistischen und reduktionistischen Standpunkt »im psychologischen Feld den biologischen Faktor für die eigentliche Grundlage hält« (S. 357).

Adlers Stellungnahme auch zu dieser Angelegenheit wird heute von »progressiven Analytikern«, Mitgliedern der Akademie, unterstützt. Rado (1969) sagte: »Wir untersuchen das Verhalten zuerst als Mittel zum Zweck... Die Frage ist ›Was ist der Zweck?‹... Der Organismus sucht sich unserer Ansicht nach sein eigenes Ziel, findet es, verfolgt es und erreicht es... Die dem Organismus eigenen Erwartungen werden zu Komponenten im kausalen Mechanismus seines Verhaltens« (S. 8). Rado (1949) betrachtet diesen Gesichtspunkt als unentbehrlich »für das Verständnis des sexuellen Verhaltens... Teleologie ist ein methodisches Prinzip geworden« (S. 124). Arieti (1972) unterstützt diese Ansicht, wenn er sagt: »Der Wille des Menschen wird zur Ursache seiner Handlungsweise... Zielgerichtete Kausalität wird zur determinierenden Kausalität hinzugefügt... eine Kausalität im Einklang mit dem freien Willen« (S. 51). Marmor (1974) kommt auch zu diesem Schluß: »Wir können davon ausgehen, daß die Menschen – bewußt oder unbewußt – gewöhnlich Plänen nachleben, denen sie eine persönliche Rangordnung geben, einige davon verfolgen langfristige, andere kurzfristige Ziele« (S. 179).

Die vielfältigen Verwendungen der Sexualität

Das Vorhergehende führt wiederum eher zu der Auffassung, daß Sexualität ein Mittel zu vielen verschiedenen Zwecken werden kann, als dazu, sie als eine von sich aus treibende Kraft zu sehen. Das ist eigentlich Adlers Hauptargument gegenüber Freud. Während Freud viele verschiedene Verhaltensweisen als durch Sexualität motiviert ansah, erkannte Adler die vielen unterschiedlichen Zwecke, die sexuelles Verhalten motivieren können. Wenn dies mehr oder weniger unbewußt stattfindet, spricht Adler »vom Dialekt des sexuellen Organs« (S. 103, oben). Für Adler (1912a) war es »sonderbar, daß Freud, ein feiner Kenner des Symbolischen im Leben, nicht imstande war, das Symbolische in der sexuellen Apperzeption aufzulösen, das Sexuelle als Jargon, als *modus dicendi* zu erkennen« (S. 33).

Sexualität dient besonders oft dem Machtstreben, wodurch die Liebesbeziehungen gestört werden. Wie wir gesehen haben, kann sie in »Prestigepolitik« ausarten oder zur Rache am Partner eingesetzt werden, wenn man sich z. B. in einen dritten Partner verliebt.

Der Adlersche Psychiater Shulman (1967) unterschied in zwangloser Weise etwa einundzwanzig verschiedene Verwendungszwecke der Sexualität. Die sechs hauptsächlich sozial-konstruktiven von ihnen sind: Fortpflanzung, Lust, Zugehörigkeitsgefühl, Anteilnahme oder Kooperation, Trost oder gesunde Selbstbestätigung. Sieben weniger wichtige konstruktive Gebrauchsweisen sind: Ermutigung, Entspannung, Ablenkung von unangenehmen Eindrücken, körperliche und emotionale Nähe, allgemeine Anregung, ein Geschenk, eine Art, sich kennenzulernen. Auf der sozial-destruktiven Seite führt er die übrigen acht

Gebrauchsweisen an, nämlich Bosheit, Distanz, Machtausübung, Lohn des Leidens, Demonstration von Erfolg oder Versagen, Eitelkeit, Rache und das Beweisen von Abnormalität (wie bei homosexuellen Bedürfnissen). Die letzte Gruppe umfaßt natürlich die neurotischen und soziopathischen Gebrauchsweisen, die von einem Mangel an Gemeinschaftsgefühl gekennzeichnet sind. Der Leser mag diese Liste noch beliebig verlängern.

Das Erkennen der vielen Zwecke der Sexualität wird von Salzmann als Teil »moderner, psychoanalytischer Theorie« anerkannt und gleichzeitig wird der »kausale Einfluß« der Sexualität verringert dargestellt. Salzman (1974a) schreibt: »Meistens ist das sexuelle Verhalten des Menschen nicht durch das Zeugungsbedürfnis hervorgerufen, oder sogar nicht einmal ausschließlich durch erotische Lust oder zur Befreiung von geschlechtlicher Spannung. Sexuelle Aktivität dient einer Vielzahl von Zielen im Bestreben des Menschen nach Erfüllung anderer Bedürfnisse wie: Macht, Kontrolle, Ärger usw. und auch dem Ausdruck zärtlicher, liebevoller Gefühle... Das wissenschaftliche Interesse der letzten dreißig Jahre richtet sich auf ein besseres Verständnis der Sexualität, wobei ihre ätiologischen und kausalen Einflüsse auf ein Mindestmaß verringert werden« (S. 264).

Früher hatte Salzman (1968b) die folgende *De-facto*-Bestätigung der Adlerschen Stellungnahme abgegeben: »Sexuelle Aktivität kann der Hintergrund sein, um Macht oder Kontrolle über andere auszuüben« (S. 125–126). »Die Sexualität kann ein aktives Mittel bei der Manipulation menschlicher Beziehungen werden... Sie kann der Boden sein, auf dem Schlachten um Macht, Prestige, aus Neid und Eifersucht, Großzügigkeit oder Gemeinheit ausgetragen werden... Da sexuelle Befriedigung meistens von der Kooperation und Bereitschaft des Partners abhangt, kann Sexualität eingesetzt werden, um Befriedigung zurückzuhalten oder zu verweigern oder um einem Menschen eine Gunst oder Großzügigkeit zu erweisen. Probleme, Konflikte und zwischenmenschliche Kämpfe in jedem Gebiet des menschlichen Verhaltens sind dazu geeignet, sich in sexuellem Verhalten auszudrücken« (S. 130).

Frühkindliche Sexualität

Wie früher erwähnt, stellte Adler (S. 68f) in Bezug auf die frühkindliche Sexualität sofort die Frage: Zu welchem Zweck hat die Natur den Säugling mit Sexualität ausgestattet? Und seine Antwort war: Zu dem Zweck, »das Kind an die Dinge der Außenwelt heranzuführen und Beziehungen mit der Kultur anzuknüpfen«.

Die Interpretation der frühkindlichen Sexualität, wie sie von der heutigen Kritik an einer einfachen, libidinösen Interpretation gegeben wird, ist sehr ähnlich. Salzman (1968b) erwartet, daß – wenn genug Daten zusammengetragen werden – »man erkennen wird, daß das kindliche Verhalten in Beziehung zu nicht-libidinösen Bedürfnissen steht... Der Säugling ist damit beschäftigt, Fähigkeiten in Bezug auf Überleben und zwischenmenschliche Sicherheit zu entwickeln. Forschende Aktivitäten in Bezug auf seinen eigenen Körper sind die Voraussetzungen dafür, sein Wissen und seine Fähigkeiten zu erweitern, um Herr über sich und seine Umgebung zu werden. Das spezielle Interesse an den Genitalien mag beim Buben auf ihre besondere Greifbarkeit zurückzuführen sein oder auf die große Fülle von Nervenendungen und die Fähigkeit, beim genitalen Spiel etwas bei sich selbst zu empfinden. Dieses Spiel unterscheidet sich jedoch nicht wesentlich von der Manipulation anderer Körperzonen« (S. 128).

Das Vorkommen von Penis-Erektionen bei männlichen Säuglingen ist der Hauptbeweis für die Existenz der frühkindlichen Sexualität. Solche Erektionen können jetzt auf verschiedene Art erklärt werden. Chodoff (1966a) zeigt in seiner ausführlichen Kritik der Freudschen Theorie der frühkindlichen Sexualität auf, daß die Erforschung des REM-(rapid eye movement)-Schlafes eine sehr hohe Korrelation zwischen der REM-Phase und den Penis-Erektionen erbrachte. Diese Erektionen »könnten einfach ein nichtspezifischer Ausdruck dieses veränderten Stoffwechselzustandes im Schlaf sein. Möglicherweise haben sie nicht mehr spezifisch-sexuelle Bedeutung als z. B. der niedrige Blutdruck (Hypotonie), der auch im Zusammenhang mit dem REM-Schlaf beobachtet wird« (S. 512).

Während Adlers ursprüngliche Erklärung der frühkindlichen Sexualität etwas weithergeholt klingt, scheint es, daß er nichtsdestoweniger im Prinzip recht hatte: Sieht die Penis-Erektion auch wie eine sexuelle Erektion aus, wenn man Erwachsenen-Maßstäbe anlegt, so ist sie aber beim Kind nicht unbedingt von sexueller Bedeutung.

Distanz zum anderen Geschlecht

Adler (1930d) definierte sexuelle Störungen auf eine einfache, verhaltensmäßige oder sachliche Art in Bezug auf das, was tatsächlich stattfindet. Sie stellen eine Distanz vom normalerweise andersgeschlechtlichen Partner dar. »Das gemeinsame an den Erscheinungen jeder sexuellen Perversion (Homosexualität, Sadismus, Masochismus, Masturbation, Fetischismus usw.)... ist der Ausdruck einer vergrößerten seelischen Distanz zwischen Mann und Frau« (S. 27).

Definition in Bezug auf die Richtung.

Da das Trachten nach Distanz oder der Rückzug vom anderen Geschlecht eine Richtung enthält, ist es von Interesse, daß der Begriff, der vor kurzem von der Leitung der American Psychiatric Association vorgeschlagen wurde, um den Begriff Homosexualität zu ersetzen, nämlich »sexuelle Orientierungsstörung«, sich auch mit der Richtung befaßt. Robert L. Spitzer (1974), der den Begriff vorschlug, erklärte, daß er sich auf »Individuen bezieht, deren sexuelle Interessen hauptsächlich auf Menschen gleichen Geschlechts gerichtet sind und die entweder von ihrer sexuellen Orientierung geplagt sind, mit ihr in Konflikt stehen oder sie zu ändern wünschen« (S. 12, Kursivschrift hinzugefügt).

Obwohl beide Begriffe in Bezug auf die Richtung vor allem beschreibend sind, gibt es einen Unterschied in der Bezeichnung der Richtung. Spitzers Richtung ist *auf* Individuen *des gleichen Geschlechts zu*, Adlers Richtung *weg von* Individuen *des anderen Geschlechts* zu verstehen. In Adlers Bezeichnung wird – im Einklang mit seiner allgemein dialektischen Auffassung – zur bloßen Beobachtung eine dialektische Überlegung hinzugefügt. Auf diese Weise fügt Adler der bloßen Beschreibung einen erklärenden Aspekt hinzu und umschreibt damit eine Richtung, die auf alle sexuellen Störungen, nicht nur auf die Homosexualität, anwendbar ist. Er liefert so eine umfassende und einfache Theorie für alle sexuellen Störungen.

Die Richtung bei sexuellen Störungen als »weg von« ist Teil der Adlerschen Auffassung von der idealen sexuellen Norm als der Nähe zum anderen Geschlecht und der Kooperation mit einem andersgeschlechtlichen Partner. Sich wegbewegen oder Distanz suchen andererseits deutet, wie es generell auch der Fall ist, Geringschätzung, Unfreundlichkeit, Feindseligkeit, Angst oder irgendeine andere negative Einstellung in Bezug auf den Menschen an, von dem man sich wegbewegt. Dadurch wird von vornherein jegliche Annahme einer primären Anziehung zum gleichgeschlechtlichen Partner oder zu gestörtem sexuellem Verhalten als solchem ausgeschlossen.

Die Heterosexualität als Norm wurde auch von Bieber und anderen (1962) postuliert. Er schreibt die spontane Homosexualität der Angst vor dem anderen Geschlecht zu, wenn auch mit anderen Worten als Adler: »Jegliche Anpassung, die im Grunde einer unrealistischen Angst zuliebe geschieht, ist zwangsläufig pathologisch; beim erwachsenen Homosexuellen ist die fortwährende Angst vor der Heterosexualität seiner aktuellen Wirklichkeit nicht angemessen. Wir stimmen nicht mit anderen Forschern überein, die den Standpunkt eingenommen haben, daß die Homosexualität eine Spielart des ›normalen‹ sexuellen Verhaltens ist« (S. 303).

Verschiedene Determinanten der Distanz

Wenn wir die Heterosexualität im Sinne eines engen Kontakts mit dem anderen Geschlecht als Norm annehmen, wird jegliche Distanz vom andersgeschlechtlichen Partner in der sexuellen Betätigung, sei sie physisch oder psychologisch, zu einer Abweichung, obwohl es – je nach den Umständen – große Unterschiede gibt. Wir können drei Typen unterscheiden:

1. Sexuell distanziertes Verhalten kann ein kulturelles Phänomen sein, wie im Falle der Päderastie im alten Griechenland. Eine solche Homosexualität hätte keine persönliche Bedeutung, obwohl sie nach Adler sehr wohl eine kulturell sanktionierte, schlechte Beziehung zwischen den Geschlechtern widerspiegelt.
2. Physische Distanz zum anderen Geschlecht kann in unserer Kultur von außen aufgedrängt werden, wie z. B. im Militär oder im Gefängnis zwischen jungen Menschen desselben Geschlechts oder durch die allgemeine Problematik des Lebens. In solchen Fällen wäre die Homosexualität vorübergehend und man würde zu ihr bloß als zweitbester Lösung Zuflucht nehmen. Doch sogar unter diesen Umständen würde nicht jeder sich homosexuell engagieren, so daß persönliche Faktoren auch hier beteiligt sein können.
3. Die Distanz vom anderen Geschlecht mag von einem Menschen selbst gesucht, also sich selbst auferlegt werden, und somit eine negative Motivation in Bezug auf den andersgeschlechtlichen Partner als Individuum oder als Gattung widerspiegeln. Dieser Typ ist Adlers Hauptanliegen.

Obwohl Adler (1930d) diese drei Typen nicht wörtlich deklarierte, machte er die jeweiligen Unterscheidungen und anerkannte z. B. verschiedene Gründe für homosexuelles Verhalten. Seine entschiedene Stellungnahme zur Komplexität des Problems der Homosexualität war: »Homosexualität als Ergebnis psychologischer Faktoren teilt mit diesen eine viel zu wenig gewürdigte Eigenschaft: Sie ist an sich vieldeutig, und kann in ihrer Bedeutung nur zeitlich und individuell erfaßt werden« (S. 27).

Die Relativität der Homosexualität und das Vorhandensein verschiedener Arten homosexuellen Verhaltens wurde auch von Salzman (1962) erwähnt. Er stellte zusammenfassend fest: »Es wäre wünschenswerter, von homosexuellem Verhalten zu sprechen, als von Homosexualität.

Dies würde... eine brauchbarere Stellungnahme über homosexuelles Verhalten erlauben... Wir könnten uns ein Kontinuum vom extremsten zum am wenigsten sichtbaren homosexuellen Verhalten vorstellen... Diese Betrachtungsweise würde auch berücksichtigen, daß das Phänomen des homosexuellen Verhaltens ein situationsgebundenes Problem darstellt« (S. 204). Wir betrachten dies als vollständig in Übereinstimmung mit Adlerschem Denken.

Homosexualität im alten Griechenland

Um den Typ 1 der Homosexualität zu illustrieren, benutzte Adler (1930d, S. 25–26) das wohlbekannte Beispiel aus dem alten Griechenland, wo sie die Form der Päderastie annahm, die Liebe eines erwachsenen Mannes zu einem Jungen. Für Freud (1905) wurde die Päderastie eine Stütze seiner Bisexualitätstheorie. »Das Sexualobjekt ist (also) in diesem Falle, wie in vielen anderen, nicht das gleiche Geschlecht, sondern die Vereinigung beider Geschlechtscharaktere, das Kompromiß etwa zwischen einer Regung, die nach dem Manne, und einer, die nach dem Weibe verlangt, mit der festgehaltenen Bedingung der Männlichkeit des Körpers (der Genitalien), sozusagen die Spiegelung der eigenen bisexuellen Natur« (S. 44).

Für Adler war der wichtige Faktor, daß die griechische Päderastie, als sozial gebilligtes Verhalten, auch soziale Werte enthielt und dadurch – könnte man sagen – normalisiert wurde. Der Mann war dem Jungen nicht nur ein Liebhaber, sondern auch ein Lehrer, Beschützer, Förderer. Der Mann war verheiratet, und es wurde von dem Jungen erwartet, daß er später auch heiratet. Auf diese Art war die Beziehung integriert in den allgemeinen sozialen Prozeß. Es war für den Jungen, wie Adler (1930d) aufzeigt, »eine Vorbereitung zur heterosexuellen Liebe und zur Kameradschaftlichkeit« (S. 26). Innerhalb dieses Rahmens ist es verständlich, daß Stoller (1974) bemerkt, daß »viele griechische Schriftsteller Homosexualität als erhebend und normal darstellen« (S. 604).

Warum aber institutionalisierte und billigte die Kultur diese Form der Homosexualität? Adler (1930d) sah in selbstauferlegter Homosexualität die Angst, vom anderen Geschlecht überwältigt zu werden, und – als einen der Sicherungen – den Rückzug vom anderen Geschlecht und dessen Entwertung. Er glaubte, daß dieselbe Dynamik am Werk war, als die griechische Kultur Päderastie institutionalisierte. Dies fand statt »in einer Zeit... in der das Weib an Geltung und Einfluß rasch gewonnen hatte... die das weibliche Selbstbewußtsein hob«, und veranlaßte den Mann »zum Zweifel an seiner Vorzugsstellung«. Es war »die

männlichprotestierende Antwort des Mannes«, ein Versuch, »zur Herabsetzung des Wertes der Frau« (S. 25 f).
Zwei heutige Autoren, Gordon R. Taylor und Saul H. Fisher, bestätigen, daß Frauen zur Zeit der Päderastie unter Degradierung litten, obwohl beide glauben, daß diese institutionalisiert wurde, nachdem die Gesellschaft von einer ursprünglich matrilinearen zu einer patrilinearen wechselte, d. h. nachdem die Frauen ihre dominante Rolle verloren hatten – während es für Adler eine Gegenmaßnahme gegen das Aufsteigen der Frauen war. Taylor (1965) spricht von einem Mythos »der graduellen Errichtung von männlicher Dominanz nach einer Periode weiblicher Dominanz« (S. 159). Fisher (1965) findet, »daß in der Homerschen Periode das Fehlen der Päderastie mit einem erhöhten Status der Frauen zusammenfällt, wobei in der historischen Periode die Vorherrschaft der Päderastie mit dem degradierten Status der Frauen zusammenfällt« (S. 171). Diese Autoren stimmen mit Adler über die Gleichzeitigkeit von Päderastie mit einem reduzierten Status der Frauen überein, aber sie erwähnen nicht einen möglichen inneren dynamischen Zusammenhang.

Heutige situationsgebundene Faktoren
Die Form der Homosexualität, die häufig vorkommt, wenn die Geschlechter durch äußere Umstände für eine gewisse Zeit getrennt sind, Typ 2, wird von Adler (1930d) nur kurz erwähnt. »Gelegenheit einerseits und Gefängnis, strenge Beaufsichtigung in Heimen, Konvikten, Kasernen oder im Familienheim... fördern fast regelmäßig den homosexuellen Anschluß«, ebenso wie »lange Seereisen« (S. 79). Adler fügt hinzu: »Auch Verknüpfungen mit Morphinismus und Cocainismus sind nicht vereinzelt« (S. 80).
Adler glaubt, daß diese und andere spezielle Arten der Homosexualität »sich eigentlich nur mit unserer Auffassung vertragen, die den Beitrag des Willkürlichen in diesem Akte, der freilich durch den Anschein der Unverantwortlichkeit gemildert erscheint, ins richtige Licht setzt« (S. 35 f).
Davon ausgehend und wahrscheinlich mit dem Beispiel des alten Griechenlands vor Augen beobachtete Adler, daß: »in Zeiten, in denen die Frau stärker in den Vordergrund des öffentlichen Lebens tritt, das große Heer der schwachmütigen Männer mit Vorliebe die Distanz zur Frau zu vergrößern trachtet und, neben anderen Sicherungen, auch in der Homosexualität einen Rettungsbalken sucht« (S. 87). Zu einer ähnlichen Schlußfolgerung gelangte kürzlich Lawrence J. Hatterer, ein auf die Behandlung von homosexuellen Männern spezialisierter Psych-

iater, von dem folgende Aussage berichtet wird: »Die Befreiung der Frau wird bei einigen Männern latente Unsicherheiten hervortreten lassen und sie zu homosexueller Betätigung treiben« (Brody, 1974).
In Bezug auf die Häufigkeit der Homosexualität mag es überraschen, daß Adler (1930d) bereits vor mehr als fünfzig Jahren fand, daß »große Kreise der Bevölkerung ihrer Geschlechtsrolle untreu sind«, und daß »die Homosexualität in den ländlichen Bezirken und in den großen Städten in gleicher Weise um sich greift«, wobei dies »Kinder, Erwachsene, Greise, Männer wie Frauen... gleicherweise« betrifft (S. 23). Dieser Bericht aus einer anderen Zeit und einem anderen Land verleiht den Kinsey-Statistiken, die die Welt erschütterten, größere Glaubwürdigkeit, wie auch die Kinsey-Zahlen Adler unterstützen. Kinsey (1953) berichtete, daß bis zum Alter von 45 Jahren 28 % der Frauen und 50 % der Männer irgendeine homosexuelle Erfahrung gemacht haben und etwa 13 % der Frauen und 37 % der Männer bei der Homosexualität einen Orgasmus erreicht haben (S. 487).
Adler führte auch »eine ganze Reihe« von Fällen von gemischtsexuellem Verhalten (S. 35) an – d. h. von Bisexualität im geläufigen Sinne des Wortes – und betrachtete »gelegentliche Homoerotik und ihre fragmentarische Betätigung in beiden Geschlechtern« als »überaus weit verbreitet« (S. 79). Dieses bisexuelle Verhalten zieht heute wieder vermehrt Aufmerksamkeit auf sich, als eine zwar noch wenig bedeutende, aber doch zunehmende Erscheinung (Brody, 1974).

Kindliche Homosexualität
Eine Art der Homosexualität vom Typ 2, in der die Distanz zum anderen Geschlecht aufgedrängt wird, ist homosexuelles Verhalten während der Kindheit und Jugendzeit. Adler (1928c) versuchte aufzuzeigen, »wie wenig einfach dieses Problem einer sogenannten Entwicklung der Sexualität, wie es z. B. die Psychoanalyse lehrt, zu nehmen ist. Denn gleich welche normale natürliche Entwicklung in der Sexualität stattfände, sie kann nicht stattfinden, wenn die äußeren Umstände eine zwangsmäßige Entwicklung bedingen. Da ist es nun sehr lehrreich zu sehen, daß in der Kindheit nichts anderes als ein so schweres Vergehen angesehen und geahndet wird wie die Entwicklung zu Normen« (S. 221). »Beachtenswert ist auch bei der Entwicklung von Knaben, um wieviel leichter es für sie ist, in mutueller Onanie den Weg zur Homosexualität zu beschreiten, als den Weg zur Norm zu gehen« (1930d, S. 124). Während diese jungen Menschen normalen heterosexuellen Verkehr im Grunde bevorzugen würden, steht dieser »unter ungleich schwereren Bedrohungen (und wird) meist so schwer geahndet, daß

auch die mit der Norm verbundenen Gefahren die Frühreifen vom anderen Geschlecht abschrecken. Wie sich diese frühen Anzeichen mit den... unzureichenden Beweisstücken einer angeborenen Homosexualität verbinden, liegt auf der Hand« (S. 86). »Das Entsetzen übersteigt alle Grade, sobald ein Kind sich in normaler Weise betätigt. So können wir das, was wir immer wieder im Kindesleben wahrnehmen, nicht als unbeeinflußt durch äußere Umstände ansehen, d. h. wir können gar nicht wissen, welche Entwicklung die Sexualität nähme, wenn wir keine Schranken dafür aufrichten würden und aufrichten müßten» (1928c, S. 222).

Heute unterstützt Marmor (1965) die Ansicht, daß »solch ein Verhalten der Ausdruck für ein forschendes und vorübergehendes sexuelles Interesse unter Jugendlichen und Pubertierenden ist, in einer Gesellschaft, die sie an den eigentlich von ihnen bevorzugten heterosexuellen Erfahrungen hindert« (S. 3). Im Hinblick auf Bestrafung für heterosexuelles Verhalten in der Kindheit fand Bieber (1965) in seiner Studie über männliche Homosexuelle, daß »die Erinnerungen an ungewöhnlich harte Bestrafung bei der Entdeckung heterosexueller Experimente« tatsächlich »nicht selten« sind (S. 253). Wir möchten aber hinzufügen, daß diese Bestrafung nicht die »Ursache« ihrer Homosexualität im Erwachsenenalter ist und daß diese Entwicklung immer noch eine gewisse freie »Wahl« des Individuums darstellt. Die meisten Kinder, die für frühe heterosexuelle Aktivitäten bestraft wurden und sich sogar später der Homosexualität zuwandten, gaben wahrscheinlich die Trennung vom anderen Geschlecht auf, sobald die äußeren Barrieren entfernt wurden.

Homosexualität als Neurose

Bei Typ 1 und 2 des homosexuellen Verhaltens wird die Distanz zum anderen Geschlecht von außen auferlegt. Bei Typ 3 – der eigentlichen Homosexualität – entsteht die Distanz von innen heraus, und das ist es, was Adler als Neurose und besonders als Zwangsneurose bezeichnet.

Die Auffassung von der Homosexualität als Neurose findet auch heute Billigung. Ovesey (1954) gibt einen kurzen Überblick über die Einwände moderner Psychoanalytiker bezüglich Freuds Auffassung über die Homosexualität als Gegenteil der Neurose (S. 107) und sagt, daß schließlich »die Neueinstufung der Homosexualität als Neurose den Weg zu ihrer Psychotherapie eröffnete« (S. 129). Weiterhin zeigten Karen Horney, Clara Thompson und Harry S. Sullivan alle »nichtsexuellen Komponenten« von Homosexualität auf, »die mit Abhängigkeit, Aggression, Konkurrenz, Herrschsucht und Unterwerfung zusammenhängen« (S. 130) – ganz im Sinne Adlers. Salzmann (1968b) schreibt: »Die Schlüsselfrage in der psychologischen Theorie ist, was kommt zuerst – die sexuellen Schwierigkeiten (von Homosexualität bis zu vorzeitigem Samenerguß) oder das neurotische Problem. Freud betonte das Primäre der sexuellen Komplikationen, aber spätere psychoanalytische Theoretiker nähern sich der Auffassung, daß die sexuellen Schwierigkeiten eher die Konsequenz als die Ursache von gestörten menschlichen Beziehungen sind« (S. 130). »Wenn Homosexualität eher als ein Symptom einer tiefergehenden Persönlichkeitsstörung und nicht als ein spezifisches Syndrom betrachtet wird, dann ist es möglich, sie in ihrem weitgehend sozialen und psychologischen Zusammenhang zu studieren« (S. 137).

Struktur der Zwangsneurose

Im allgemeinen betrachtet Adler (1930d) das offensichtliche Zwangssymptom als ein sekundäres Phänomen, während der primäre Zwang des Individuums in einer sozialen Aufgabe zu suchen ist, von der er Distanz gewinnen will oder an die er aus Furcht vor der Niederlage mit einer »zögernden Attitüde« (S. 29) herangeht. Der Zwangsgedanke oder die Zwangshandlung ist wirklich ein »Gegenzwang«, ein Kunstgriff, ein Arrangement zur Sicherung der Distanz gegenüber einem Problem, mit dem sich der Einzelne konfrontiert sieht, oder zumindest zum Zeitgewinn, bevor er an das Problem herangeht. Im allgemeinen »sieht der Patient seine Gedanken selbst als töricht an. Aber: so töricht sie auch sein mögen... als Mittel, sich von jenen Aufgaben loszulösen, vor deren Erfüllung er sich fürchtet, sind sie vollkommen geeignet« (S. 73).

Das Problem, dem man ausweichen will, wird von Adler (1931f) in die drei großen Gruppen der Lebensprobleme »Gemeinschaft, Beruf oder Liebe« eingeordnet (S. 104). Es stellt den primären »Zwang einer sozialen Einordnung« dar, die der »Patient kraft seiner Prestigepolitik durch einen Gegenzwang beantwortet und beseitigt« (S. 104). »Wenn der Zwangsneurotiker seiner Sache sicher ist, geht er vorwärts, dann ist er nicht durch Zwangsideen gehindert; dann löst er seine Aufgabe. Nur in einem gewissen Anteil seines Lebens... findet man in besonderer Stärke seine Neigung entwickelt, seine Niederlage zu verhüten, indem er sich auf einen *sekundären Kriegsschauplatz* begibt und den Zwang des Lebens durch einen Gegenzwang ausschaltet« (S. 88f).

Adler ersetzt mit dieser Interpretation die falsche Auffassung, daß »die Zwangsidee oder Zwangshandlung mit Zwang geladen wäre und wie aus der Versenkung herauf von Zeit zu Zeit aufstiege, um sich seiner Opfer als ichfremd zu bemächtigen, dem normalen Denkakt entzogen, als dämonische Macht« (S. 92). Adler anerkennt, daß Freud das Zwangssymptom als sekundäres Phänomen erkannt hat, wenn er auch die treibende Kraft eher als triebbedingt, denn als zielgerichtet betrachtete. »Diese anthropomorphisierende Auffassung... wird durch die Freudsche Idee (der mit unübertrefflicher Grazie jedem seiner Triebe menschliche Züge eines Ichs verleiht) durchaus nicht gefördert, wenn das, was man schon weiß (Mangel an Gemeinschaftsgefühl, Minderwertigkeitsgefühl, Streben nach Überlegenheit), in seine Sprache transformiert wird (anal, sadistisch, Schuldgefühl)« (S. 92). Diese letzten drei Eigenschaften beziehen sich auf die Auffassung von der neurotischen Disposition, die im folgenden erläutert wird.

Die Zwangsneurose als Prototyp

In der Schlußüberarbeitung seiner ursprünglichen Arbeit über Zwangsneurosen übertrug Adler (1918b) ihre Struktur auf die Neurose im allgemeinen. »Die Formen, in denen die Zwangsneurose meistens auftritt sind: Waschzwang, Gebetszwang, Zwang zur Masturbation, moralische Zwangsideen der verschiedensten Art, Grübelzwang usw. Man kann... das Gebiet der Zwangsneurose erheblich erweitern und findet den gleichen Mechanismus auch beim Symptomengebiet der Enuresis nocturna, bei Nahrungsverweigerung nervöser Natur, Zwangshungern, Perversionen usw.« (S. 203). Weiterhin schreibt er: »Die Grenzen zum neurasthenischen, hysterischen und angstneurotischen Symptomenkomplex sind oft verschwommen; Alkoholismus, Morphinismus usw. sind nahe verwandt; impulsives Irresein, Triebhandlungen, zwangsmäßige Selbstbeschuldigungen, gewisse Stereotypien und Verstimmungen psychotischer Natur zeigen eine ähnliche psychologische Struktur« (S. 212). Adler (1956b) sieht in der Zwangsneurose auch eine offensichtliche »Verwandtschaft mit der Paranoia« (S. 287).

Weiterhin: »Psychologisch gefaßt, ist es kaum als ein Unterschied anzusehen, ob der Neurotiker, vor ein Heirats- oder Liebesproblem gestellt, mit Hinweisen auf die Schwierigkeit des Erwerbs, auf die Verantwortung bezüglich der Nachkommenschaft, auf die Untauglichkeit des anderen Geschlechts, auf seine eigene Minderwertigkeit antwortet, oder ob er die Konstruktion eines Krankheitsbeweises, einer Hysterie, einer Zwangsneurose, einer Phobie, einer Impotenz, einer Zwangs-

masturbation, einer Psychose oder einer Perversion zwischen sich und den Partner schiebt« (1930d, S. 29f).
So wird es ganz deutlich, daß für Adler Zwang der Prototyp der Neurose war. Leonhard Seif (1926), ein bekannter Mitarbeiter Adlers, sagt: »Man könnte fast jede Neurose eine ›Zwangsneurose‹ nennen« (S. 509).
Hier unterstützt Salzman (1968a) wieder Adlers Ansicht, indem er sagt: »Der zwanghafte Persönlichkeitstyp ist heute die am weitesten verbreitete neurotische Charakterstruktur... Freud verwendete den Hysteriker als Modell für seine Auffassung... Es gibt heute gute Gründe dafür zu glauben, daß... der zwanghafte Abwehrmechanismus die geeignetste Methode ist, um dem Menschen eine gewisse Illusion von Sicherheit und Stabilität in einer unsicheren Welt zu ermöglichen« (S. VII). Und während Adler (1931f) »den zwangsneurotischen Lebensstil« (S. 105) in Begriffen wie Streben nach Gottähnlichkeit und der zögernden Attitüde beschrieb, ist für Salzman (1968a) das zwanghafte Individuum gleicherweise charakterisiert durch Großsprecherei und Allwissenheit, aber auch durch Unentschlossenheit, Zweifel und Ritual, durch die es »dem Bewußtsein von Unvollkommenheit, Fehlbarkeit und Menschlichkeit aus dem Weg geht« (S. VIII).

Homosexualität als Zwang
Adler (1918a) spricht ausdrücklich von dem »Zwang der Homosexualität«. Wie jede Zwangsneurose hat sie ihren Ursprung nicht im Symptom, »sondern aus der zwangsmäßigen Abdrängung von normalen Beziehungen, in denen der Patient eine sichere Niederlage voraussieht, vor denen er wie vor einem Abgrund steht« (S. 202).
Aber es gibt einen Unterschied. Im gewöhnlichen Zwang weiß das Individuum, wie erwähnt, meistens sehr genau Bescheid um die unsinnige Natur seiner Handlungen – wie z. B. Händewaschen, die zahllosen Arten Zeit zu verschwenden – und möchte damit bewußt aufhören. In der Homosexualität kann der Mensch einerseits den Wunsch nach Veränderung haben, aber auch möglicherweise sein Verhalten als unabänderliche Tatsache akzeptieren, wobei er in dieser Meinung durch verschiedene »wissenschaftliche Fiktionen« unterstützt wird. Wahrscheinlich auf Grund dieses Unterschieds sprach Adler (1918a) zuerst nur von »der Analogie mit der Zwangsneurose« (S. 198). Wir werden später darauf zurückkommen. Da, wie bereits erwähnt, Adler zwischen Zwangsneurose und Paranoia einen Zusammenhang sah, brachte er auch die Homosexualität mit Paranoia in Verbindung.
Salzman (1968a) spricht in Übereinstimmung mit seinem Verständ-

nis von der Zwangsneurose und ihrer Bedeutung, von homosexuellen Gedanken in einer sehr Adlerschen Art, nicht als »Beweis von latenten oder unterdrückten homosexuellen Wünschen«, sondern als mögliche »Verteidigungsmechanismen, die dazu dienen, die Aufmerksamkeit von einem bedeutenden Problem abzulenken und zu verlagern« (S. 29). Salzman (1968b) definiert Homosexualität als »eine Ausdrucksform irgendeines Versagens in der persönlichen Entwicklung, bei der ein Individuum gleichgeschlechtliche Beziehungen zwanghaft vorzieht und sich sexuell ausschließlich dem eigenen Geschlecht zuwendet« (S. 137).

Ersatzbefriedigung

In dem Maße, in dem Homosexualität Befriedigung bietet, betrachtet Adler (1930d) sie, wie alle sexuellen Abweichungen, als Ersatz für normales sexuelles Verhalten, wobei sie genau wie diese eine Ersatzbefriedigung bietet. Je nach den Umständen könnte z. B. ein Mädchen schon früh in seinem Leben ein Ersatzziel für einen männlichen Partner entwickeln. Wenn sie »in eine dem Manne abgewandte Richtung gedrängt« wird, »wandelt sich das natürliche Endziel der Erotik in ein *Ersatzziel.* Dieses ... zeitigt Furcht vor dem Manne, Gleichgültigkeit oder Ekel oder hat einen männlichen Einschlag und führt im Sexualleben sowie im ganzen modus vivendi zu einer Männerrolle« (S. 117). »Sucht man nach der einfachsten und umfassendsten Formel für ein Verständnis der Homosexualität so läßt sich feststellen: die Homosexualität ist ein mißverstandener *Notbehelf*« (S. 87). Diesbezüglich unterscheidet sich die Homosexualität nicht von der Neurose im allgemeinen, bei der Adler (1912a, S. 187) das Entstehen eines »Ersatzzieles« sieht, sobald das Individuum fürchtet, sein ursprüngliches Ziel nicht zu erreichen.

Die Sicht von der Homosexualität als Ersatz wird heute mehrfach geteilt. Bieber (1965) kam zu dem Schluß: »Die homosexuelle Anpassung ist eine Ersatzalternative, die durch die hemmenden Ängste hervorgebracht wird, welche die Homosexualität begleiten« (S. 254). Salzman (1968b) betrachtet sexuelle Abweichungen als »Kompromißversuche, soviel Befriedigung in sexueller Aktivität zu erreichen, als mit der Angst vereinbar ist, die diese Aktivität umgibt«. Dadurch wird die Annahme hinfällig, »daß der Beginn der sexuellen Aktivität ›polymorph-pervers‹ sei« (S. 140). Stoller (1975) stimmt überein: »Man wird den Ursprung der Perversion am besten verstehen, wenn man sie als vereitelte Heterosexualität betrachtet« (S. XVII).

»Normale« Homosexualität

Wieweit erkannte Adler, daß ein Homosexueller außerhalb seiner Homosexualität ganz normal zu funktionieren vermag? Adler (1918 a) nimmt dazu folgendermaßen Stellung: Der Homosexuelle bietet uns »ein einwandfreies Bild eines nervösen Menschen... dessen Nervosität nur deshalb nicht so deutlich zum Ausdruck gelangt, weil er seinen Wirkungskreis durch die Homosexualität soweit eingeengt hat, als der Nervöse erst durch seine Neurose. In diesem kleinen Kreis machen sich nervöse Symptome oft wenig breit. Es ist dem Homosexuellen in der Regel gelungen, *durch Ausschaltung von erschwerenden Bedingungen* sich ein Leben zu schaffen, dem er entweder noch vollkommen genügt, oder aber, dem er doch leichter nachgehen kann, als einer, den die Heterosexualität immer wieder ins Leben hinausstößt, ihn in Verbindung bringt mit allen Fragen, Forderungen und Schwierigkeiten des gesellschaftlichen Lebens. Nichtsdestoweniger findet man bei vielen Homosexuellen, deren Betätigungskreis kein allzu enger ist, daß ihnen schwerwiegende Symptome nicht mangeln. Die vorwiegendsten dieser Symptome sind Zwangserscheinungen« (S. 191 f).

Diese Position Adlers, die die normale Homosexualität als ein erträgliches Ausmaß einer Neurose definiert, scheint durch verfügbare Kenntnisse über homosexuelle Nichtpatienten Unterstützung zu finden. Wie man aus folgenden fünf Quellen schließen kann, funktionieren sie ganz normal, scheinen aber irgendwie etwas neurotischer als heterosexuelle Nichtpatienten zu sein.

1. Evelyn Hooker (1965) beobachtete an männlichen Homosexuellen, daß die »einmaligen Nächte« – also Sex »ohne Verpflichtung und Bindung – eines der am meisten verbreiteten und charakteristischen Muster sozialer Interaktion« darstellen (S. 95). »Wo immer sich Homosexuelle treffen, ist die Erwartung, daß Sex ohne Verpflichtung und Bindung zu haben ist, ein stabiles, wiederholbares Standardmerkmal ihrer Interaktion« (S. 97). Solch ein Mangel an Verpflichtung und Bindung wird im allgemeinen als Zeichen eines schlechteren seelischen Gesundheitszustandes gewertet.

2. Kurt Adler (1967) ist der Ansicht, daß »innerhalb der homosexuellen Gruppe Kameradschaft und Gemeinschaftsgefühl auf einem extrem niedrigen Stand sind« (S. 67).

3. Manosevitz (1970) fand in einer Studie über 28 nichtklinische männliche Homosexuelle und 22 heterosexuelle Kontrollfälle, daß unter den Homosexuellen 75 % »einen Arzt, Psychiater, Psychologen oder andere Berater in Bezug auf Krankheit oder persönliche Probleme konsultierten« gegenüber nur 27 % bei den Kontrollfällen, und

von den Homosexuellen waren 46% in Psychotherapie über eine mittlere Dauer von zwölf Monaten gegenüber nur 9% der Kontrollfälle.

4. Saghir und Robins (1973) verglichen homosexuelle Nichtpatienten (88 Männer und 57 Frauen) mit heterosexuellen (35 Männer und 43 Frauen). Sie fanden bei homosexuellen Männern bedeutend mehr »weibliche Identifikation ... mehr Psychotherapie, häufigeren Arztbesuch während einer Depression, und eine größere Anzahl von Aussteigern während des Studiums« (S. 132). Es bestehen auch Tendenzen zu »stärkerer Überempfindlichkeit, größeren Schwierigkeiten mit Alkohol, vermehrtem Gebrauch und Mißbrauch von nichtverschriebenen Arzneimitteln, einer größeren Anzahl von Selbstmordversuchen... und einer größeren Wahrscheinlichkeit, von der Arbeitsstelle entlassen zu werden« (S. 132–133). Unter den homosexuellen Frauen »identifizieren sich bedeutend mehr als männlich, mißbrauchen Alkohol und verlassen das College« (S. 293), obwohl »sie, ebenso wie homosexuelle Männer, in ihrem Funktionieren gewöhnlich nur eine geringe Beeinträchtigung aufweisen« (S. 294).

5. Weinberg und Williams (1974) untersuchten eine große Anzahl von nichtklinischen homosexuellen Männern in den Vereinigten Staaten und eine kleinere Anzahl in Holland und Dänemark und fanden, daß sie weniger ausgeglichen als die Kontrollfälle waren. Die Theorie, daß Homosexuelle aufgrund der Verfolgung durch eine feindliche Gesellschaft schlechter angepaßt erscheinen, wurde nicht bestätigt. Obwohl Dänemark und Holland bezüglich der Homosexualität vermutlich ein toleranteres soziales Klima haben, erschienen die untersuchten Fälle aus diesen Ländern genauso »unangepaßt« wie jene in Amerika (S. 151, 267ff)

Diese Studien scheinen zumindest die minimale Schlußfolgerung zu rechtfertigen, daß normale nichtklinische Homosexuelle gewöhnlich oder meistens seelisch weniger gesund sind als normale Kontrollpersonen. Dies widerspricht nicht Marmors (1975) Schlußfolgerung aus solchen Studien, daß die *Stereotypisierung* von *allen* Homosexuellen als neurotische »ganz ungerechtfertigt ist« (S. 1517).

Die vorhergehenden Resultate handeln fast ausschließlich von Männern und können nicht unbedingt auf Frauen übertragen werden. Es mag sein, daß »Normalität« unter weiblichen Homosexuellen weiter verbreitet ist. So fand z. B. Sigrid Schäfer (1977) in einer vergleichenden Studie in der Bundesrepublik, daß unter weiblichen Homosexuellen echte Liebe und Treue vorherrschen – in scharfem Kontrast zu ihren Ergebnissen bei Männern. Daraus schloß sie, daß männliche und weibliche Homosexuelle »zwei ganz unterschiedliche Phänomene« darstellen. Diese Ergebnisse stimmen mit früheren informellen Beobachtungen überein. Als teilweise Erklärung können wir auf Clara Thompson Bezug nehmen, die von Marmor (1965) zitiert wird und bemerkte, daß »Frauen im allgemeinen eine größere körperliche Intimität untereinander zugestanden wird, ohne die soziale Mißbilligung, wie dies bei den Männern der Fall ist« (S. 14).

Andere sexuelle Störungen

Sadismus und Masochismus

Sadismus und Masochismus, d.h. das Erreichen sexueller Lust durch Zufügen bzw. Erdulden von Schmerz, wurden von Adler wie die Homosexualität als Zwangsneurosen betrachtet. Von Anfang an lehnte Adler (1908b) die allgemeine Ansicht ab, daß der sexuelle Aspekt primär sei und die Grausamkeit bloß eine Beimischung. Stattdessen betrachtete er, als er sich noch in Begriffen von Trieben ausdrückte, Sadismus und Masochismus als eine »Verschränkung« von zwei Kräften gleicher Stärke, dem Sexualtrieb und dem Aggressionstrieb (S. 53). Mit der Zeit wurden die aggressiven bzw. unterwürfigen Komponenten zum Primären, in dessen Dienst auch der Sexualtrieb gestellt wurde, wenn auch »als eine gewaltige Verstärkung« (1930d, S. 91).

Adler erklärt den Sadismus als ein Machtstreben einfacher Art durch Menschen, denen der nötige Mut fehlt, sich mit den realen Lebensproblemen zu befassen. Sadisten streben nach leichten Triumphen, »dem Schein der Macht, einer heimlichen, oft unbewußten Übermännlichkeit in einer Situation unbestrittener Überlegenheitt« (S. 95). Der Sadist ist in der Tat »der triumphierende Besiegte« (S. 97). Solch eine paradoxe oder dialektische Deutung beruht nicht nur auf scharfer Beobachtung, sondern enthält auch immer die Möglichkeit zur Rekonstruktion der Situation durch den Therapeuten als Basis für eine psychotherapeutische Veränderung.

Auch der Masochismus wird von Adler als Ausdruck des universellen Aufwärtsstrebens gesehen, wiederum eine paradoxe, dialektische Formulierung. »In jedem Menschen sind Züge von Trotz und Gehorsam, von Herrschsucht und Unterwerfung zu finden, die dem Streben nach Geltung dienen« (S. 93). Sogar »in dieser schwächlichsten Manifestation des Seelenlebens, die gelegentlich, wie bei der Flagellation, in Bußgedanken eine lächerliche Rechtfertigung sucht, im Masochismus,

fehlt die kompensierende Linie nach aufwärts niemals« (S. 95). Beim eigentlichen Masochismus »verfällt der Partner... dem Diktat des Masochisten« (S. 96). Auf diese Weise wird der Masochist »der geschlagene Sieger« (S. 97). Adler (1928k) erklärte: »Ich habe immer behauptet, daß es keinen echten Masochismus im Sinne der Autoren gibt. Vielleicht wird diese Feststellung deutlicher, wenn ich hinzufüge, daß der Masochist seine Überlegenheit darin erlebt, daß er dem Partner sein Handeln aufzwingt« (S. 198, Fußnote). Auch was »das Hervortreten... weiblicher Charaktere« bei Männern, »Homosexualität, Impotenz usw.« betrifft, »der Endzweck bleibt immer die Beherrschung Anderer« (S. 62). So glaubte Adler, daß es keinen wahren Masochismus gibt, und daß man ihn besser als »Pseudomasochismus« (S. 175, Fußnote) bezeichnen würde.
Wie in anderen Punkten, so stimmt Salzman (1960) auch bezüglich des Masochismus ganz mit Adler überein und stellt fest, daß dieser »ein Versuch zu beherrschen sein könnte« (S. 185). Salzman (1962) führt weiter aus: »Bei der Selbsterniedrigung bringt es das Individuum zustande, sich der eigentlichen Verantwortung für seine Handlungen zu entziehen und eine plausible Entschuldigung für sein Versagen vorzuweisen. Dieser Vorgang ermöglicht es ihm, andere zu manipulieren und auszubeuten durch sein Zurschaustellen totaler Ohnmacht... durch sein Leiden« (S. 235). »Freud interpretierte dieses Verhalten als das Bedürfnis zu versagen, wohingegen die Ich-Psychologen den Aspekt des Bedürfnisses nach Erfolg hervorgehoben haben« (S. 237).

Dialektik des Leidens und der Schwäche

Die dialektische Auffassung von Leiden oder Schwäche als einem neurotischen Mittel der Eroberung wird von Adler (1928k) auch auf verschiedene nichtsexuelle Zusammenhänge ausgedehnt. Gehorsam, Unterwerfung und Bescheidenheit im allgemeinen könnten Mittel werden, »den Anderen zu fesseln, zu erobern« (S. 35). »Einer der Kernpunkte der nervösen Dynamik« ist »der Heroismus des Schwächegefühls« (1930d, S. 29). Adler (1910b) spricht von »einem dialektischen Umschlag« (S. 347), wenn Kindern mit großen Minderwertigkeitsgefühlen ihre körperlichen Schwächen »als Waffen dienen... um sich eine gewisse Herrschaft über die Umgebung zu sichern« (S. 348). In seiner Schrift »Trotz und Gehorsam« bemerkte Adler (1910d), daß »nach dem Gesetz der Dialektik« (S. 212) ein Kind versuchen kann, »seinen endlichen Triumph durch passives Verhalten herbeizuführen, durch Unterwerfung, durch ehrlichen und unehrlichen Gehorsam... In der

Mehrzahl findet man Mischfälle, so daß Züge von Gehorsam und Trotz nebeneinander laufen« (S. 213).
Kürzlich hat Jay Haley (1969) unter dem Titel »Die Kapitulationstaktik« (S. 38) sehr ähnliche Gedanken ausgedrückt. Wir zitieren: »Es gibt ein altes Sprichwort, daß Du einen hilflosen Gegner nicht besiegen kannst... Deine Schläge werden nicht erwidert, Du kannst nur leiden... und es ist gar nicht sicher, wer wirklich Sieger ist. Diese Taktik hat sich als sehr wirksam seitens weinender Ehefrauen und ängstlicher Eltern erwiesen, die herausfanden, daß Hilflosigkeit ihre Anordnungen bis zur Tyrannei verstärken kann und dadurch wirksamer ist, als einfach Befehle zu geben« (S. 39). Dies wird zum Beispiel auch in der Armee angewendet. »Der einfachste Soldat kann in einem Machtkampf mit seinem höchsten Vorgesetzten gewinnen, wenn er einfach nur das tut, was man von ihm verlangt hat... Seine Vorgesetzten werden sowohl wütend als auch mattgesetzt sein, da sie ihn ja nicht dafür bestrafen können, daß er tat, was man ihm auftrug« (S. 40). Die Taktik des Weinens wurde auch von Adler (1956b) aufgegriffen, der ihr den Spitznamen »Wasserkraft« gab. Er betrachtete sie als eine »äußerst nützliche Waffe... andere in einen Zustand der Sklaverei zu versetzen« (S. 272).
Im allgemeinen bemerkte Haley (1963): »Das hilflose Verhalten kann das Benehmen des Anderen genauso stark, wenn nicht noch mehr beeinflussen, als das autoritäre Verhalten« (S. 10). Zusammengefaßt »liegt der Kernpunkt eines Symptoms im Vorteil, den es dem Patienten verschafft, um Kontrolle über das, was in einer Beziehung geschieht, zu gewinnen« (S. 15). Haley bestätigt so nicht nur Adlers Auffassung des Masochismus, sondern auch der neurotischen Symptome im allgemeinen.

Fetischismus
Hinsichtlich des Fetischismus möchten wir auf eine Prüfung von psychoanalytischer Literatur und eine Fallstudie von Nagler (1957) hinweisen, der Rados anpassungsfreundlichen Standpunkt akzeptiert. Nagler findet, daß unter traditionellen Psychoanalytikern »Fetischismus noch als Abwehr von Kastrationsangst durch eine Verleugnung der penislosen Mutter gilt, was ganz automatisch zu einer Spaltung des Ichs führt« (S. 724).
Adler (1930d) stellte fest: »Fetischismus ist wie alle anderen Perversionen Ausdrucksform eines Minderwertigkeitsgefühls, daß sich in einer irrigen, aber durch persönliche Erfahrungen und Training geleiteten Richtung zu kompensieren versucht« (S. 99). Dieser allgemeinen Auffassung Adlers nähert sich Nagler (1957), wenn er sagt: »Fetischismus sollte nicht nur auf einen Aspekt in der psychosexuellen Entwicklung

eingeengt, sondern auch als Teil der Lebensart eines Menschen mit einem unerhört niedrigen Selbstwertgefühl betrachtet werden« (S. 737). Naglers Patient war auch »sehr darauf aus, auf andere den Eindruck zu machen, daß er ein ›richtiger Mann‹ sei« (S. 736).
Es gibt jedoch einen entscheidenden Unterschied zwischen Adler und Nagler bezüglich der Auslegung der Beziehung zum Partner. Nagler glaubt, daß »der Fetischist in seiner Phantasie sklavisch versucht, Gunst und Anerkennung zu gewinnen… Er dient der Frau in Verehrung… um ihre Liebe zu gewinnen…« (S. 739). Adler schafft eine zusammenhängendere und dialektischere Interpretation, die außerdem wieder auf mögliche therapeutische Interventionen hinausläuft. Seine entscheidende Aussage ist: »Uns erscheint der Gesichtspunkt wichtiger, was bei der Gelegenheit des Fetischismus passiert. Da ergibt sich nun, daß durch die Verschiebung des sexuellen Akzents auf den Fetisch der Geschlechtspartner eine Herabsetzung erfährt, entwertet wird« (S. 98). Das Ergebnis ist eine »Milderung seiner Furcht [des Fetischisten] und seines Schwächegefühls gegenüber dem anderen Geschlecht« (S. 99).

Sexuelle Funktionsstörung – Organdialekt

Adler betrachtete alle Arten der sexuellen Funktionsstörung des Patienten wie Impotenz, Frigidität, vorzeitige Ejakulation usw. als Formen des »Organdialekts«. »Während die Sprache des Mundes, während seine Gedanken und Wünsche seiner Sehnsucht Ausdruck verleihen, spricht sein Körper, sein Sexualorgan, eine andere Sprache, zeigen letztere die Ausdrucksform seiner Feigheit« (S. 108). Aber bevor wir zu diesem Urteil gelangen, »müssen wir natürlich Fälle von sexuellem Versagen aufgrund gewisser organischer Schwierigkeiten ausschließen, wie Diabetes und besondere Arten von Nierenerkrankungen, welche ein normales sexuelles Funktionieren verhindern, wie dies auch häufig bei Drogenmißbrauch und chronischem Alkoholismus vorkommt« (1932m, S. 56).
Gemäß Adler (1929c) werden Körperfunktionen im allgemeinen »vom Lebensstil bestimmt. Das gilt vor allem für die Lungen, das Herz, den Magen, die Ausscheidungs- und Geschlechtsorgane. Störungen dieser Funktionen geben die Richtung an, die ein Mensch eingeschlagen hat, um sein Ziel zu erreichen. Ich habe diese Störungen als Organdialekt oder Organjargon bezeichnet, da die Organe in ihrer eigenen höchst ausdrucksvollen Sprache die Absicht einer individuellen Ganzheit offenbaren« (S. 167).
Über die Sexualorgane im besonderen schrieb Adler: »Der Dialekt der

Sexualorgane ist besonders ausdrucksstark... Jeder Fall hat seine Besonderheiten, doch in praktisch jedem bringt der Patient durch eine Störung der Sexualfunktionen ein Anhalten, ein Zögern oder eine Fluchtbewegung angesichts der drei Lebensprobleme zum Ausdruck... Die meisten der mir bekannten Fälle (von Impotenz) betrafen Patienten, die dem Problem der Ehe gegenüberstanden. Ejaculatio praecox... geht in jedem Falle einher mit einer sehr ärmlichen sozialen Anpassung... Bei Frauen äußert sich der gleiche Dialekt als Vaginismus...« und weist darauf hin, »daß die Frau eine Aversion entweder gegenüber einem bestimmten Mann oder gegenüber Männern im allgemeinen empfindet. Neben dieser aktiven Vermeidung begegnen uns noch passive Formen sexueller Ablehnung, nämlich Frigidität und passive Hingabe« (S. 167f).

Eine ziemlich vollständige Diskussion des Problems der Impotenz vom Adlerschen Gesichtspunkt aus wurde in einem kleinen Buch von Rudolf Dreikurs (1931) vorgestellt. Es beschäftigt sich mit diesem Thema unter den Überschriften: Impotenz und Persönlichkeit, Liebeskonflikte, Impotenz als Mittel der Flucht, Symptomatik (Zweifel an der eigenen Männlichkeit, Angst vor Bindung, Angst vor der Sexualität) und Therapie, dargestellt an sechzehn typischen Fallbeispielen.

Die paradoxe Natur des Organdialekts wurde von Adler (1929c) nochmals in der folgenden Aussage beschrieben: Sexuelle Störungen »sind... Zeichen für die Entschlossenheit, allen Handlungen aus dem Weg zu gehen, die der Mensch offensichtlich zu tun bereit ist« (S. 66). Sowohl der Organdialekt wie auch seine paradoxe Natur sind beide heute anerkannt worden, wenn auch in einer Form, die sich etwas von Adlers Anschauung unterscheidet. Thomas S. Szasz (1961) spricht von einer »Körpersprache« als einer »Proto-Sprache« (S. 126), welche die Menschen immer dann einsetzen«, wenn sie sich unfähig fühlen... sich gegenüber ihnen wichtigen Personen in ihrer Umgebung zu behaupten« (S. 130). Paul Watzlawick u. a. (1967) betrachten das neurotische Symptom im allgemeinen als Form der Mitteilung folgender Art: »Das bin nicht ich, der das nicht will, es ist etwas außerhalb meiner Kontrolle – z. B. meine Nerven, meine Krankheit, meine Angst, meine schlechten Augen, Alkohol, meine Erziehung, die Kommunisten oder meine Frau« (S. 80).

Dies paßt gut zu Adlers (1956b) Theorie, daß Symptome als Alibi und Entschuldigung dienen (S. 253f). Er erklärt auch das damit verbundene Leiden, auf das Haley Bezug nimmt. Die Symptome würden ihre Alibifunktion und ihre Macht verlieren, wenn der Patient »sich über sein neurotisches Tun auch noch freuen möchte. Also leidet er« (1930d, S. 73).

Magersucht (Anorexia nervosa) kann als eine Art des Organdialekts betrachtet werden. Obwohl sie keine sexuelle Störung ist, wird sie hier erwähnt, weil Freud (1918b) sie als einen Ausdruck der »Sexualablehnung« betrachtete (S. 141). Adler glaubte, daß sie »vielleicht immer aus männlichem Protest in der Ablehnung der Frauenrolle eingeleitet wird« (1926e, S. 120). Und im Einklang mit seiner Bevorzugung von Begriffen aus dem sozialen Leben nannte Adler (1930g) sie einen »nervösen Hungerstreik« und sagte über solche Fälle: »Immer handelt es sich um Mädchen, die schon als Kinder den Wert und die Bedeutung des ›Hungerstreiks‹ als Machtmittel erprobt hatten« (S. 218).

Heute nähern sich viele Meinungen zu diesem Thema, die Hilde Bruch (1973, S. 3) zusammenfaßte, Adlers Auffassung und lehnen Freuds Sicht von der Magersucht als »Ausdruck von Zurückweisung der Sexualität« ab, »besonders die der Phantasie von ›oraler Schwängerung‹« (S. 2). Stattdessen sieht Bruch den Hauptaspekt im »Kampf um Kontrolle... im verzweifelten Wunsch nach einem Gefühl persönlicher Identität, Kompetenz und Wirksamkeit« (S. 4). Da dies der Fall ist, »war die traditionelle psychoanalytische Methode besonders wirkungslos, wie viele berichtet haben« (S. 13). Bruchs Behandlungsmethode orientiert sich an der Erkenntnis, daß »die Schlüsselprobleme« im »mangelhaften Vorhandensein oder völligem Fehlen von aktiver Selbstwahrnehmung liegen und in der Überzeugung, das hilflose Produkt anderer zu sein« (S. 14).

Prostitution

Als Teil des Gesamtbildes der Sexualität behandelt Adler (1930d) auch die Prostitution. Er sieht »in der Prostitutionsneigung und in übertriebenen polygamen Tendenzen (den) Widerwillen gegen die Frauenrolle« (S. 118), eine Form des männlichen Protests. Der Anlaß zur Prostitution ist weder in wirtschaftlicher Not und Elend, noch in übermäßiger Sinnlichkeit zu suchen. Vielmehr sichert sich das Mädchen, unter der grundsätzlichen »Voraussetzung von der Minderwertigkeit der Frau« durch die Prostitution »jene Geltung, die ihr anderswo verwehrt ist« (1930q, S. 323f). Sie findet Befriedigung darin, wie ein Mann werben zu können und gleichzeitig den Mann »zum abhängigen Mittel ihres Unterhaltes« (S. 323) herabzuwürdigen. So wird die wirkliche Prostituierte ihr Gewerbe weiterbetreiben, auch wenn keine finanzielle Notwendigkeit mehr besteht.

Adlers Beschreibung wurde weitgehend durch eine Studie von Harold

Greenwald (1958) an zwanzig Nichtpatienten-Callgirls, »Aristokraten der Prostitution« (S. 1), bestätigt. In Bezug auf den ökonomischen Faktor »berichteten achtzehn von den zwanzig Mädchen, daß sie Gelegenheit hatten, entweder zu heiraten oder die Geliebte eines reichen Mannes zu werden... aber daß sie nicht bereit oder fähig waren, diese sozial eher akzeptierten Lösungen für sich in Anspruch zu nehmen« (S. 142). In Bezug auf die Sinnlichkeit hatte Adler (1930q) bemerkt, daß »der Prostituierten« bei ihren Kunden »jede sinnliche Regung fehlt«, während sie andererseits »homosexuellem Verkehr... auffallend häufig huldigt« (S. 323). Greenwald (1958) stellte fest, daß die Hälfte seiner Interviewgruppe im Privatleben völlig frigide war, daß achtzehn der zwanzig Mädchen im Umgang mit ihren Kunden keinerlei sexuelle Gefühle hatten (S. 135) und »fünfzehn von ihnen zugaben, daß sie homosexuelle Beziehungen unterhielten« (S. 118). Was die Minderwertigkeitsgefühle und deren Kompensation betrifft, bemerkte Greenwald: »Alle diese Mädchen schienen Opfer ihrer eigenen Gefühle von Wertlosigkeit zu sein« (S. 121), die sie durch ihre Fähigkeit, Männer anzuziehen und sie gut zahlen zu lassen, zu überwinden versuchten. Ein Mädchen sagte schlicht: »Callgirl zu sein, half mir, meinen Minderwertigkeitskomplex zu überwinden« (S. 117).

Doch ist dies weit entfernt von einer befriedigenden Art zu leben. Auf Grund von Greenwalds Unterlagen hat Rowena Ansbacher (1958) folgendes Sammelbild eines Callgirls, die nicht Patientin war, zusammengetragen: sie ist »unglücklich, einsam, unfähig, jemandem zu vertrauen, belastet mit Gefühlen der Unsicherheit und Wertlosigkeit, und neigt zu Trunksucht und Drogen. Sie ist gelangweilt, ruhelos und faul. Sie grollt und lehnt sich gegen ihre Familienangehörigen auf, und sie trägt dies in ihren Beziehungen zu Männern, die sie kollektiv als räuberischen Feind betrachtet, aus. Sie ist sich ihrer sexuellen Rolle unsicher und auch dessen, wer sie überhaupt ist. Sie möchte genießen und alle Vorteile des Lebens haben, ohne dessen Mühen und Verantwortlichkeiten« (S. 192f). Diese Beschreibung eines normalen Callgirls stimmt ziemlich gut mit dem überein, was man von der Adlerschen Betrachtungsweise erwarten würde. Sie rechtfertigt Adlers (1956b) Klassifizierung der Prostituierten als Fehlschläge im Leben (S. 160).

VI. Klinische Aspekte sexueller Störungen

Für Adler ist die ideale normale Geistesordnung die der Kooperation zwischen Mitmenschen, die eine letzte Höherentwicklung der Menschheit anstreben. Dies schließt eine ideale, individuelle sexuelle Kooperation zwischen zwei Repräsentanten der beiden Geschlechter ein. Alle seelischen Störungen sind auf einen Mangel an Kooperation zurückzuführen, wobei das Individuum so sehr mit seinen eigenen Belangen beschäftigt ist, daß es das größere Umfeld, zu dem es gehört, aus dem Auge verliert. Daher wären sexuelle Störungen ein Mangel an Kooperation mit dem anderen Geschlecht, sowohl im persönlichen Bereich als auch in genereller Hinsicht.
Dieser Betrachtungsweise zufolge haben wir bisher gezeigt, daß sexuelle Störung eine selbstauferlegte Distanz zum anderen Geschlecht ist und als Form der Neurose betrachtet werden kann. In diesem letzten Kapitel werden wir uns zunächst mit der Frage beschäftigen: Wer wird zur neurotischen unkooperativen Form der Lösung des sexuellen Problems Zuflucht nehmen? Die Frage erfordert eine dreifache Antwort: (1) das Individuum wird allgemein neurotisch disponiert sein; (2) das Individuum wird zusätzlich eine Entmutigung betreffs des anderen Geschlechts erfahren haben oder eine Entmutigung oder Unsicherheit in Bezug auf seine eigene Geschlechtsrolle; (3) das Individuum wird in dieser Richtung trainiert haben. Der Rest des Kapitels beschäftigt sich mit der Behandlung.

Neurotische Disposition

Der neurotisch Disponierte teilt mit dem normalen Menschen das allgemeine, einheitliche, dynamische Prinzip aller Lebensformen, eine Bewegung in Richtung Wachstum und Ausdehnung. Dieses Vorwärtsdrängen zeigt sich in Idealen, Erwartungen und Erfolgszielen. Das führt dazu, daß das Individuum seine momentane Situation als eine der relativen Unterlegenheit erfährt. »Im Vergleich mit der unerreichbaren idealen Vollkommenheit ist das Individuum ständig von einem Minderwertigkeitsgefühl erfüllt und durch dieses angetrieben« (1956b, S. 126).

Normalerweise sind Minderwertigkeitsgefühle positive Faktoren. »Menschsein heißt Minderwertigkeitsgefühle haben. Man erkennt seine eigene Machtlosigkeit angesichts der Natur. Man betrachtet den Tod als die unumgängliche Folge des Daseins ... Dieses Minderwertigkeitsgefühl wirkt als Antrieb für Produktivität, für den Versuch, Hindernisse zu überwinden und sich im Leben zu behaupten« (1964a, S. 54, Fußnote). Minderwertigkeitsgefühle »sind die Ursache für alle Verbesserungen in der Lage der Menschheit. Selbst die Wissenschaft z. B. kann nur entstehen, wenn Menschen ihre Unwissenheit ... empfinden. Unsere ganze menschliche Kultur scheint tatsächlich auf Minderwertigkeitsgefühlen zu ruhen« (1956b, S. 126).

Gesteigerte Minderwertigkeitsgefühle
Der Schlüssel zur neurotischen Disposition liegt in einem Minderwertigkeitsgefühl angesichts normaler Aufgaben, normaler Ziele, das so stark ist, daß das Individuum glaubt, es könne eine Aufgabe nicht bewältigen. Es wird nicht den Mut haben, sich der Aufgabe direkt zu stellen, sondern wird versuchen, sie zu umgehen. Es gibt natürlich Gründe für ein solches gesteigertes Minderwertigkeitsgefühl. Zuerst führte Adler es auf Organminderwertigkeit zurück, dann fügte er die Situation des vernachlässigten und des verwöhnten Kindes hinzu. Doch ist nie die Situation an sich entscheidend, sondern die Art, wie das Individuum darauf reagiert. Die Situation liefert nur Wahrscheinlichkeiten, um verstärkte Minderwertigkeitsgefühle und Entmutigung zu entwickeln. Solche Menschen haben »an ihrer Aktivität und an ihrer Lebensbereitschaft Schaden gelitten ... sie haben den Glauben an sich verloren und bleiben bis auf weiteres die nervös disponierten Menschen« (1930d, S. 29).
Bei sexuellen Abweichungen beziehen sich die Minderwertigkeitsgefühle hauptsächlich auf das andere Geschlecht – bei Männern ist es »ein Gefühl der Minderwertigkeit gegenüber der überschätzten Macht der Frau«, bei Frauen ist es »das Gefühl der weiblichen Minderwertigkeit gegenüber dem als stärker empfundenen Manne« (S. 28).

Hohe ichhafte Ziele
Verstärkte Minderwertigkeitsgefühle können überkompensiert werden und so zu unrealistisch hohen, ich-bezogenen Zielen führen. Solche Menschen können versuchen, »ihr Minderwertigkeitsgefühl durch einen fiktiven Überlegenheitskomplex zu überdecken ... Der nervöse Mensch diktiert seiner Umgebung die Verhaltensregeln und schränkt seine Kooperation mehr oder weniger ein« (1964a, S. 56). Adler

(1956b) spricht von der »niedrigen Selbsteinschätzung des Kindes, das sich minderwertig fühlt, und (dem) überlebensgroßen Ziel, das bis zur Gottähnlichkeit reichen kann. Zwischen diesen beiden Punkten liegen die vorbereitenden Versuche, die tastenden Kunstgriffe und Finten, bilden sich auch fertige Bereitschaften und gewohnheitsmäßige Haltungen, aus denen sich das verborgene Ziel erschließen läßt« (S. 236).

»Der Normale hat keinen Überlegenheitskomplex, er hat nicht einmal ein Überlegenheitsgefühl. Er besitzt das Streben nach Überlegenheit in dem Sinne, daß wir alle den Ehrgeiz haben, erfolgreich zu sein; aber solange das Streben in der Arbeit seinen Ausdruck findet, führt es nicht zu falschen Wertschätzungen, die die Ursache der seelischen Krankheit sind« (S. 250).

Unterentwickeltes Gemeinschaftsgefühl

Verstärktes Minderwertigkeitsgefühl führt dazu, daß sich der Mensch zu kurz gekommen fühlt und die Welt als feindlich erlebt. »In einer scheinbar feindlichen Welt erstarkt das Interesse für die eigene Person, schwindet das Interesse für die anderen« (1912a, S. 57). »Daß diesem hochgesteckten Ziel einer persönlichen Überlegenheit das richtige Maß von Gemeinschaftsgefühl abgeht... ist begreiflich und nicht etwa ein zweiter Fehler« (1956b, S. 232). »Der einzige Fehler, den (diese Menschen) begehen, liegt nämlich darin, daß ihre Strebungen auf der unnützlichen Seite des Lebens sind« (S. 244–245). »Neurotisch Disponierte zeichnen sich dadurch aus, daß sie zu allen diesen Fragen (Lebensproblemen) eine falsche Stellung einnehmen, daß sie die gemeinschaftlichen Zusammenhänge übersehen und das Allgemeingültige verkennen« (S. 234).

Es ist der Mangel an Gemeinschaftsgefühl, der zum eigentlichen Versagen führt. »Alle Fehlschläge – Neurotiker, Psychotiker, Verbrecher, Alkoholiker, schwer erziehbare Kinder, Selbstmörder, Perverse und Prostituierte - sind Fehlschläge, weil es ihnen an Gemeinschaftsgefühl fehlt. Sie nähern sich den Problemen des Berufs, der Freundschaft und der Liebe ohne das Vertrauen, daß diese Probleme durch Zusammenarbeit gelöst werden könnten« (S. 160).

In Bezug auf sexuelle Störungen sieht Adler (1964a) diese als Versuche, das sexuelle Problem auf eine ich-bezogene Art zu lösen, ohne ausreichend entwickeltes Gemeinschaftsgefühl. »Ein Mangel an sozialer Ausrichtung bei der sexuellen Funktion spielt die Hauptrolle bei allen sexuellen Abweichungen und allen psychologischen Störungen der Sexualität« (S. 105). Darüber hinaus treten bei solchen Menschen

»Mängel tieferer Kameradschaftlichkeit, gegenseitigen Wohlwollens, der Gemeinschaftsbestrebungen... stärker hervor... Die Neigung mitzuspielen, sowohl Männern als Frauen gegenüber, ist gering« (1930d, S. 28). Insbesondere wird die Homosexualität als »ein Fehlschlag in der Erziehung zum Mitmenschen« (S. 87) betrachtet. Der Homosexuelle »zeigt wenig Gemeinsinn und kaum jenes Wohlwollen für Andere, mittels dessen das Band der Einigkeit unter den Menschen geknüpft werden kann... Er hat sich nicht zum Mitspieler der Gesellschaft entwickelt« (S. 34).

Entwertungstendenz und Überempfindlichkeit

Verstärktes Minderwertigkeitsgefühl und ein ich-bezogenes Ziel der Überlegenheit führen oft zur »Entwertungstendenz... (die) analog der Fabel vom Fuchs und den sauren Trauben zusammengesetzt erscheint« (1914a, S. 111). Es ist ein Versuch, das eigene Selbstwertgefühl durch Entwertung des anderen oder des normalen Ziels, das als unerreichbar betrachtet wird, zu heben. Adler (1912a) betrachtete das verstärkte Minderwertigkeitsgefühl und die daraus folgende Entwertungstendenz als »die beiden wichtigen Pole jeder neurotischen Einstellung« (S. 215) – eine dialektische Auffassung.

Alle sexuellen Störungen, indem sie Grade der Distanz zum anderen Geschlecht darstellen, können in dem Sinn verstanden werden, als wenn man dem andersgeschlechtlichen Partner sagen wollte, »ich brauche dich nicht« oder wie im Fetischismus »Teile von dir oder irgendein Ding, das dir gehört, sind für mich wichtiger als du selbst«. »Durch die Verlagerung des sexuellen Akzents auf den Fetisch erlebt der Geschlechtspartner eine Abwertung, wird entwertet«, wie oben zitiert. Adler beschäftigte sich mit Geringschatzung und Verunglimpfung auch im Zusammenhang mit Sadismus, Masochismus und Sodomie. Zusammengefaßt: »Niemals fehlt dabei die Tendenz der Entwertung des normal zu erwartenden Partners, so daß bei genauem Einblick die Züge der Gehässigkeit und des Kampfes gegen diesen als wesentlich für die Haltung des Perversen hervortreten« (1930d, S. 28).

Komplementär zu seiner Tendenz, andere zu entwerten, reagiert der neurotisch Disponierte sehr empfindlich auf Entwertung durch andere. Wenn Adler (1956b) sich auch darüber im klaren war, daß er nicht als erster die »Überempfindlichkeit« entdeckt hatte, so beanspruchte er doch für sich, herausgefunden zu haben, daß diese immer dann ins Spiel kommt, wenn sich »der Patient vernachlässigt, verletzt, klein oder beschmutzt vorkommt« (S. 274). »Sie muß auf das übergroße Minderwertigkeitsgefühl zurückgeführt werden«, das »zu egozentrischer Selbstbetrachtung und Selbstbespiegelung führt« (1964a, S. 54, Fußnote). Menschen mit sexuellen Störungen weisen nach Adler im allgemeinen »Züge verstärkter Überempfindlichkeit, verstiegenen Ehrgeizes und Trotzes« (1930d, S. 28) auf.

Exogener Faktor

Wie bereits festgestellt, äußert sich das Symptom als »Gegenzwang« (S. 117) in Bezug auf eine soziale Anforderung, der sich das Individuum nicht gewachsen fühlt; es schafft eine Distanz zwischen ihm und der Aufgabe, sozusagen einen »Nebenkriegsschauplatz« (S. 117). Diese Anforderung ist der »exogene Faktor«. Wenn die Umweltbedingungen für den neurotisch Disponierten so günstig wären, daß er nie auf die Probe gestellt würde, so käme er niemals in eine wirkliche Krise. »Der exogene Faktor, die Nähe einer Aufgabe, die Mitarbeit und Mitmenschlichkeit verlangt, ist immer der auslösende Faktor des Symptoms, der Neurose, des Selbstmords, des Verbrechens, der Süchtigkeit und der sexuellen Perversion« (1956b, S. 280).

Das genaue Erfassen dieses exogenen Faktors, der immer mit den drei Grundproblemen des sozialen Lebens, des Berufes und der Liebe eng verbunden ist, ist für die Therapie von größter Wichtigkeit. »Wir müssen verstehen lernen, welche Bezogenheit gerade dieses einmalige Individuum zu dem bevorstehenden Problem hat. Wir müssen zwei Seiten betrachten und lernen, in welcher Art dieses Individuum sich gegenüber dem äußeren Problem bewegt« (1933b, S. 117).

Einheit und Verschiedenheit seelischer Störungen

Das Vorangegangene stellt eine Theorie der Einheit seelischer Störungen, in Übereinstimmung mit der einheitlichen dynamischen Theorie und allgemein ganzheitlichen Auffassung Adlers, dar. Seelische Störungen, das Versagen im Leben, beruhen auf falschen Haltungen den Lebensproblemen gegenüber. Sie treten bei Menschen mit erhöhten Minderwertigkeitsgefühlen (die verdeckt sein können) auf, mit äußerst hochgesteckten Zielen der Überlegenheit und unterentwickeltem Gemeinschaftsgefühl, was Adler im Laufe der Zeit zunehmend betonte. Ohne diese Einheitlichkeit abzuändern, unterschied Adler mit der Zeit zwei Dimensionen unter den Fehlschlägen: (1) Grad der Aktivität und (2) Grad der Anerkennung von sozialen Anforderungen.

(1) Die weniger Aktiven sind die potentiellen Neurotiker, die Aktiveren die potentiellen Kriminellen. Als Adler (1956b) den »verwöhnten Lebensstil« der Auffassung von der neurotischen Disposition hinzu-

fügte, war damit die Erwartung des Individuums nach »einer raschen Erfüllung seiner Wünsche« (S. 233) gemeint. Das kann sich lediglich darauf beschränken, »alles von anderen zu erwarten« (S. 233), was wenig Eigenaktivität erfordert, wie beim potentiellen Neurotiker; oder der verwöhnte Lebensstil äußert sich im Zusammenhang mit der Erkenntnis, daß zur Erreichung des Zieles größere Aktivität nötig ist, was auch aktives Nehmen des Gewünschten von anderen einschließt, wie beim potentiellen Kriminellen (1935 l, S. 92 f.).
Ganz abgesehen von dieser Unterscheidung, darf der verwöhnte Lebensstil nicht notwendigerweise als das Ergebnis einer verwöhnenden Situation betrachtet werden, wie der Begriff eigentlich vermuten ließe. Er ist letztlich das eigene Werk des Individuums. Adler (1956b) meint dazu, »daß der verwöhnte Lebensstil in seiner lebendigen Ausgestaltung die Schöpfung des Kindes ist... So daß gelegentlich dieser Lebensstil auch dort zu finden ist, wo man gerechterweise nicht von Verwöhnung, eher von Vernachlässigung sprechen könnte. Er sollte nicht in die Einstellung der Mutter oder der Großmutter hineininterpretiert werden« (S. 233).
(2) Alle psychischen Störungen zeigen einen Mangel an Gemeinschaftsgefühl. Aber sie unterscheiden sich im Grad der Anerkennung von sozialen Verpflichtungen seitens des Individuums. Diese ist am höchsten beim Neurotiker. Er hat die besten Absichten, nur verwirklicht er sie nicht. »Neurotisches Verhalten ist stets ein Verhalten, das durch zwei Wörter ausgedrückt werden kann: ›Ja – aber‹« (1956b, S. 283). Mit dem »ja« anerkennt der Neurotiker den gesunden Menschenverstand als Ausdruck des Gemeinschaftsgefühls, während in seinem »aber« die Symptome voll enthalten sind, die ihn von der Verwirklichung seiner Absichten abhalten.
Demgegenüber hat sich der Psychotiker von der Gemeinschaft abgeschnitten. Andere Formen seelischer Störung, in denen das Individuum »seine Leistung der Gemeinschaft offen vorenthält, (sind)... z. B. Selbstmord, Verbrechen, Alkoholismus und aktive sexuelle Abweichung« (1936k, bzw. 1931m, S. 183). Dieser Unterschied zwischen der Neurose und der sexuellen Abweichung wurde vorher auf S. 119 angedeutet, als wir bemerkten, daß der Zwangsneurotiker typischerweise mit seinem Zwang aufhören möchte, während es durchaus sein kann, daß der Homosexuelle sein Verhalten als unabänderliche Tatsache akzeptiert.

Prädisponierende Hintergrundfaktoren

Zu den Faktoren, die die Entwicklung der neurotischen Disposition im allgemeinen fördern, gehören Organminderwertigkeiten, Verwöhnung oder Vernachlässigung oder Haß dem Kind gegenüber (1956b, S. 343). Sie äußern sich voraussichtlich in verstärkten Minderwertigkeitsgefühlen, unrealistischen, ich-bezogenen kompensatorischen Zielen und einem Mangel an Gemeinschaftsgefühl. An dieser Stelle werden wir erörtern (1) Verwöhnung und Vernachlässigung in Bezug auf sexuelle Störung und zusätzlich relevante Faktoren, (2) Unsicherheit in Bezug auf die eigene Geschlechtsrolle, (3) die dominierende Mutter und (4) den tyrannischen Vater. Beim Knaben wirken sich die letzten beiden Faktoren für die Annäherung ans andere Geschlecht extrem entmutigend aus. Die dominierende Mutter erregt ernsthaften Zweifel, ob man jemals fähig sein wird, sich gegenüber einer Frau durchzusetzen; der tyrannische Vater erregt Zweifel, ob man je zu einem »richtigen Mann« heranwachsen wird wie der Vater, was auch den Mut des Jungen gegenüber dem anderen Geschlecht beeinträchtigt. Darauf folgt (5) eine Untersuchung des Falles Schreber.

Verwöhnung und Vernachlässigung

Adler (1918a) fand, daß Homosexuelle oft verwöhnte oder vernachlässigte Kinder waren, »beides Kindertypen, die in Einsamkeit aufwachsen, keine genügende Kooperationsfähigkeit besitzen und einer ersten Bindung erliegen, die ihnen schmeichelt, Typen auch, denen die Mutter oder der Mangel einer Mutter die Entfaltung des Gemeinschaftsgefühls erschwerten« (S. 192).

Wir finden weiter: »So kann... eine starke Verzärtelung und einseitige Bindung zum Ausweichen Anlaß geben in der Befürchtung, nie wieder einer gleichen Wärme teilhaftig zu werden« (1930d, S. 84), und »Alle weiteren Perversionen... verraten wahrscheinlich immer den irrtümlichen Lebensstil eines verzärtelten oder vernachlässigten Kindes« (1945b, S. 177). Vermehrtes Auftreten von Homosexualität in einer Familie läßt auf eine irrtümliche Familientradition schließen, »besonders wenn sich in einer Familie seit längerer Zeit eine krankhafte Verzärtelung oder besondere Strenge forterbt« (1930d, S. 86).

Unsicherheit über die Geschlechtsrolle

Wie schon vorher (S. 85f.) erwähnt, betrachtete Adler die Unsicherheit in Bezug auf die eigene sexuelle Rolle als grundlegenden Faktor in der Psychopathologie, und demgemäß schrieb er der Aufklärung der Kinder über ihre sexuelle Identität große Bedeutung zu. Die Homosexualität insbesondere hat ihren Ursprung in »dem Versuch, seine Geschlechtsrolle zu ändern« oder wie in einer späteren Ausgabe modifiziert wird, in »der Unsicherheit der Geschlechtsrolle« (1910c, S. 92). Adler (1930d) sieht »eine auffallende Unsicherheit bezüglich der Geschlechtsrolle als die Hauptbedingung in der Vorgeschichte des Homosexuellen« (S. 37).

Diese Beobachtung wird heute weitgehend bestätigt. Marmor (1965) schreibt: »Für eine homosexuelle Anpassung müssen in unserer Zeit und Kultur psychodynamische, soziokulturelle, biologische und situative Faktoren zusammenkommen, um (1) eine beeinträchtigte geschlechtliche Identität zu schaffen, (2) eine Furcht vor intimem Kontakt mit Andersgeschlechtlichen hervorzurufen und (3) Möglichkeiten sexueller Entspannung mit Gleichgeschlechtlichen zu bieten« (S. 5). Beeinträchtigte Geschlechtsidentität nimmt den ersten Platz ein, während die anderen Faktoren auch mit Adler übereinstimmen. Geschlechtsidentität und Geschlechtsrolle sind die heutigen Entsprechungen für Adlers Begriff der sexuellen Rolle.

Adlers frühe Hypothese von der Unsicherheit über die eigene sexuelle Rolle als einem wichtigen Faktor bei seelischen Störungen im allgemeinen, ist von Money und Tucker (1975) unterstützt worden: »Dein Gefühl für dich selbst... deine Identität – ist dein Wesen, und in seinem Kern liegt dein Selbstempfinden als männlich oder weiblich, deine Geschlechtsidentität. Sie ist... der Anker für deine seelische Gesundheit« (S. 5).

Dominierende Mutter, Angst vor der Frau

Adler (1927a) beobachtete, daß unter Männern, die eine dominierende Mutter hatten, »auffällig viele (sind), die der Frau in einem großen Bogen ausweichen, als ob sie mit Bitterkeit schon vorgeimpft wären und einem weiblichen Wesen keinerlei Vertrauen mehr entgegenbringen könnten« (S. 128). »Söhne starkgeistiger, männlicher Mütter (haben) die Angst vor der Frau tief im Gemüt... So wächst ihr Mißtrauen so weit, daß es sie geschlechtlich unbrauchbar macht« (1914a, S. 97). Der Sohn einer solchen Mutter »wird... der Konkurrenz des Mannes ausweichen und... regelmäßig geneigt sein... dem Liebes- und Eheproblem auszuweichen« (1930d, S. 32). Solche Mütter sind gewöhnlich mit einem schwachen Mann, der seinerseits wiederum zu einem unfähigen Vater wird, verheiratet, sie sind frigide und haben Schwierigkeiten mit ihren weiblichen physiologischen Funktionen.

(1) Ähnlichkeiten mit modernen psychoanalytischen Beobachtungen

Adlers Charakterisierung der Mutter des männlichen Homosexuellen nimmt weitgehend die Erkenntnisse von Bieber und anderen (1962) vorweg. Bieber (1965) beschreibt die Mutter des Homosexuellen als dominierend, überbesorgt und oft verführerisch. »Sie verlangt übermäßige Aufmerksamkeit und Besorgtheit... ist gewöhnlich... sexuell frigid... verzärtelt ihren Sohn... und beeinträchtigt seine Teilnahme an den normalen Aktivitäten des Knabenalters, vermutlich aus Besorgnis um sein Wohlergehen... Als Ehefrau ist sie fast immer unzulänglich... und beherrscht ihren Mann, den sie entwertet... Ihr Ehemann steht meistens abseits« (S. 250). Wenn Adler erwähnt, daß Homosexuelle in der Einsamkeit aufwachsen, stellt Bieber (1965) fest, daß »der vorhomosexuelle Junge nicht einer Gruppe Gleichaltriger angehört... er neigt dazu, ein Einzelgänger zu sein« (S. 252). Und so wie Adler bemerkte, daß einige Homosexuelle abgelehnte Kinder waren, so erwähnt Bieber: »In einigen Fällen ist die Mutter anscheinend reserviert, ablehnend und übermäßig feindselig gegenüber dem Sohn« (S. 250).

(2) Unterschiede zur modernen Psychoanalyse

Es ist leicht zu verstehen, wie ein kleiner Junge sich durch unangenehme Erfahrungen mit seiner Mutter oder anderen weiblichen Personen eine allgemein negative Haltung allen Frauen gegenüber aneignen kann. Beim Jungen entsteht eine »Furcht vor der Frau« im allgemeinen. Aber Bieber (1965) begrenzt dies auf »Furcht und Aversion vor den weiblichen Genitalien« (S. 253). Auch Ovesey (1965) spricht von einer Furcht vor den weiblichen Geschlechtsorganen als einer »Abwehr gegen die Kastrationsangst« (S. 221). Ovesey und Person (1973) versuchen eine Erklärung, in dem sie noch weitere Freudianische Auffassungen heranziehen. »Die Antwort liegt in der Intensität der Phantasie von einer bezahnten Vagina... Es ist diese Furcht, die durch ein erotisches Interesse an der Mutter während der Ödipalphase mobilisiert und auf die Vagina hin verschoben wird« (S. 61).

Hier sehen wir, daß die sogenannte moderne Psychoanalyse in gewisser Hinsicht noch sehr freudianisch, reduktionistisch und spekulativ ist. Wir fragen: Wie kann die Angst vor der Frau auf die Furcht vor den weiblichen Geschlechtsorganen reduziert werden? Dies kann man sicherlich nicht beobachten. Unter welchen Umständen könnte man sich eine solche Furcht aneignen? Dies kann nur eine Schlußfolgerung sein oder bestenfalls auf dem Bericht eines Erwachsenen beruhen. In diesem Fall könnte man sie als symbolisch für die Furcht vor der Frau ansehen, wobei die weiblichen Genitalien als *pars pro toto* fungieren.

Tyrannischer Vater

Die »übertriebene Autorität« des Vaters »im Rahmen der Familie« (1930d, S. 32) kann das Selbstvertrauen des Jungen zerstören, daß er je so ein Mann sein wird wie sein Vater. »So wird dieses Kind auch später vor Fragen des Lebens, die ihm der Vater gelöst zu haben scheint, zurückschrecken, ja es wird sich eine Lösung überhaupt nicht zutrauen. Bis es aus der Not eine Tugend machen wird, und in heimlichem Trotz gegen das Übergewicht des Vaters dessen billige Erwartungen täuscht und zunichte macht. So gelingt es ihm endlich doch, allerdings mit recht hohen Kosten, über den väterlichen Tyrannen zu triumphieren« (S. 32).

Adler (1912a) verdeutlicht dies mit dem Begriff des männlichen Protests. »Daß aber in dem männlichen Protest des Neurotikers der ältere kompensierende Wille zur Macht steckt, der sogar die Empfindungen umwertet und Lust zur Unlust machen kann, geht aus den nicht seltenen Fällen hervor, wo der gradlinige Versuch, sich männlich zu gebärden, auf große Widerstände stößt und sich eines Umweges bedient: die Rolle des Weibes wird höher gewertet, passive Züge werden verstärkt, masochistische, passiv homosexuelle Züge tauchen auf, kraft deren der Patient hofft, Macht über Männer oder Frauen zu gewinnen, kurz: *der männliche Protest bedient sich weiblicher Mittel*... Diese Apperzeption nach der Schablone Männlich-Weiblich aber bringt den sexuellen Jargon in die Neurose, der als symbolisch aufgefaßt und weiter aufgelöst werden muß, und *drängt die Erotik in eine dem Persönlichkeitskern passende Richtung*« (S. 55).

Der Fall Schreber

Der männliche Protest mit weiblichen Mitteln wurde zur Grundlage einer Adlerschen Deutung des Falles Schreber. Schreber (1903) litt unter einem Verfolgungswahn einschließlich der Wahnvorstellung, daß er in eine Frau mit weiblichen sexuellen Empfindungen verwandelt worden wäre. Anhand dieses Falles und anderer zog Freud (1911) seine bekannte Schlußfolgerung, daß im Verfolgungswahn »das eigentlich Wirksame... in den homosexuellen Komponenten« liegt (S. 296).

Die Adlersche Interpretation von Shulman (1959) zeigt auf, daß Schreber in seiner wahnhaften Verwandlung in eine Frau endlich eine äußerst erhabene Position erreichte. Zuvor hatte er ein sehr hohes ich-bezogenes Ziel, aber »er muß immer an seiner Männlichkeit gezweifelt haben« und »beschäftigte sich sehr mit der Frage von Überlegenheit-Minderwertigkeit, ausgedrückt in der Antithese männlich-weiblich... Im frühen Stadium seiner Erkrankung versuchte er, sich ›wie ein Mann zu benehmen‹, aber die ›Stimmen‹ verhöhnten seinen Mangel an Männlichkeit« (S. 150). Schließlich war es Gott, der Schreber in eine Frau verwandelte und dies war »eine wohltuende Tat für das ganze Universum, weil er eine neue Rasse Menschen hervorbringen wird, um die Welt neu zu bevölkern« (S. 151). Shulman zitiert aus Schreber: »Ich würde gern den Mann kennenlernen, der – mit der Wahl konfrontiert – entweder ein geistesgestörter Mensch in männlicher Gestalt oder eine erhabene Frau zu werden, nicht letzteres bevorzugen würde« (S. 151). Die homosexuellen oder, genau gesagt, transsexuellen Wahnvorstellungen können dann leicht so erklärt werden, daß sie Schrebers erhabenem, ich-bezogenen Ziel der Überlegenheit dienen. Der Fall Schreber wird zu einem Fall von männlichem Protest, wobei das Individuum »nach männlicher Macht mit weiblichen Mitteln strebt« (S. 147).

Adler selbst (1912a) erwähnte den Fall Schreber nur einmal sehr kurz, als er sagte: »Freud« hat einen prägnanten Fall »von Dementia (praecox) nach der Schreberschen Biographie geschildert, in dem als Ausgangspunkt der psychische Hermaphroditismus« (der den männlichen Protest mit weiblichen Mitteln einschließt) »unschwer zu erkennen ist« (S. 176).

Seit Shulmans Deutung ist es durch Schatzman (1971), der sich auf W. G. Niederland bezieht, bekannt geworden, daß Schrebers Vater ein extremer Haustyrann war, einer von Adlers Hintergrundfaktoren für die männliche Homosexualität. Was den Verfolgungswahn betrifft, an dem Schreber in erster Linie litt und den Freud als Abwehr gegen die Homosexualität betrachtete, hielt Adler (1914d) dafür, daß dieser wohl seinen Ursprung in »Situationen irgendeiner Herabsetzung« hat (S. 277). In der Tat scheint Schreber solchen Herabsetzungen seitens seines tyrannischen Vaters ausgesetzt gewesen zu sein. Die neue Erkenntnis über Schrebers Lebensgeschichte verleiht somit der Adlerschen Theorie weitere Unterstützung.

Training und Selbsttraining

Adler reduzierte den direkten Einfluß der Vererbung auf jede Form des Verhaltens auf ein Minimum, betonte soziale Faktoren und maß die größte Bedeutung der eigenen Interpretation des Individuums von seiner Situation in Bezug auf seine Ziele bei, die auf seiner eigenen schöpferischen Kraft beruhen. Deshalb betonte er die Aneignung des Verhaltens. Anstatt »lernen« wählte er den Begriff »Training«, der Vorbereitung auf eine bestimmte Leistung bedeutet. Man trainiert aktiv, um ein

bestimmtes Ziel zu erreichen. Und da Adler (1956b) das Individuum »als den Schöpfer seiner eigenen Persönlichkeit« (S. 177) betrachtete, benutzte er häufig den Begriff »Selbsttraining«.
Adler (1924m) erklärte: »Jede Erscheinung des menschlichen Lebens ist ein Ergebnis von Training. Nichts kann plötzlich auftreten, alles muß vorbereitet worden sein. Jede Erscheinung bei einem Menschen ist verbunden mit seiner frühesten Geschichte... Bei einigen Menschen wird das Training so deutlich, daß es durch ihre Körperhaltung oder Handschrift offen sichtbar wird. Was wir Arrangement eines Symptoms nennen, ist eine Sache des Trainings... Das Training findet nicht nur in Gegenwart anderer statt, der Patient trainiert auch, wenn er allein ist und bedient sich dabei seiner Phantasie. Das sieht man am klarsten bei den Träumen... Wir werden eine andere Haltung einnehmen, wenn wir wissen, daß wir es mit einem Menschen, der trainiert, zu tun haben, als wenn wir das Verhalten den Kindheitseinflüssen oder Traumata zuschreiben« (S. 39).
Auch in Bezug auf schulische Leistung betrachtete Adler (1929b) Training und nicht angeborene Intelligenz als entscheidenden Faktor. Ob z. B. ein Kind einen guten Aufsatz schreiben wird, hängt davon ab, ob es zu Hause geübt hat, seine Gedanken auszudrücken: »Hier ist ein unermeßliches Gebiet zu erforschen, wie tüchtige Kinder und Menschen, wie fehlgeschlagene Existenzen trainiert haben... Hier liegt der Angriffspunkt gegen die Vorurteile der Begabung. Alle besser trainierten Kinder werden natürlich später als begabt im Sinne des Vorurteils erscheinen, die weniger oder schlechter trainierten dagegen als unbegabt bezeichnet werden« (S. 106f). Adler (1929c) betrachtete angeborene intellektuelle Unterschiede diesseits des Schwachsinns als geringfügig und stellte die Wichtigkeit der richtigen Trainingsmethode am Beispiel Karls des Großen dar. Man hielt Karl den Großen für unfähig, lesen oder schreiben zu lernen »aus reinem Mangel an Begabung für solche Dinge! Nun, mit der Entwicklung der Erziehungsmethoden ist jedes normale Kind diesen Aufgaben gewachsen« (S. 24). All dies stimmt natürlich mit neuerer pädagogischer Philosophie und der Politik in Bezug auf Minderheits- und anderen unterprivilegierten Kindern überein.

Normales sexuelles Training

In gleicher Weise meinte Adler (1929c), daß die Sexualität eines Menschen, die er allgemein als »Liebe« bezeichnet, auch im wesentlichen auf Training und Selbsttraining beruht. »Liebe ist eine notwendige Lebensaufgabe, die eine frühe Vorbereitung erfordert, und Training für die Liebe ist ein integraler Bestandteil der Erziehung zum Leben. So-

wohl normale Liebe, wie auch alle ihre Perversionen wie Homosexualität sind eine Sache des Trainings und der Erziehung« (S. 61).
Unglücklicherweise ist das Training oft nicht so, wie es sein sollte. Adler (1929 d) schrieb: »Unsere Erziehung hält sich zweifellos zu streng an die von ihr eingeschlagene Richtung... Statt Jungen und Mädchen wie auf eine Sünde vorzubereiten, wäre es viel sinnvoller und klüger, man trainierte die Mädchen besser in ihrer weiblichen und die Jungen besser in ihrer männlichen Eherolle, freilich beide in einer Art und Weise, die ihnen das Gefühl gibt, gleichberechtigt zu sein« (S. 136). So wie die Dinge sind, »sind die meisten Menschen in Fragen des Liebeslebens weniger gut vorbereitet und eingeübt als in anderen Lebensfragen« (S. 139).
Was das Selbsttraining hinsichtlich sexueller Beziehungen betrifft, fand Adler, daß dies »ein beständiger, fortlaufender Prozeß sei«, besonders während der Adoleszenz. »Es ist kein Zweifel, daß der ungefähr normal entwickelte Mensch auf das erotische Ideal hin, das ihm vorschwebt, unausgesetzt trainiert, und die Summe dieses Trainings kann gar nicht groß genug genommen werden: es ist der Gang auf die Straße, der Umgang mit dem anderen Geschlecht, es ist die Vergleichung mit anderen Geschlechtsgenossen usw.« (1930d, S. 130).
Dieser Standpunkt Adlers hat in den letzten Jahren starke Unterstützung gefunden. Money und Ehrhardt (1972) zogen den Schluß aus Moneys bekannter Arbeit mit Hermaphroditen: »Die Natur hat bestimmt, daß sich der größere Teil der Entwicklung der menschlichen Geschlechtsidentität in der nachgeburtlichen Periode vollzieht. Sie findet dann statt, wenn – wie bei der Entwicklung der Muttersprache – eine vorgeburtliche programmierte Veranlagung in Berührung mit nachgeburtlichen, sozial programmierten Signalen kommt« (S. 18). Money und Tucker (1975) wiederholen: »Man erwirbt seine Geschlechtsidentität/-rolle ziemlich auf dieselbe Art, wie man sich die Sprache aneignet« (S. 88). Einiges an Beweismaterial erhielt man durch Paare von Hermaphroditen, die physiologisch und soziologisch möglichst ähnlich waren und die sich nur in Bezug auf das Geschlecht unterschieden, dem sie von Geburt an zugeordnet und zu dem sie erzogen wurden. Man fand, daß diese Menschen sich so vollständig mit dem ihnen zugeschriebenen Geschlecht identifiziert hatten, daß der gewöhnliche Mensch, der ihnen sozial begegnet, keinen Anhaltspunkt in Bezug auf ihren physiologischen Hermaphroditismus hätte. Money (1976) glaubt, daß für die nachgeburtliche Bildung der Geschlechtsidentität die Zeitspanne bis zum Alter von fünf oder sechs Jahren entscheidend ist. Hinsichtlich der Homosexualität bemerkt Money, wenn

auch etwas indirekt, daß auf Grund dieses weiteren nachgeburtlichen Programmierens Irrtümer in der Geschlechtsidentität entstehen können und daß dies »den Erwachsenen – Eltern und anderen, die Kinder pflegen – ein großes Maß an Verantwortung auferlegt«.
Im Gegensatz dazu wird Freuds Theorie der psychosexuellen Entwicklung, die ja auf triebmäßiger Entwicklung beruht, zunehmend in Frage gestellt. Nach Chodoff (1966) bedeutet dies: »Der ganze Freudsche psychosexuelle Entwicklungsablauf ist nicht eine regelmäßig stattfindende und normale Entwicklung, sondern stellt einen pathologischen Vorgang dar, der symptomatisch für ernsthafte Störungen und Übersexualisierung der innerfamiliären Beziehungen ist« (S. 517). Für Adler (1956b) war z. B. der Ödipus-Komplex immer »als Gleichnis« zu verstehen und die damit verbundenen Gedanken »Resultate einer Fehlerziehung, (die) immer nur bei verzärtelten Kindern zu finden (sind)« (S. 347).

Training bei sexuellen Störungen
Sexuelle Störungen, wie auch normale sexuelle Entwicklungen, sind für Adler das Ergebnis von Training und Selbsttraining: »Keine sexuelle Abweichung ohne Training« (1933b, S. 125). Tatsächlich trägt Adlers Buch über die Homosexualität, in dem er auch auf andere sexuelle Störungen ausführlich eingeht, den Untertitel *Erotisches Training und erotischer Rückzug*. Dies war auch der Titel einer Arbeit, die von Adler (1928c) dem ersten Internationalen Kongreß für Sexualforschung (Berlin 1926) vorgelegt wurde. Im Vorwort des Buches sagte Adler (1930d): Die Betonung liegt auf der »Bedeutung des Trainings im Rahmen des Lebensstils...« und darauf, daß »die Homosexualität ein Training des entmutigten Menschen seit seiner Kindheit darstellt, um auf dem Wege der Ausschließung von Möglichkeiten einer Niederlage... auf dem Weg der Ausschaltung des anderen Geschlechts, der normalen Lösung der Liebesfrage auszuweichen« (S. 21).
Adler (1930d) gibt ein Beispiel von einem männlichen Homosexuellen, der sich Mädchen anschaut: »Wenn er jetzt überhaupt noch ein Auge für Mädchen hatte, dann nur, um sich in der Entsagung zu üben, um die Distanz zum weiblichen Geschlecht sicher auszubauen, und zu lernen, wie man kaum angeknüpfte Beziehungen rasch wieder fallen läßt« (S. 54). Im allgemeinen finden wir beim Homosexuellen eine »ständig von dem anderen Geschlecht auf das eigene abgelenkte Aufmerksamkeit. Dies ist der wichtigste Weg, der zur Schablonisierung, zur Mechanisierung der Homosexualität führt« (S. 85f).
Das Training auf Homosexualität, wie auch das Leben eines Homo-

sexuellen ist nicht leicht, wie Adler (1918a) in folgendem beschreibt: »Es ist so unendlich viel schwerer homosexuell zu sein als normal, daß wir schon daran einen Maßstab gewinnen können für den ungeheuren Aufwand an Kräften, der dazu gehört, um als Homosexueller durchs Lebens zu gehen. Und diesen Aufwand von Kräften können wir in der Tat bei jedem Perversen beobachten. Wir können ihn beobachten in der ganzen Art seiner Deduktion, in der Betrachtung des Mannes, der Frau, seiner Erlebnisse, und wir sehen schrittweise die Vorbereitungen, die er macht, die listige Technik, die er sich angeeignet hat, um zu einer einheitlichen Haltung zu kommen, die nicht so leicht erschüttert werden kann. Grade die Mischfälle, deren es unzählige gibt, die in der Majorität sind, zeigen uns die homosexuelle Entwicklung oft stadienweise, und wie es nur unter Aufwendung ganz besonderer Kräfte gelungen ist, die normale Richtung zu verlassen und das Leben so weit einzuengen, daß für die Homosexualität mehr Platz übrig ist. Es ist im Detail oft rührend zu beobachten, wie der Betreffende sich schrittweise selbst hypnotisiert, sich selbst mit Gewalt den Gedanken aufzwingt, für die Norm nicht geschaffen zu sein. Seine Argumente sind von so geringem Gewicht, daß man an den Dialekt der Homosexuellen gewöhnt sein muß, um dabei ruhig zu bleiben. Ich kenne solche, die äußerlich absolut nicht auffallen, die nichtsdestoweniger von sich irgendwelche Kleinigkeiten betonen, daß ihr Kehlkopf nicht männlich gebaut sei, daß ihr Bartwuchs nicht so stark sei wie bei anderen usw.« (S. 190).

Phantasie, Träume und frühe Erinnerungen

Adler betrachtet Träume, Phantasien und frühe Erinnerungen nicht als Maskierung unterdrückter, unbewußter Primärprozesse, so wie Freud es tat, sondern als kaum verhüllten Ausdruck der allgemeinen Bewegungslinie des Individuums, als Teil seines Lebensstils. Sie sind »Vorbereitungen« für Handlungen, die das Individuum vollziehen wird oder – wie Adler sie oft nannte – Mittel zum »Training«.

Was Träume und Phantasien von Homosexuellen betrifft, schreibt Adler (1926h): »Manche Autoren (erblicken darin) einen Beweis für die Angeborenheit oder Unabwendbarkeit homosexueller Entwicklung. Es ist das eine kühne, aber unrichtige Annahme… die viel zur allgemeinen Versteifung der Homosexualität beiträgt. Träume und Phantasien bedeuten ein Arrangement des Individuums, nicht aber feststehende Tatsachen, (*ein Sollen und nicht ein Sein*)… Da demnach der Traum… ein probeweiser Anschlag ist und die Bedeutung eines Trainings besitzt, so sind homosexuelle Träume und Phantasien, wenn sie nicht Sexualdialekt für andere Beziehungen des Lebens darstellen, höchstens als Versuch zu verstehen, einer vermeintlichen Homosexualität Vorschub zu leisten, was nicht gerade auf große Sicherheit schließen läßt« (S. 85).

Frühe Erinnerungen, die auf Homosexualität hindeuten, werden oft als Anzeichen ihres Angeborenseins aufgefaßt. Jedoch tendieren solche Erinnerungen im allgemeinen dazu, »Ereignisse zugunsten des Lebensplanes zu verfälschen«, und ob nun objektiv wahr, teilweise wahr oder nur Phantasie, können sie als Trainingsmittel dienen. Adler (1929b) erzählt eine seiner eigenen früheren Erinnerungen als Beispiel. Als Kind mußte er auf seinem Weg zur Schule einen Friedhof überqueren. Obwohl sich die anderen Kinder nichts dabei dachten, fühlte er sich dabei immer unwohl. Eines Tages blieb er zurück und spazierte allein auf dem Friedhof hin und her, bis er fühlte, daß er seine Angst los war. Als Erwachsener hörte er eines Tages, sehr zu seiner Überraschung, daß es auf dem Weg zur Schule keinen Friedhof gab; die Geschichte war eine Phantasie, die fälschlicherweise als Tatsache gegolten hatte. Adler schließt daraus: »Diese meine Phantasie ist nicht nutzlos gewesen, sie gehörte zu meinem seelischen Training. Sie hat dazu beigetragen, auch in der Wirklichkeit dem Problem des Todes gegenüber viel fester zu stehen und nicht so ängstlich« (S. 63).

Unabhängige versus abhängige Variable

So wurden frühe Ereignisse im Leben eines Menschen, die auf Homosexualität hinweisen, von Adler nicht als Beweis für ihr Angeborensein, sondern als Zeichen für Selbsttraining angesehen. Dadurch verwandelte Adler diese Vorfälle von Folgeerscheinungen von Vererbung, – d. h. von *abhängigen Variablen* – in Komponenten der Absichten des Individuums, also in *unabhängige Variablen*, mit der vollentwickelten Abweichung als Ergebnis – und in diesem Sinn abhängige Variable. Diese Verwandlung illustriert das vollständige Umdenken, das Victor Frankl (1970) Adler als Verdienst anrechnet: »Was Adler erreichte, war nicht weniger als eine Kopernikanische Wende. So konnte der Mensch nicht weiterhin als Produkt, Pfand oder Opfer von Trieben betrachtet werden; im Gegenteil, die Triebe sind nur die Werkzeuge, deren sich der Mensch als Mittel des Ausdrucks und des Handelns bedient« (S. 12).

Hier bietet Adlers Theorie wiederum die Möglichkeit, neue Entwicklungen einzubeziehen. Verhaltenstherapie bei Homosexuellen war früher nur bei Bisexuellen gelungen und nicht bei reinen Homosexuellen (Feldman und MacCulloch, 1971). Dies änderte sich, als sexuelle Phantasien zu unabhängigen Variablen wurden. Abel und Blanchard (1974) lehrten den Patienten, »seine Phantasien direkt zu ändern« (S. 468) und ersetzten so die Sicht von »der abweichenden Phantasie als einer abhängigen Variablen, die sich auf Grund der unabhängigen Variablen – nämlich des unzugänglichen, instinktiven Sexualtriebes – entwickelt« (S. 468). Obwohl bis jetzt noch keine nachgeprüften Studien verfügbar sind, schließen die Autoren aus Fallberichten, daß solche Methoden wirksam sind. »Der verhaltenstherapeutische Ansatz hat die sexuelle Phantasie in die kritische Position einer unabhängigen Variablen versetzt, die direkt durch Behandlung verändert werden kann.« Folglich muß man »die Phantasie als Hauptvorgang, der zu einem abweichenden Verhalten führt«, genau untersuchen (S. 474).

Soweit auch Adlers Psychologie und die Verhaltenstherapie in ihrer eigentlichen Behandlungsmethode der sexuellen Abweichung voneinander entfernt sind, so bereitet doch Adlers Verständnis von der Phantasie als Hilfsmittel, mit dem sich der Patient für Abweichung *trainiert*, einen theoretischen Platz für ein therapeutisches Eingreifen, das auf Heterosexualität *umtrainiert*, indem homosexuelle durch heterosexuelle Phantasien ersetzt werden. Dies ist eine kognitive Veränderung, und die Adlersche Therapie bezieht sich weitgehend auf kognitive Veränderungen.

Kognition wird heute auch im weiteren Bereich der Psychotherapie als unabhängige Variable betrachtet. Rensberger (1977) berichtet, daß die Neurose eher ich-bezogenem, unreifem Denken als unreifen Gefühlen zugeschrieben wird und daß auch die Depression als eine Erscheinung »unlogischer Denkmuster« betrachtet wird und daher der »kognitiven Therapie« zugänglich ist.

Psychotherapie

Adlersche Psychotherapie wird im allgemeinen als Therapie mit vier ineinandergreifenden Phasen beschrieben: (1) Herstellung und erhalten einer guten Beziehung zum Patienten; (2) sammeln von Daten über den Patienten zum besseren Verständnis seines Lebensstils; (3) der Versuch, dem Patienten seine Haltung darzulegen und ihn somit einsichtig zu machen; (4) Neuorientierung und Umerziehung (Alexandra Adler, 1946; Dreikurs, 1973; Ansbacher, 1971c).

Ein tieferes Verständnis kann vielleicht erreicht werden, indem man die Phase (1) als Teil eines größeren Konzepts der *Ermutigung*, des *emotionalen Aspekts* betrachtet; die Phasen (2) bis (4) unter *kognitivem*

Aspekt zusammenfaßt und einen *technischen Aspekt* hinzufügt, der früher in Phase (4) inbegriffen war. Die zwei ersten Aspekte beschreiben mehr das, was der Therapeut zu erreichen versucht, nämlich ein Wachsen des Mutes und ein Erkennen und Beseitigen der Fehler. Beim dritten Aspekt liegt die Betonung auf dem, was der Therapeut wirklich tut, auf den spezifischen Techniken, die er anwendet.
Wir haben oben kurz die logische Grundlage der Adlerschen Beratung und Psychotherapie beschrieben. Ein Überblick über alle Aspekte der Therapie, wie sie von zeitgenössischen Adlerianern praktiziert wird, wurde von Arthur G. Nikelly (1971) publiziert.

Ermutigung – emotionaler Aspekt

Für Adler ist Ermutigung die Basis der Psychotherapie im Einklang mit seiner Vorstellung eines verstärkten Minderwertigkeitsgefühls als Kernproblem der Psychopathologie (S. 131). »Das verstärkte Minderwertigkeitsgefühl geht Hand in Hand mit einer mangelhaften Entwicklung des Mutes« (1933b, S. 102), wobei Adler Mut als Aktivität plus Gemeinschaftsgefühl definiert. Der Patient ist ein entmutigter Mensch.

Zustand der Entmutigung

Der Zustand der »Entmutigung« ist in Adlers Äquivalent für Angst als Basis der Psychopathologie zu sehen. Diese Bezeichnung hat den Vorteil, ein positives Gegenstück zu haben in »Mut« als die eigentliche Basis seelischer Gesundheit. Das Gegensatzpaar Entmutigung-Mut stimmt mit Adlers allgemeiner dialektischer Orientierung überein. Unter Bezugnahme auf die Angst kann man andererseits seelische Gesundheit nur als Fehlen von Pathologie, entsprechend einem medizinischen Modell, beschreiben.
Bei der Entmutigung fehlt dem Patienten der Mut, sich auf der sozial nützlichen Seite einzusetzen. Aber er strebt trotzdem nach Erfolg und der Erhaltung seines Selbstwertgefühls, was dem obersten Lebensgesetz im Sinne Adlers entspricht: »Das oberste Gesetz ist... das Wertgefühl des Ich [Selbstwertgefühl] nicht sinken zu lassen« (1933b, S. 155). Der Patient bewegt sich auf der sozial nutzlosen Seite, wo »Erfolge«, wenn es auch Pseudoerfolge oder »Ersatzbefriedigungen« sind (S. 183), leichter und sicherer erreicht werden. Diesen Mangel an Mut findet man auch dort, wo an der Oberfläche kein Minderwertigkeitsgefühl entdeckt werden kann, wie dies allgemein bei Charakterstörungen der

Fall ist. Hier muß dem Patienten an Hand seiner Lebensgeschichte und seiner frühen Erinnerungen gezeigt werden, wie er den Mut verlor, sich auf der sozial nützlichen Seite einzusetzen.

Wir wir gesehen haben, sind sexuelle Störungen Formen der Entmutigung, insbesondere im Hinblick auf das andere Geschlecht. So bezichtigte Adler (1917b) Homosexuelle anfangs einfach der Feigheit. Das Problem der Behandlung war, wie auch bei der Neurose, im wesentlichen »aus einem Feigling einen mutigen Menschen zu machen« (S. 36). Allmählich modifizierte Adler (1918a) diese barsche Formulierung und charakterisierte den Homosexuellen mit folgendem, wobei der erste eingeklammerte Teil 1930 hinzugefügt wurde, der zweite 1924: »(Mangel an Kooperationsfähigkeit,) überstiegener Ehrgeiz und außerordentlich ausgesprochene Vorsicht oder Lebensfeigheit (und ein hoher Grad von Entmutigung, soweit die gesellschaftlich notwendigen Forderungen in Betracht kommen. Auf anderen Gebieten, im Sport, Krieg, Abenteuern usw. kann dagegen Mut und Übermut zutage treten, ebenso wie bei homosexuellen Attacken)« (S. 191).

Aktivierung des Gemeinschaftsgefühls

Wenn man Mut als Aktivität plus Gemeinschaftsgefühl ansieht, dann schließt Ermutigung eine Entwicklung des Gemeinschaftsgefühls ein. »Gemeinschaftsgefühl ist der wichtigste Bestandteil unserer Erziehung, unserer Behandlung und der von uns angestrebten Heilung« (1929d, S. 19). Wenn ein Mensch Solidarität mit anderen empfindet, hat er mehr Mut, den Lebensproblemen ins Auge zu sehen, als in der Isolation. Adler (1933b) sieht Mut »nur als eine Seite des Gemeinschaftsgefühls« (S. 176). »Mut und Zuversicht entwickeln [sich]... aus seinem [günstigen] Kontakt mit der Umgebung« (S. 136). »Mangel an Gemeinschaftsgefühl [äußert sich] in offener oder versteckter Mutlosigkeit« (S. 79). Daraus folgt, daß kriminelle Aktivität »nicht mit Mut verwechselt werden darf« (S. 75). Kriminelle sind bei Adler Feiglinge, die typischerweise völlig wehrlose Opfer angreifen. »Mut [findet sich nur] auf der gemeinschaftsfördernden Seite des Lebens« (S. 75). Adler sieht es als »Aufgabe, die dem Erzieher, dem Lehrer, dem Arzte, dem Seelsorger zufällt: Das Gemeinschaftsgefühl und dadurch den Mut zu heben« (S. 37).

Adler (1956b) betrachtet Psychotherapie als »eine Übung in Kooperation und als eine Prüfung der Kooperation« (S. 317), die damit beginnt, daß der Therapeut sein Gemeinschaftsgefühl auf den Patienten erstreckt. Seine Aufgabe ist es, »dem Patienten das Erlebnis zu vermitteln, mit einem Mitmenschen Kontakt zu haben und ihn dann zu befähigen, dieses erweckte Gemeinschaftsgefühl auf andere zu übertragen. Das... ist genau der Funktion der Mutter analog« (S. 318), deren zweifache Funktion es ist, »dem Kind das vollkommenste Erlebnis von Mitmenschlichkeit zu geben, das überhaupt möglich ist, und dieses Erlebnis dann zu einer Lebenseinstellung zu anderen zu erweitern« (S. 344). Wenn die Mutter hierin versagt hat, wird diese Aufgabe wahrscheinlich viel später dem Psychotherapeuten zufallen. Dabei handelt »es sich um eine verspätete Übernahme der mütterlichen Funktion« (S. 318). Adler erklärt: »Insofern kann das, was die Freudianer Übertragung nennen, losgelöst vom sexuellen Zusammenhang diskutiert werden, es ist nichts anderes als Gemeinschaftsgefühl« (S. 320). Im Ganzen genommen sind die Erfolge anderer Schulen weniger auf ihre Methoden, als darauf zurückzuführen, daß »sie zufällig dem Patienten ein gutes Verhältnis zum Arzt und insbesondere Ermutigung geben würden« (S. 320).

Der Prozeß der Ermutigung und des Trainings

Ein erster und unerläßlicher Schritt ist also eine gute Beziehung zwischen Therapeut und Patient. Im allgemeinsten Sinn ist Ermutigung das Mitteilen einer optimistischen Weltanschauung, in der der Patient sich selbst objektiver als Mitmensch unter anderen sieht – mit allgemein menschlichen Schwächen, die akzeptiert werden müssen. Genauer gesagt, werden Selbstbewertung und der Mut eines Menschen durch Anerkennung seiner vorhandenen Fähigkeiten und Kenntnisse und durch Training weiterer Fähigkeiten erhöht.

Wir müssen auch »die besondere Art der Entmutigung (des Patienten) die sich in seinem Lebensstil äußert, erkennen; wir müssen ihn genau an dem Punkt ermutigen, wo ihn die Zuversicht verläßt« (1931b, S. 48). Von einem ganzheitlichen Gesichtspunkt aus wäre die Verbesserung jeglicher Funktion oder Umstände für das Individuum als Ganzes ermutigend, besonders wenn es durch diese bestimmte Unzulänglichkeit entmutigt wurde. In seinem Vorwort zu einem Buch über plastische Chirurgie erzählt Adler (1936c) zum Beispiel, daß er einmal auf die Frage: »Was ist das Wichtigste im Leben?« antwortete: »Das, was man nicht hat«, womit er das meinte, was man als entmutigenden Mangel empfindet. Wenn dies das Aussehen einer Person betrifft, »so kann ich natürlich die Wichtigkeit der äußeren Erscheinung nicht bagatellisieren«, und erfolgreiche plastische Chirurgie kann sicher ermutigend sein. In diesem Sinne können auch die Ergebnisse der Verhaltenstherapie eine allgemein ermutigende Wirkung haben. Und Verhaltenstherapie ihrerseits bedient sich der Ermutigung durch positive Verstärkung.

Ermutigung empfiehlt sich besonders bei der Behandlung von sexuellen Störungen. »Ohne Ermutigung... ist jeder Erfolg ausgeschlossen« (1930d, S. 97). Das Ziel der Therapie muß also »eine mutigere Stellungnahme zum Leben und zur Gesellschaft« sein (S. 100).
Unter dem Aspekt, daß einige sexuelle Störungen auch aus »eingewurzelten Technizismen« (1930d, S. 104) herstammen können, erwähnt Adler auch ein spezielles Training. Solch ein Training ist schwierig, weil hier »das Training, das bei den Normalen eine so ungeheure wichtige Rolle spielt, nachgeholt werden muß«. »Es handelt sich darum, wie man schlecht vorbereitete und schlecht trainierte Menschen zu einem besseren Training bringen kann, ohne ihnen und der Allgemeinheit Schaden zuzufügen. Daß die Methode hier die ausschlaggebende Rolle spielt, ist zweifellos« (S. 131). Es scheint, daß Adler dadurch einen Spielraum für moderne Sexualtherapie, wie sie von Kaplan (1974), Masters und Johnson (1970) und Barbach (1975) beschrieben wurde, offenließ. Vielleicht könnten auch sexuelle Ersatzpartner (Jacobs, Thompson und Truxaw, 1975) einbezogen werden, vorausgesetzt, daß sie sich professionell verhalten und keinen Schaden anrichten. Beziehungen zu Prostituierten, die zu Adlers Zeiten anscheinend in Fällen von Impotenz empfohlen wurden, betrachtete er als antitherapeutisch. »Der billige und feige Ausweg in die Prostitution erschwert die richtige Lösung und leistet dem Minderwertigkeitsgefühl Vorschub« (1930d, S. 105).
Der emotionale Aspekt mit Aktivierung des Gemeinschaftsgefühls kann unter Umständen genügend Besserung erwirken, daß die folgenden zwei Aspekte sich erübrigen.

Kognitiver Aspekt

Aufdecken und Ändern der Ziele

Der frühe Adler (1913a) betrachtete »die Aufdeckung des neurotischen Systems... (als den) wichtigsten Bestandteil der Therapie. Denn es kann in seiner Gänze nur erhalten bleiben, wenn es dem Patienten gelingt, es seiner eigenen Kritik und seinem Verständnis zu entziehen« (S. 58). Was Adler »aufdeckt« sind Fehler – der Interpretation, der Zielsetzung und des daraus resultierenden Selbsttrainings. Es ist ein wichtiger therapeutischer Vorteil, »immer nur auf Irrtümer, nie auf angeborene Defekte, immer auf Heilungsmöglichkeit und Gleichwertigkeit... hinweisen zu können« (1956b, S. 319).
Als Adler den männlichen Protest vorstellte, schloß er die Behandlung der Homosexualität mit ein, offensichtlich im Hinblick auf Freud, des-

sen Konzept der Bisexualität die Möglichkeit der Behandlung ausschloß. Adler (1910c) erklärt, daß die Dynamik »der Ausweichung vor der gefürchteten Frau« (S. 92) aufgedeckt und bewußt gemacht werden muß. »Damit verschwindet die tendenziöse Hypertrophie... der ›weiblichen und männlichen Züge‹, die kindliche Wertung macht einer gereifteren Weltanschauung Platz« (S. 93). Außerdem muß die Psychotherapie die unsoziale Haltung und die übertriebenen Ziele persönlicher Überlegenheit des Patienten aufdecken und aufheben, und sie »als festgehaltene Utopie zerstören« (1930d, S. 36). Die Auffassung von der »Utopie« des Patienten wurde heute von Watzlawick und anderen (1974) erweitert, die – ähnlich wie Adler – zum Schluß kamen: »Die Ursache ihres Leidens ist die schmerzhafte Kluft zwischen der Welt, wie sie *ist*, und der Welt, wie sie (auf Grund der utopischen Prämissen) *sein sollte*« (S. 77).

Das »Aufdecken« schließt eine neue Interpretation ein, d. h. – es läßt »einen geänderten Bezugsrahmen« (Levy, 1963) zur Wirkung kommen, der die Veränderung erleichtert. Wie wir sehen werden, muß der Patient lernen, die Welt »neu zu sehen«.

Methoden, den Lebensstil zu verstehen

Das Verständnis des Lebensstils und der gesamten Persönlichkeit des Patienten basiert auf Daten, die er selbst liefert. Von diesen fand Adler (1956b) die folgenden besonders wertvoll: »Die... am besten bewährten Zugänge zur Erforschung der Persönlichkeit sind gegeben in einem umfassenden Verständnis (1) der ersten Kindheitserinnerungen, (2) der Position des Kindes in der Geschwisterreihe, (3) irgendwelcher Kinderfehler, (4) in Tag- und Nachtträumen und (5) in der Art des exogenen krankmachenden Faktors. Alle Ergebnisse einer solchen Untersuchung, die auch die Stellung zum Arzt einschließen, sind mit größter Vorsicht zu bewerten und ihr Bewegungsablauf ist stets auf den Gleichklang mit anderen Feststellungen zu prüfen. Auf diese Weise gelingt es, ein getreues Bild vom einheitlichen Lebensstil eines Individuums zu erlangen, gleichzeitig im Falle eines Fehlschlages den Grad der Abweichung zu erfassen, der sich immer als ein Mangel an Anschlußfähigkeit herausstellt« (S. 306). Diese Methoden werden von Adler in verschiedenen Büchern besprochen. Zusammenfassungen seines Standpunktes und weitere Entwicklungen kann man bezüglich Punkt (1) bei Mosak (1958), (2) bei Shulman (1962) und (4) bei Shulman (1969) finden.

Das Verständnis, zu dem der Therapeut auf diese Weise gelangt, wird dem Patienten mit der Absicht vermittelt, daß er es zu seiner eigenen Sache macht und dadurch Einsicht gewinnt.

Training und kognitive Neugestaltung

In Übereinstimmung mit Adlers Betonung des Verhaltenstrainings, einschließlich des normalen und abnormalen sexuellen Verhaltens, ist Psychotherapie als ein Prozeß der Umerziehung zu verstehen, bei dem der anfänglichen Einsicht Training und Umtrainieren folgen. Bereits 1907 stellte Adler fest: »Die Therapie besteht hauptsächlich in der Stärkung gewisser psychischer Felder durch ein psychisches Training... Während und nach der Kur bezwingt er (der Patient) Dinge, die ihm vorher fremd gegenüberstanden... Man macht ihn aus einem unbewußten Spielball der Situationen zu einem bewußten Bekämpfer oder Erdulder seines Schicksals« (Nunberg und Federn 1976, S. 90). In einer späteren Stellungnahme stellt Adler (1918b) fest, daß die intensive Kooperation mit dem Arzt, auf der die Psychotherapie basiert, »als ein Training zu verstehen ist« (S. 213).

Das Training besteht weitgehend darin, den Patienten zu lehren, die Welt, seine Situation und sich selbst anders zu sehen – d. h. nichts weniger als eine allgemeine kognitive Neugestaltung. Der Patient »muß stets die Welt von neuem sehen und seine alte private Anschauung mit einer mehr dem common sense entsprechenden Sicht in Einklang bringen« (1956b, S. 243f). »Die Heilung erfolgt durch Zerstörung des falschen und durch restlose Anerkennung des gereiften Weltbildes» (S. 311). »Der Konstruktionsfehler«, dessen sich das Individuum nicht bewußt war, »wird entdeckt und ein neuer Aufbau erfolgt« (1930a, S. 16).

Der Inhalt dieses erzieherischen Prozesses würde darin bestehen, dem Patienten seinen Lebensstil einschließlich seiner verborgenen Ziele und Grundfehler, wie Adler diese verstand, zu erklären. Folgender Beitrag von Adler (1964a) mag als eine Zusammenfassung seiner Auffasssung über Psychotherapie dienen: »Die Heilung muß darin bestehen, den Patienten mit den Problemen des Lebens zu versöhnen. Er muß in die Lage versetzt werden, die Mängel seines Lebensstils zu sehen und sein Gemeinschaftsgefühl zu entwickeln, dessen wichtige Elemente ein aktiver sozialer Beitrag und eine allgemein mutige Haltung dem Leben gegenüber sind« (S. 138).

Technischer Aspekt

Über die ersten beiden Aspekte schreibt Adler viel. Aber bezüglich spezieller Techniken, die einen therapeutischen Wandel herbeiführen, finden wir nur den Hinweis, daß Psychotherapie »größtes pädagogisches Zartgefühl und die feinsten Mittel« (1930d, S. 36) erfordert. Zwei schmale Bände von ihm (1928a, 1930e), die er *Die Technik der Individualpsychologie* benannte, enthalten nur Falldiskussionen. Das Problem der besonderen Techniken im Sinne von Taktiken und Strategien sollte voraussichtlich in einem dritten Band dieser Serie unter dem Titel »Die Technik und die Stellung des Beraters« (1930e, S. 14) behandelt werden. Aber dieser Band erschien nie. Stattdessen gibt es nur eine Schrift »Die Technik der Behandlung« (1932l), die mit Adlers offenem Eingeständnis beginnt: »Wenn Du mich nicht frägst, so weiß ich es, wenn Du mich fragst, so weiß ich es nicht. So geht es jedem von uns, wenn er von der Technik sprechen soll. Seit Jahren bin ich beschäftigt, darüber zu schreiben – ich zögere, nicht, weil ich es nicht weiß, es ist automatisch bei mir geworden, aber eine Beschreibung scheitert daran, daß sich hier nichts in Regeln fassen läßt. Hier zeigt sich das Künstlerische der Individualpsychologie am deutlichsten« (S. 253).

Letztenendes ist Psychotherapie natürlich eine Kunst; dennoch können gewisse Techniken aus Adlers Schriften herausgelesen werden, die über die von ihm erwähnten Grenzen hinausgehen. Zu Adlers Zeit war man jedoch noch nicht so weit, sich auf Taktiken und Strategien als solche zu konzentrieren. Freud und Jung beschränken sich – mehr noch als Adler – ebenfalls auf mehr allgemeine Betrachtungen.

Heute sind die Herausarbeitung und systematische Betrachtung der von Adler benützten Techniken unter anderem durch die Arbeiten von Rychlak (1968, 1973), Haley (1963, 1969) und Watzlawick und anderen (1967, 1974), auf die wir uns bereits früher bezogen haben, sehr gefördert worden. Die beiden letzteren vertreten eine Kommunikationstheorie der Psychotherapie, die ursprünglich von Ruesch und Bateson (1951) geschaffen wurde und die in vielen Punkten Adlers Theorie sehr nahe kommt.

Alle Spezialtechniken Adlers hängen mit seinem allgemein ganzheitlichen und dialektischen Standpunkt zusammen.

»Reframing«

Technisch gesehen kann der Prozeß der Psychotherapie gut als »reframing« (Umdeutung) bezeichnet werden. Watzlawick und andere (1974), die den Begriff einführten, erklären: »Eine Umdeutung besteht also darin, den begrifflichen und gefühlsmäßigen Rahmen, in dem eine Sachlage erlebt und beurteilt wird, durch einen anderen zu ersetzen, der den Tatsachen der Situation ebenso gut oder sogar besser gerecht wird, und dadurch ihre Gesamtbedeutung ändert« (S. 118).

Wie vorher erwähnt, ist das, was Adler zuerst »aufdecken« nannte, in

Wirklichkeit eine neue Interpretation, die »einen anderen Bezugsrahmen« zur Anwendung bringt. Adler (1927f) stellte dieses Konzept in den folgenden Ausführungen vor, aber erwähnte es dann nur bei wenigen Gelegenheiten. »Nun schwebt ja das normale *Lebensbezugssystem* auch dem Nervösen vor... Aber sein Benehmen... folgt... einem anderen System. Wir haben hier also zwei Bezugssysteme vor uns... das normale... das alle Logik, alle Weltvernunft umfaßt... [und daneben] private Bezugssysteme, die mit dem ersteren nicht mehr zu identifizieren sind. So, wenn ein sehr verzärteltes Kind... ein Verhalten zeigt, das von vornherein erfordert, daß man ihm alles auf dem Präsentierteller entgegenbringt, daß sich immer jemand finden soll, der sich in seinen Dienst stellt« (S. 179). Weiterhin sagt er: »Die Ersetzung des neurotischen Bezugssystems durch ein mitmenschliches – und das ist die Aufgabe der Individualpsychologie – ist gleichbedeutend mit der Ermutigung des Patienten« (1930d, S. 73f).
Während Adler hier in Übereinstimmung mit seiner Theorie betreffs eines neurotischen oder privaten versus eines normalen Bezugssystems verallgemeinert, stellt sich das Problem des ›reframing‹ konkret in jedem speziellen Fall anders.

Humor und ›Reframing‹
Sehr oft wird in der Psychotherapie der Humor in Bezug auf seine affektiven Qualitäten diskutiert und Adler (1956b) wandte ihn durchwegs in diesem Sinne an. Aber darüber hinaus benutzte er Scherze, um die Möglichkeit der Veränderung des Bezugsrahmens zu demonstrieren und dadurch die Lösung eines Problems zu finden. »Ich habe es immer als ungeheuren Vorteil gefunden, das Spannungsniveau in der Behandlung soweit als möglich niedrig zu halten, und ich habe es geradezu zu einer Methode entwickelt, fast jedem Patient zu sagen, daß es Scherze gibt, die der Struktur seiner eigenartigen Neurose vollkommen gleich sind, daß letztere also auch leichter genommen werden könnte, als er es tut« (S. 322).
In einem Aufsatz über Neurose und Witz schrieb Adler (1927f): »Wenn wir die Sichtweise des privaten Bezugsrahmens des Neurotikers anwenden, finden wir, daß die Neurose und der Witz ähnliche Merkmale haben. Während der Zuhörer seine Auffassung dem normalen Bezugssystem entsprechend anwendet, bringt der Erzähler plötzlich ein neues Bezugssystem hinein, das... eine ganz neue Beleuchtung hineinträgt... Was da vorgeht, spaltet sich plötzlich in zwei Betrachtungsweisen. Das Wesentliche an der Anekdote ist dieses doppelte Bezugssystem, und hier sehen wir die Verwandtschaft mit der

anderen »Kunstform«, der Neurose... Ein guter Witz kann aber nur jener sein, bei dem die beiden Bezugssysteme annähernd gleichen Geltungswert zu haben scheinen... Die Neurose ist deshalb eher mit einem schlechten Witz zu vergleichen, weil ihre eigentlichen Bezugssysteme... entwertet... scheinen. Wir haben auch seit jeher eine große Neigung, dem Nervösen seinen Irrtum anhand von Anekdoten klarzumachen, um zu zeigen, daß er ein zweites Bezugssystem hat... und daß er sein vorliegendes Problem entsprechend diesem System... in Einklang zu bringen sucht. Hier liegt ein Hauptangriffspunkt der Therapie« (S. 179–181 in anderer Reihenfolge).

Zusammenhangsbetrachtung

Bei Adler war »reframing« meistens Zusammenhangsbetrachtung, d. h. Betrachtung eines Symptoms im Zusammenhang mit dem Lebensstil und der Situation des Patienten. Verlust des größeren Zusammenhangs ist charakteristisch für den Bezugsrahmen des Neurotikers. Adler spricht von der »Enge des Bezugssystems der... ›Abnormalen‹«, bei welcher »die Mannigfaltigkeit, der Wechsel der Erscheinungen, die Anpassung an neue Fragen und Forderungen des Tages, des Lebens ausgeschaltet« werden (1930j, S. 37). »Die Tendenz zur Ausschaltung tritt am stärksten bei der reinen Homosexualität zutage« (1933b, S. 118). Es gibt »Heilerfolge mit allen möglichen Mitteln, vor allem aber (durch) die Einsicht in den tieferen Zusammenhang und die großen, auf Ermutigung gerichteten Vorzüge der individualpsychologischen Behandlung« (1930d, S. 104).

Eine Situation in ihrem größeren Zusammenhang zu sehen, ist auch sachlich der bessere Zugang, denn das Verhalten eines Menschen beeinflußt seine soziale Umgebung, wie auch die letztere als wichtiger Faktor sein Verhalten beeinflußt. »Es ist ein irreparabler Fehler, Symptome aus ihrem naturgegebenen Zusammenhang zu reißen und isoliert zu betrachten. Ein solcher, derzeit in der Neurosenpsychologie noch allgemein geübter Vorgang, gleicht dem Beginnen, aus einer Melodie eine Note herauszunehmen und einzeln zu betrachten. Für das Verständnis nervöser Erscheinungen ist ihr gesellschaftlich gegebener und sich gesellschaftlich auswirkender Zusammenhang streng im Auge zu behalten« (1930d, S. 106). Die Ähnlichkeit mit dem Standpunkt der Gestaltpsychologie ist offensichtlich.

Konfliktlösung

Der Einbezug eines größeren Rahmens ist der dialektische Zugang zur Konfliktlösung. Er ist die Synthese auf einer anderen Gesprächsebene und läßt die Ursprungsthese und Antithese hinter sich. Adler bediente sich stets dieses Prinzips, sowohl bei »intrapersonellen« als auch bei zwischenmenschlichen Konflikten.

Unentschiedenheit oder Ambivalenz, die als innerer Konflikt angesehen werden können, wurden von Adler interpretiert, indem er vom subjektiven zum objektiven Niveau überging. Wenn ein Individuum unentschieden ist, ist das objektive Ergebnis, daß nichs passiert – der Status quo bleibt beibehalten. Aus diesem Ergebnis folgert Adler, daß der Sinn der Unentschiedenheit die Erhaltung des Status quo sei. Mit dieser Deutung rekonstruiert Adler die Situation für den Patienten. Indem der Patient die Situation nun anders sieht, mag er leichter auf die eine oder andere Art aus seiner Unentschlossenheit herauskommen. Bei der »psychologischen Struktur des Zweifels... bestehen nicht etwa zwei verschiedene Ziele, sondern ein einziges: Stillstand!« (1956b, S. 226). »Es ergibt sich mit Sicherheit, daß in der Psyche des Nervösen alle scheinbar gegensätzlichen Regungen: Liebe und Haß, Trotz und Gehorsam, Herrschaft und Unterwerfung, Sadismus und Masochismus, Aktivität und Passivität, Homosexualität und Heterosexualität nur Mittel sind, um den fiktiven Endzweck einer Allüberlegenheit zu erreichen. Damit verschwindet aber ihre Gegensätzlichkeit!« (1930d, S. 48). In ähnlicher Weise betrachtete Adler (1925i) das Problem des Schwangerschaftsabbruchs nicht nur vom Standpunkt der Frau aus, sondern aus einem breiteren Blickwinkel, nämlich der Wohlfahrt des zukünftigen Kindes, das mit hineinverwickelt ist (vergl. S. 23).

Das hervorragendste Beispiel für eine zwischenmenschliche Problemsituation, die Adler umdeutet (reframes), indem er sie in einen größeren Zusammenhang stellt, ist die Ehe. Zuerst strukturiert er diese Situation von einem Problem eines Menschen in ein Problem von zwei Menschen um. Die Ehe ist eine Aufgabe für zwei. Dann weitet er den Zusammenhang noch viel weiter aus, indem er erklärt, daß sie nicht nur eine private Angelegenheit der zwei beteiligten Personen sei, sondern durch die Möglichkeit von Kindern eine Sache der Gemeinschaft und der Gesamtmenschheit. Adler konstruiert die Ehe als ein Ereignis von sozialer Bedeutung (vergl. S. 71f).

Dialektische Deutung

Adler (1912a) bemerkte, daß Gegensatzpaare wie »Unten-Oben« zusammen eine Kategorie bilden, »von denen bei jedem (der Teile) antithetisch das andere mitgedacht wird« (S. 217). Aber der Mensch ist sich meistens der implizierten Antithese in vielen seiner Gedanken nicht bewußt. So ist es bei der psychologischen Deutung sehr hilfreich, wenn der Therapeut dem Patienten dialektisch zuhört und ihm zusieht – d.h.: sich fragt, welche Gegensätze mit gewissen Aussagen und Handlungen des Patienten gepaart werden könnten. Solch eine dialektische oder bipolare Auffassung hat beträchtliche Folgen für die Umdeutung, die als das Wesentliche der Psychotherapie angesehen werden kann.

So kann ein Flugtraum, oben-sein, auf eine Situation und ein Gefühl von Minderwertigkeit hindeuten, von denen der Träumer entfliehen möchte. Adler (1912a) deutete den Traum eines Mädchens, es sei »mondsüchtig geworden (und) allen Leuten auf den Kopf gestiegen« (S. 219), auf Grundlage des Zusammenhangs, in dem der Traum erstand, wie folgt: Wie man auf meinen Kopf tritt, so werde ich auf die Köpfe anderer treten. Zwei weitere Beispiele sind: Der Mensch, der sich selbst »als zu gut für jeden Beruf« betrachtet, mag sich in Wirklichkeit als nicht gut genug (1926a, S. 101) ansehen. Die Furcht eines Mädchens vor Angriffen kann ein Ausdruck von »reiner Eitelkeit« (S. 112) sein.

In Bezug auf die dialektische Deutung von Handlungen erzählte Adler (1956b) gern die folgende Geschichte: »Als Sokrates einst einen Sophisten in durchlöchertem Mantel sah, rief er ihm zu: ›Jüngling von Athen, aus den Löchern deines Mantels guckt die Eitelkeit!‹ Bescheiden und eitel zugleich!« (S. 226). Selbstzugefügter Schaden wird von Adler mit dem Versuch, andere zu verletzen, verknüpft (S. 323f). Ein weiteres einfaches Beispiel sind Eßschwierigkeiten bei Kindern, die auf eine Betonung des Essens durch wichtige Erwachsene hindeuten.

Eine umfassende Aussage über die Dialektik ist: »Während der Patient den einen Punkt betrachtet, müssen wir uns den anderen anschauen. Er betrachtet seine Hindernisse, wir müssen uns seinen Versuch anschauen, seine fiktive Überlegenheit zu schützen und seinen Ehrgeiz zu retten« (1964a, S. 199). Diese Umdeutung bedeutet eine Verschiebung von der Kausalität zur Finalität sowie eine Verschiebung beim Reiz-Antwort-Paar, von der Reiz- oder passiven Seite zur Antwort- oder aktiven Seite, eine Technik, die in der ganzen Adlerschen Psychotherapie angewandt wird. Wenn der Patient jeweils erzählte, was ihm passiert ist oder was der andere tat, pflegte vor allem Dreikurs (1972) stets zu fragen: »Und was haben *Sie* daraufhin gemacht?« (S. 205, 211, 215).

Weitere spezifische Beispiele für Adlersche dialektische Deutung sind bei Mosak und Gushurst (1971) zu finden. Abhängigkeit wird als Kontrolle anderer, als Haltung, sie in den eigenen Dienst zu nehmen, gedeutet; Schuldgefühl als ein Bitten um Freispruch; jegliche Selbstanklage als Entschuldigung dafür, Verantwortung übernehmen zu müssen; und dem Therapeuten zu schmeicheln als Vorbereitung darauf, ihn später niederzuschlagen, usw. All dies bezieht sich auf Adlers grundsätzlich dialektische Deutung des Symptoms, als einer Erfindung, durch die der Patient sein Selbstwertgefühl im Rahmen seines irrtümlichen Lebensstils schützt.

Paradoxe Kommunikation

Da das menschliche Bewußtsein dialektisch funktioniert, sind die Menschen zu »paradoxer Kommunikation« fähig, (Watzlawick und andere, 1967, S. 171–226), d. h., sie können gleichzeitig widersprüchliche Botschaften ausdrücken. Genauer gesagt: in der paradoxen Kommunikation wird das eine Ende einer bipolaren Konstruktion offen ausgedrückt, während auf einer anderen Ebene und dem Menschen unbewußt das andere Ende ebenfalls zum Ausdruck kommt. Von diesem Standpunkt aus können die Aussagen und Handlungen des Patienten, wenn man sie dialektisch deutet, als seine paradoxe Kommunikation verstanden werden. Obwohl Adler diese Auffassung nicht wörtlich vertreten hat, beschrieb er sie, als er z. B. sagte, daß im Falle von Impotenz die Worte des Patienten die eine Absicht ausdrücken, während »seine Sexualorgane eine andere Sprache sprechen« (1930d, S. 108).

Da der Patient den widersprüchlichen Teil seiner Kommunikation vor seinem Bewußtsein versteckt, spricht Adler von »Selbstbetrug« (S. 52), durch den sich der Patient von Verantwortung befreit. Der Neurotiker wird immer seine Eltern, das Schicksal, sein Aussehen, die Erziehung beschuldigen – alles Erdenkliche, denn sein Lebensplan »verlangt kategorisch, daß er durch fremde Schuld scheitere, daß seine persönliche Verantwortung dabei aufgehoben sei« (1956b, S. 257). Watzlawick und andere (1967) drücken denselben Gedanken aus: »Die Kommunikationstheorie faßt ein Symptom als eine nonverbale Botschaft auf: Nicht ich bin es, der dies (tun oder) nicht tun will, es ist etwas außerhalb meiner Kontrolle – z. B. meine Nerven, meine Krankheit, meine Angst... oder meine Frau« (S. 80).

Da die Neurose oder das Symptom paradoxerweise diese Botschaft bereits in sich trägt, werden sie wahrscheinlich einem direkten Angriff widerstehen. Jedoch sind sie einer paradoxen Kommunikation seitens des Therapeuten zugänglich. Diese Technik ist von vielen Psychotherapeuten und unter vielen verschiedenen Namen angewendet worden (siehe Watzlawick und andere 1967, S. 237f). Uns gefällt der Name »paradoxe Intention« von Frankl (1960), der damit eine therapeutische Intervention bezeichnet, die auf das Gegenteil ihrer offensichtlichen Bedeutung hinzielt. In dem folgenden kurzen Dialog führt Fay (1976) ein ausgezeichnetes Beispiel an. Patient: »Ich bin wirklich wertlos«. Therapeut: »Jawohl, so ist es«. Patient: »Ich weiß, was Sie versuchen. Es ist ein Trick, aber es wird nicht gelingen«. Therapeut: »Es ist interessant, daß, wenn Sie sagen, daß Sie wertlos seien, es sich nicht lächerlich oder wie ein Trick anhört, aber wenn ich das Gleiche sage, klingt es so«.

Die allgemeinste Anwendung des therapeutischen Paradoxon ist, »das Symptom zu verschreiben« (besonders bei Haley, 1963). Diese Technik wurde von Adler häufig verwendet. Wenn sich ein Patient beklagte, »es gibt nichts, was ich gern tue,« würde ihm Adler (1956b) verordnen: »Tun Sie niemals etwas, das Sie nicht gern tun« (S. 323). Einem unentschlossenen Patienten, der schließlich fragte: »Was soll ich tun?« pflegte Adler zu sagen: »Tun Sie noch ein paar Monate länger, was Sie bisher getan haben. Vor allem, tun Sie nichts überstürzt!« (Wexberg, 1927, S. 101).

Mozdzierz und andere (1976) haben die Geschichte und die Dynamik des Paradoxon in der Adlerschen Psychotherapie als angewandte Dialektik beschrieben und zwölf Typen der paradoxen Intervention herausgearbeitet. Während solche Interventionen »in sich selbst widersprüchlich und manchmal sogar absurd« sind, sind sie immer in ihrer Absicht konstruktiv und »im Einklang mit und nicht im Gegensatz zum symptomatischen Verhalten, während sie gleichzeitig Eigenschaften wie Einfühlung, Ermutigung und Humor enthalten und zu verstärktem Gemeinschaftsgefühl führen« (S. 169).

Vorbeugung

Aus seiner Überzeugung heraus, daß Homosexualität das Resultat von frühem falschem Training und Selbsttraining ist, folgt, daß Adler (1930d) sich viele Gedanken über die primäre Vorbeugung machte. »Unsere Befunde (sind) vielmehr geeignet der Prophylaxe der Homosexualität als einer so ungemein schwierigen Therapie das Wort zu reden« (S. 41). »Die Beseitigung der Homosexualität ist eine Erziehungsfrage der Kinder« (S. 36). Adlers Plan für eine solche Vorbeugung ist sehr einfach. »In der Kinderstube wird sich als wichtigste Forderung geltend machen, dem Kinde den Mut nicht zu nehmen, ihm die Fragen seines zukünftigen Lebens nicht zu verdunkeln, [und] seine Geschlechtsrolle von allem Anfang an als feststehend und unabänderlich sicherzustellen« (S. 36f), wobei eigentlich nur die dritte Forderung speziell für die Homosexualität von Bedeutung ist.

Da Adlers Theorien von der Psychopathologie und Psychotherapie einschließlich des Selbsttrainings im allgemeinen Lerntheorien waren, betrachtet er die Vorbeugung als immer möglich. Er schrieb spezielle Arbeiten über die Vorbeugung von Neurosen und Delinquenz (1935 m, 1935 l). Die Vorbeugung zielt auf die frühe Aneignung einer mutigen, kooperativen, verantwortungsbewußten Haltung den Lebensproblemen gegenüber ab und auf die Vermeidung des Gegenteils. Aus diesem allgemeinen Engagement heraus stammt Adlers Interesse an der Sexualerziehung für Kinder (S. 85f) und an vorehelicher und ehelicher Beratung (S. 87f), wobei er das Problem so formulierte: »Wie können wir es anstellen, in Liebesbeziehungen irgendwelche Fehlschläge zu verhindern?« (1926a, S. 99).

Neben seinen schriftlichen Arbeiten zu diesem Thema und vielen Vorträgen setzte sich Adler besonders innerhalb des Wiener Schulsystems für die Vorbeugung ein. Aus seiner Überlegung heraus, daß seelischen Störungen bei Erwachsenen am besten durch die Korrektur früher Irrtümer in der Haltung des Kindes vorgebeugt werden kann, zog er den Schluß, daß es wichtig ist, mit den Lehrern, durch die theoretisch jedes Kind erreicht werden kann, zusammenzuarbeiten. So begann Adler die Lehrer zu schulen und hielt am Pädagogischen Institut der Stadt Wien über Jahre hinweg Vorlesungen für viele hunderte von ihnen. Zusammen mit seinen Mitarbeitern errichtete er zahlreiche Erziehungsberatungsstellen, die früher erwähnt wurden.

Rat an eine junge Sozialarbeiterin

Bei mehreren Gelegenheiten haben wir auf Adlers Flexibilität und undogmatischen Standpunkt trotz einiger gegenteilig klingender Aussagen hingewiesen. Er pflegte seine Zuhörer zu warnen: »Vergleichen Sie sehr sorgfältig und glauben sie niemandem aufs Wort – mir auch nicht!« (1930e, S. 186). Adler glaubte, daß er »an keine strenge Regel und Voreingenommenheit gebunden« sei und daß er »vielmehr dem Grundsatz huldige: alles kann auch anders sein«. Statt Regeln betone er »Anschmiegsamkeit und Einfühlung in Nuancen« (1933b, S. 22).

Es war nicht Adlers Hauptziel, eine Theorie zu beweisen. Seine Absicht war es, bestimmten einzelnen Menschen zu helfen. So war der einzige Punkt, der bei ihm unverändert blieb, der Einsatz für das Wohlergehen des einzelnen im Einklang mit dem Wohlergehen der Menschheit. Adler (1956b) sah seine Individualpsychologie in Verbindung »mit allen großen Bewegungen (durch den) gleichsinnigen Drang... nach Höherentwicklung der Menschheit, zum Wohle der Gesamtheit« (S. 423).

Adlers Mangel an Dogmatismus und unvoreingenommener Betrachtungsweise gegenüber jedem einzelnen Problem kennzeichnet ihn besonders als Praktiker und Mensch. In Bezug auf sexuelle Störungen, wo er oft besonders dogmatisch klingt, wird seine eigentliche Aufgeschlossenheit gut durch die folgende Anekdote illustriert, mit der wir schließen wollen. Diese Anekdote wird von Elizabeth H. McDowell (1977) erzählt und stammt aus den dreißiger Jahren, als Adler Professor am Long Island College of Medicine in Brooklyn, dem heutigen Downstate Medical Center, State University of New York, war und die Erzählerin sich zwecks Ausbildung zur Sozialarbeiterin in New York aufhielt. Sie schreibt:

»Unter meinen kultivierteren Klienten war ein sehr umgänglicher, hochintelligenter junger Mann von einundzwanzig Jahren, der mit einem älteren Mann ›in Sünde lebte‹... Auf den Vorschlag meines Supervisors, daß wir von der Anwesenheit Dr. Adlers profitieren sollten, faßte ich den Fall von John zusammen und schickte ihn an Dr. Adler, mit der Bitte um Rat für die Behandlung. Er gewährte mir ein Interview... Adler sah einen Moment lang auf meinen Bericht... dann blickte er mich über seine Brille hinweg an: ›Sie sagen, John sei ein Homosexueller?‹

›Oh ja‹, antwortete ich.

›Und würden Sie sagen, daß er glücklich ist?‹

›Oh ja‹ antwortete ich.

›Nun‹, sagte er, lehnte sich in seinem Drehstuhl zurück und steckte seine Daumen in seine Weste, ›warum lassen wir ihn nicht in Ruhe? Hm?‹. Und er fügte ein paar Worte darüber hinzu, wie wenig man über den sexuell Abweichenden weiß.«

Literaturverzeichnis

Hinweise

Das Literaturverzeichnis besteht aus zwei Teilen. Zu Teil 1, Schriften Alfred Adlers: Die Jahreszahlen und Buchstaben der Schriften folgen deren Anordnung in der Adler-Bibliographie im Fischer Taschenbuch 6748, die auch anderwärts befolgt wird. Im Buchtext bezieht sich die Jahreszahl des Zitats auf die ursprüngliche Quelle, die Seitenzahl jedoch auf den Wiederabdruck des zitierten Textes in der Alfred-Adler-Werkausgabe des Fischer Taschenbuch Verlags. Ausnahmen von dieser Regel bilden jene Texte Adlers, die nicht in der Werkausgabe enthalten sind; diese Zitate wurden übersetzt, unter Beibehaltung der Quellenangaben von Heinz L. Ansbacher. Seitenangaben zu Zitaten aus Heinz L. und Rowena R. Ansbacher *Alfred Adlers Individualpsychologie* (1956b) beziehen sich auf die deutsche Ausgabe.
Teil 2, Schriften anderer Autoren: Nur wenige englische Quellen wurden zusätzlich mit dem deutschen Titel wiedergegeben. Im Wesentlichen handelt es sich bei den Zitaten im Text um Übersetzungen der englischen Originale. Ausnahmen bilden Texte aus August Bebel: *Die Frau und der Sozialismus*, aus Henri Ellenberger: *Die Entdeckung des Unbewußten* (1973), Zitate aus Sigmund Freuds Schriften, aus H. Nunberg und E. Federn: *Protokolle der Wiener Psychoanalytischen Vereinigung* (1976, 1977, 1979) und aus Paul Watzlawik (1969), wobei das Zitat im Kapitel »Andere sexuelle Störungen« aus dem englischen Original plastischer ist und daher beibehalten wurde. – Die Anekdote betreffs der dänischen Bildhauerin Thyra Boldsen befindet sich nur in der englischen Ausgabe von Hertha Orglers Adler-Biographie (1963) und wurde deshalb übersetzt.

Schriften Alfred Adlers

1905a »Das sexuelle Problem in der Erziehung.« Neue Gesellschaft (Berlin), 8, S. 360–362, [Repr.: 1977c].

1907a Studie über Minderwertigkeit von Organen. Wien (Urban & Schwarzenberg), 92 Seiten. [Repr.: 1927c; 1977b].

1908b »Der Aggressionstrieb im Leben und in der Neurose.« Fortschr. Med. 26, S. 577–584. [Repr.: 1914a; 1928n; 1973c, S. 53–62].

1908e »Die Theorie der Organminderwertigkeit und ihre Bedeutung für Philosophie und Psychologie.« Univ. Wien, Phil. Gesellschaft, Wiss. Beil., 21, S. 11–26. [Repr.: 1914a; 1928n; 1973c, S. 42–53].

1909d »Zur Psychologie des Marxismus.« In: 1977d, S. 155–156.

1910b »Über den Selbstmord, insbesondere den Schülerselbstmord.« Diskuss. Wien. psychoanal. Ver. No. 1, Wiesbaden (Bergmann), S. 44–50. [Repr.: 1914a; 1973c, S. 344–350].

1910c »Der psychische Hermaphroditismus im Leben und in der Neurose.« Fortschr. Med. 28, S. 486–493. [Repr.: 1914a; 1928n; 1973c, S. 85–93].

1910d »Trotz und Gehorsam.« Monatsh. Pädag. Schulpol. 2, S. 321–328. [Repr.: 1914a; 1928n; 1973c, S. 210–218].

1910f »Die psychische Behandlung der Trigeminusneuralgie.« Zbl. Psychoanal. 1, S. 10–29. [Repr.: 1920a; 1974a; S. 91–111].

1910n »Psychischer Hermaphroditismus«. In: 1977d, S. 384–388.

1911b »Verdrängung und ›männlicher Protest‹: ihre Rolle und Bedeutung für die neurotische Dynamik«. In: 1914a, S. 103–114. [Repr.: 1928n; 1973c, S. 102–113].

1911c »Über männliche Einstellung bei weiblichen Neurotikern.« Zbl. Psychoanal. 1, S. 174–178 [Repr.: 1920a stark erweitert; 1974a, S. 120–151].

1911h »Einige Probleme der Psychoanalyse«. In: 1979c, S. 103–111. (S. 104–105 Kurzfassung von 1911a, gefolgt von einer Diskussion, S. 105–111.)

1911i »Der männliche Protest als Kernproblem der Neurose«. In: 1979c, S. 139–143.

1912a Über den nervösen Charakter: Grundzüge einer vergleichenden Individual-Psychologie und Psychotherapie. Wiesbaden (Bergmann) V + 195 Seiten [Repr.: 1919c; 1922c; 1928k; 1972a].

1913a »Individualpsychologische Behandlung der Neurosen«. In: D. Sarason (Hrsg.), I. Jahreskurse für ärztliche Fortbildung. München (Lehmann), S. 39–51. [Repr.: 1920a; 1974a, S. 48–66].

1913f »Der nervöse Charakter.« Sozial. Mschr. 19. [Repr.: 1914a, S. 140 bis 150, 1928n; 1973c, S. 123–133].

1913h »Zur Rolle des Unbewußten in der Neurose.« Zbl. Psychoanal. 3, S. 169–174. [Repr.: 1920a; 1974a, S. 234–241].

1914a (Herausgeber mit Carl Furtmüller) Heilen und Bilden: ärztlich-pädagogische Arbeiten des Vereins für Individualpsychologie. München (Reinhardt), VIII und 399 Seiten. Orig.: 1904a; 1907b; 1908b; c, d, e; 1909a; 1910b, c, d; 1911a, b; 1912 c, f; 1913d, f; 1914c; [Repr.: 1922a; 1928n; 1973c].

1914d »Melancholie und Paranoia: individualpsychologische Ergebnisse aus den Untersuchungen der Psychosen.« In: 1920a, S. 171–182 [Repr.: 1930q; 1974a, S. 265–280].
1914f »Soziale Einflüsse in der Kinderstube.« Pädag. Arch. 56, S. 473 bis 487.
1918a »Über die Homosexualität.« In: 1920a, S. 127–135 [Repr.: 1974a, S. 188–202].
1918b »Die Zwangsneurose.« In: 1920a, S. 136–143 [Repr.: 1974a, S. 203 bis 213].
1918e »Bolschewismus und Seelenkunde.« Int. Rundsch. (Zürich) 4, S. 597–600 (gekürzte Fassung von 1919b).
1919a Die andere Seite: eine massenpsychologische Studie über die Schuld des Volkes. Wien (Leopold Heinrich), 16 Seiten.
1920a Praxis und Theorie der Individualpsychologie: Vorträge zur Einführung in die Psychotherapie für Ärzte, Psychologen und Lehrer. München (Bergmann) 244 Seiten. [Orig.: 1909b; 1910f; 1911c, d, f; 1912d, e; 1913a, b, c, d, g, h, j; 1914d, h, j, k, l, m, p; 1918a, b, c, d, f; 1920b, c, d; Repr.: 1924j; 1927s; 1930q; 1974a].
1921 »Wo soll der Kampf gegen die Verwahrlosung einsetzen?« Soz. Praxis (Wien). [Repr.: 1922a; 1928n; 1973b, S. 340–343].
1923b »Danton, Marat, Robespierre: eine Charakterstudie.« Arbeiter-Zeitung (Wien), 25. Dezember, S. 17–18.
1924a »Die Strafe in der Erziehung.« Arbeiter-Zeitung (Wien), 14. Juni, S. 12.
1924j Praxis und Theorie der Individualpsychologie. 2. Aufl. München (Bergmann) 1924. [Orig.: 1920a und 1912h; Repr.: 1927s; 1930q; 1974a].
1924m »Training« Int. Z. Indiv. psychol. 2 (16), S. 39.
1924n »Kritische Erwägungen über den Sinn des Lebens.« Int. Z. Indiv. psychol. 3 (1925), S. 93–96. [Orig.: 1924g; Repr.: 1982a, S. 79 bis 83].
1925a *The practice and theory of Individual Psychology*, trans. P. Radin. (London: Routledge & Kegan Paul; reprinted, Totowa, N. J.: Littlefield, Adams, 1968); Repr.: 1930q; 1974a.
1925c »Unerziehbarkeit des Kindes oder Unbelehrbarkeit der Theorie? Bemerkungen zum Falle Hug.« Arbeiter-Zeitung (Wien), 5. März, S. 6.
1925g »Diskussionsbemerkungen zum Vortrage des Prof. Max Adler.« Int. Z. Indiv. psychol. 3, S. 221–223.
1925i »Erörterungen zum Paragraph 144.« Int. Z. Indiv. psychol. 3, S. 338–340. [Teilweise repr.: 1982a, S. 102/103].
1926a Liebesbeziehungen und deren Störungen. Wien/Leipzig (Moritz Perles), 23 Seiten. [Repr.: 1982a, S. 99–118].
1926d »Geleitwort.« In: Indiv. u. Gemeinsch. Nr. 1, S. IX–XI. München (Bergmann).

1926e »Psychische Einstellung der Frau zum Sexualleben.« In: A. Bethe u. a. (Hrsg.), Handb. norm. path. Physiol., Band 14 (1). Berlin (Springer), S. 802–807. [Repr.: 1930d; 1977a, S. 114–122].

1926f »Psychosexuelle Haltung des Mannes.« In: A. Bethe u. a. (Hrsg.), Handb. norm. path. Physiol., Band 14 (1). Berlin (Springer), S. 808–812. [Repr.: 1930d; 1977a, S. 123–131].

1926h »Homosexualität.« In: A. Bethe u. a. (Hrsg.), Handb. norm. path. Physiol., Band 14 (1). Berlin (Springer), S. 881–886. [Repr.: 1930d; 1977a, S. 78–87].

1926i »Sadismus, Masochismus und andere Perversionen.« In: A. Bethe u. a. (Hrsg.), Handb. norm. path. Physiol., Band 14 (1). Berlin (Springer), S. 887–894. [Repr.: 1930d; 1977a, S. 90–101].

1926j »Sexualneurasthenie.« In: A. Bethe u. a. (Hrsg.), Handb. norm. path. Physiol., Band 14 (1). Berlin (Springer), S. 895–899. [Repr.: 1930d; 1977a, S. 102–108].

1926k »Die Individualpsychologie als Weg zur Menschenkenntnis.« In: J. Neumann (Hrsg.), Du und der Alltag: eine Psychologie des täglichen Lebens. Berlin (Warneck) S. 211–236. [Repr. 1982a, S. 135–157].

1926o »Vorrede.« In: H. F. Wolf, Strategie der männlichen Annäherung. Wien (Ilos), S. 9–14.

1926q »Die Ehe als Aufgabe.« Int. Z. Indiv. Psychol., S. 22–24. [Orig.: 1926p].

1927a Menschenkenntnis. Leipzig (Hirzel), VII + 236 Seiten; [Repr.: 1928o; 1947a; 1966d].

1927f »Zusammenhänge zwischen Neurose und Witz.« Int. Z. Indiv. psychol. 5, S. 94–96. [Repr.: 1982a, S. 178–181].

1928a Die Technik der Individualpsychologie: Erster Teil. Die Kunst, eine Lebens- und Krankengeschichte zu lesen. München (Bergmann), VI und 146 Seiten [Repr.: 1974b].

1928c »Erotisches Training und erotischer Rückzug.« In: M. Marcuse (Hrsg.), Verhandl. 1. Int. Kongr. Sexualwiss., Berlin, 1926, Band 3, Berlin, Köln (Marcus & Weber), S. 1–7. [Repr.: 1982a, S. 215 bis 223].

1928f »Kurze Bemerkungen über Vernunft, Intelligenz und Schwachsinn.« Int. Z. Indiv. psychol. 6, S. 267–272. [Repr.: 1982a, S. 224 bis 231].

1928k Über den nervösen Charakter. Grundzüge einer vergleichenden Individual-Psychologie und Psychotherapie. 4. Aufl. München (Bergmann). [Repr.: 1972a].

1928m »Psychologie der Macht.« In: Franz Kobler (Hrsg.), Gewalt und Gewaltlosigkeit: Handbuch des aktiven Pazifismus. Zürich (Rotapfel-Verlag), S. 41–46. [Repr.: 1982a, S. 232–237].

1929b Individualpsychologie in der Schule: Vorlesungen für Lehrer und Erzieher. Leipzig (Hirzel) VIII und 114 Seiten [Repr.: 1973b].

1929c Problems of neurosis: a book of case histories. Ed. P. Mairet. Mit einem Vorwort von F. G. Crookshank. London (Kegan Paul, Trench, Trubner), XXXVII und 178 Seiten. [Repr.: 1964d; Übersetzung: 1981a].
1929d The science of living. Mit einem Vorwort von P. Mairet. New York (Greenberg), 264 Seiten. [Übersetzung: 1978b].
1930a The education of children. Trans. Eleanore and F. Jensen. New York (Greenberg), 309 Seiten. [Rückübersetzung des verlorengegangenen dt. Originals: 1976a].
1930d Das Problem der Homosexualität: erotisches Training und erotischer Rückzug. Leipzig (Hirzel) VI und 110 Seiten. [Orig.: 1917b; 1926e, f, g, h, i, j; Repr.: 1977a].
1930e Die Technik der Individualpsychologie. Zweiter Teil. Die Seele des schwererziehbaren Schulkindes. München (Bergmann), VIII und 188 Seiten. [Orig.: 1929g; 1929h, Kap. 1, 1930k; Repr.: 1974c].
1930f [and Associates] *Guiding the child on the principles of Individual Psychology* (New York: Greenberg). [Orig. Int. Z. Indiv. psychol., 1929, 7, S. 161–243].
1930j »Nochmals – die Einheit der Neurosen.« Int. Z. Indiv. psychol. 8, S. 201–216. [Repr.: 1982b, S. 35–55].
1930n »Grundbegriffe der Individualpsychologie.« In: F. Giese (Hrsg.), Handwörterbuch der Arbeitswissenschaft. Band 1, Halle a/S (Marhold Verlag), S. 2428–2437. [Repr.: 1982b, S. 22–34].
1930o »Something about myself.« Childhood and Character 7 (7), S. 6–8.
1930p »Weder gut noch böse: die Seele des Kindes.« Berliner Morgenpost, 28. Sept. 1930, Nr. 232.
1930q Praxis und Theorie der Individualpsychologie: Vorträge zur Einführung in die Psychotherapie für Ärzte, Psychologen und Lehrer. 4. Aufl. München (Bergmann), VI und 245 Seiten. [Orig.: 1920a; Repr.: 1974a].
1931b What life should mean to you. Ed. A. Porter. Boston (Little & Brown), 300 Seiten. [Repr.: 1958a, Übersetzung: 1979b].
1931f »Zwangsneurose.« Int. Z. Indiv. psychol. 9, S. 1–15. [Repr.: 1982b, S. 85–105].
1931m »Symptomwahl beim Kinde.« Kinderärztl. Praxis 2, S. 398–409. [Repr.: 1936k; 1982b, S. 173–191].
1932i »Der Aufbau der Neurose.« Int. Z. Indiv. psychol. 10, S. 321–328. [Repr.: 1982b, S. 263–272].
1932l »Technik der Behandlung.« Manuskript. Engl. Übersetzung in: 1964a, S. 191–201). [Orig.: 1982b, S. 253–262].
1932m »Failures in sex.« Modern Psychologist 1 (2), S. 55–60.
1933b Der Sinn des Lebens, Wien u. Leipzig (Passer), 205 Seiten. [Orig.: 1932j, Kap. 11; 1933f, Kap. 12; 1933h, Kap. 10; 1933j, Kap. 4; Repr.: 1973a].
1933c »Religion und Individualpsychologie.« In: E. Jahn & A. Adler, Reli-

gion und Individualpsychologie: eine prinzipielle Auseinandersetzung über Menschenführung. Wien u. Leipzig (Passer), S. 58–92. [Repr.: 1975a, S. 68–98].

1933i$_1$ »Über den Ursprung des Strebens nach Überlegenheit und des Gemeinschaftsgefühles.« Int. Z. Indiv. psychol. 11, S. 257–263. [Repr.: 183a, S. 21–30].

1933i$_2$ »Über den Ursprung des Strebens nach Überlegenheit und des Gemeinschaftsgefühles.« Mitteilungsbl. Indiv. psychol. Veranstaltungen 2 (7), S. 1. [Repr.: 1983a, S. 30–32].

1934i »Zur Massenpsychologie.« Int. Z. Indiv. psychol. 12, S. 133–141. [Repr.: 1983a, S. 57–69].

1935l »Vorbeugung der Neurose.« Int. Z. Indiv. psychol. 13, S. 133–141. [Repr.: 1983a, S. 84–95].

1935m »Die Vorbeugung der Delinquenz.« Int. Z. Indiv. psychol., 13, S. 197–206. [Repr.: 1983a, S. 96–109].

1936c »Introduction.« In: M. Maltz: New faces – new futures: rebuilding character with plastic surgery. New York (R. R. Smith), S. VIII.

1936j »Das Todesproblem in der Neurose.« Int. Z. Indiv. psychol. 14, S. 1–6. [Repr.: 1983a, S. 130–138].

1936k »Symptomwahl.« Int. Z. Indiv. psychol. 14, S. 65–80. [Orig.: 1931m; um einen Fallbericht – vgl. 1936j; – ergänzt].

1936n »Love is a recent invention.« Esquire mag., Mai, S. 56 und 128. [Repr.: 1971c].

1936p (Antworten in der Diskussionsrunde nach einer Vorlesung in Conway Hall am 11. Mai 1936), Daily Mail (London), 12. Mai 1936.

1937g »Ist Fortschritt der Menschheit möglich? wahrscheinlich? unmöglich? sicher?« Int. Z. Indiv. psychol. 15, S. 1–4. [Repr.: 1983a, S. 163 bis 167].

1937h »Selbstmord.« Int. Z. Indiv. psychol. 15, S. 49–52. [Repr.: 1983a, S. 168–172].

1938a *Social interest: a challenge to mankind*, trans. J. Linton and R. Vaughan (London: Faber & Faber [orig.: 1933b]; reprinted, New York: Putnam Capricorn Books, 1964).

1939 [Autobiographische Notizen] In: Phyllis Bottome: Alfred Adler: a biography. New York (Putnam), S. 9–12.

1945b »The sexual function« (nicht datiert). Indiv. Psychol. Bull. 4, S. 99–102. [Repr.: 1964a, S. 219–223; Übers.: 1983a, S. 173 bis 177].

1956b The Individual Psychology of Alfred Adler: a systematic presentation in selections from his writings. Herausgegeben von Heinz L. and Rowena R. Ansbacher, New York (Basic Books), XXIII und 503 Seiten. Dt. Übersetzung: 1972b.

1964a Superiority and social interest: a collection of later writings. Herausgegeben von Heinz L. & Rowena R. Ansbacher, Evanston, Ill.: Northwestern Univers. Press, XXII + 434 Seiten. [Orig.: 1928f;

1929l; 1930m; 1931e, f, n. o; 1932i, l; 1933c, i_1, i_2, l; 1934g, h; 1935e, j, m; 1936j, l; 1937g, h; 1941c; 1945b].

1966d Menschenkenntnis. Mit einer Einführung von O. Brachfeld. Frankfurt (Fischer Taschenbuch), 255 Seiten. [Orig.: 1927a].

1971c »Love is a recent invention.« J. Indiv. Psychol. 1971, 27, S. 144–152. [Orig.: 1936n].

1972a Über den nervösen Charakter: Grundzüge einer vergleichenden Individual-Psychologie und Psychotherapie. Mit einer Einführung von W. Metzger, Frankfurt (Fischer Taschenbuch), 266 Seiten. [Orig.: 1928k].

1972b Alfred Adlers Individualpsychologie. Eine systematische Darstellung seiner Lehre in Auszügen aus seinen Schriften. Herausgegeben und erläutert von Heinz L. und Rowena R. Ansbacher. Mit einer Einführung und Anhang von Ernest Borneman. München u. Basel (Reinhardt), 445 Seiten.

1973a Der Sinn des Lebens. Mit einer Einführung von W. Metzger. Frankfurt (Fischer Taschenbuch) 1973, 192 Seiten. [Orig.: 1933b].

1973b Individualpsychologie in der Schule: Vorlesungen für Lehrer und Erzieher. Mit einer Einführung von W. Metzger. Frankfurt (Fischer Taschenbuch), 135 Seiten [Orig.: 1929b].

1973c (Herausgeber mit C. Furtmüller) Heilen und Bilden: ein Buch der Erziehungskunst für Ärzte und Pädagogen. Mit einer Einführung von W. Metzger. Frankfurt (Fischer Taschenbuch), 396 Seiten. [Orig.: 1928n].

1974a Praxis und Theorie der Individualpsychologie: Vorträge zur Einführung in die Psychotherapie für Ärzte, Psychologen und Lehrer. Mit einer Einführung von W. Metzger. Frankfurt (Fischer Taschenbuch), 350 Seiten. [Orig.: 1930q].

1974b Die Technik der Individualpsychologie. Erster Teil. Die Kunst, eine Lebens- und Krankengeschichte zu lesen. Mit einer Einführung von W. Metzger. Frankfurt (Fischer Taschenbuch), 154 Seiten. [Orig.: 1928a].

1974c Die Technik der Individualpsychologie. Zweiter Teil. Die Seele des schwererziehbaren Schulkindes. Mit einer Einführung von W. Metzger. Frankfurt (Fischer Taschenbuch), 192 Seiten. [Orig.: 1930e].

1975a (mit E. Jahn) Religion und Individualpsychologie: eine prinzipielle Auseinandersetzung über Menschenführung. Mit einer Einführung von W. Metzger. Frankfurt (Fischer Taschenbuch), 111 Seiten. [Orig.: 1933c].

1976a Kindererziehung. Mit einer Einführung von W. Metzger. Frankfurt (Fischer Taschenbuch), XII und 180 Seiten. [Orig.: 1930a].

1976b Beiträge zu: Die Protokolle der Wiener Psychoanalytischen Vereinigung. Band I (1906–1908). Herausgegeben von H. Nunberg und E. Federn. Frankfurt (Fischer). [Orig.: 1906, 1907d, 1908g und 1908h].

1977a Das Problem der Homosexualität und sexueller Perversionen: Erotisches Training und erotischer Rückzug. Mit einer Einführung von W. Metzger. Frankfurt (Fischer Taschenbuch), 139 Seiten. [Orig.: 1930d].

1977b Studie über Minderwertigkeit von Organen. Mit einer Einführung von W. Metzger. Frankfurt (Fischer Taschenbuch), 127 Seiten. [Orig.: 1907a].

1977c »Das sexuelle Problem in der Erziehung«. In: Z. Indiv. psychol. 2, S. 2–6. [Nachdruck von 1905a].

1977d Beiträge zu: Die Protokolle der Wiener Psychoanalytischen Vereinigung. Band II (1908–1910). Herausgegeben von H. Nunberg und E. Federn. Frankfurt (Fischer). [Orig.: 1909c, 1909d, 1909e, 1910n und 1910o].

1978a Cooperation between the sexes: writings on women, love and marriage, sexuality and its disorders. Herausgegeben von Heinz L. & Rowena R. Ansbacher, Garden City, N. Y. (Doubleday Anchor Books) und New York (Jason Aronson) 1980. XI und 468 Seiten. [Orig.: 1910c; 1911a, b; 1920c; 1925i; 1926a, b; 1927a, Pt. 1, Kap. 7; 1930d; 1931b; Kap. 12; 1945b]. Mit einem Essay von H. L. Ansbacher »Adler's Sex Theories«, 164 S.; Deutsche Übersetzung 1989.

1978b Lebenskenntnis. (The Science of Living). Mit einer Einführung von W. Metzger. Frankfurt (Fischer Taschenbuch), 159 Seiten. [Orig.: 1929d].

1979a Das Leben gestalten. (The Pattern of Life). Mit einer Einführung von W. Metzger, Frankfurt (Fischer Taschenbuch), 168 Seiten. [Orig.: 1930c].

1979b Wozu leben wir? (What Life Should Mean to You). Mit einer Einführung von W. Metzger. Frankfurt (Fischer Taschenbuch), 236 Seiten. [Orig.: 1931b].

1979c Beiträge zu: Die Protokolle der Wiener Psychoanalytischen Vereinigung. Band III (1910–1911). Herausgegeben von H. Nunberg und E. Federn. Frankfurt (Fischer). [Orig.: 1910q, 1911h, 1911i].

1981a Neurosen. Zur Diagnose und Behandlung. (Problems of Neurosis). Herausgegeben von H. L. Ansbacher und R. F. Antoch; mit einer Einführung von R. F. Antoch. Frankfurt (Fischer Taschenbuch), 178 Seiten. [Orig.: 1929c].

1982a Psychotherapie und Erziehung. Ausgewählte Aufsätze Band I: 1919–1929. Ausgewählt und herausgegeben von H. L. Ansbacher und R. F. Antoch; mit einer Einführung von R. F. Antoch. Frankfurt (Fischer Tschenbuch), 267 Seiten.

1982b Psychotherapie und Erziehung. Ausgewählte Aufsätze Band II: 1930–1932. Ausgewählt und herausgegeben von H. L. Ansbacher und R. F. Antoch; mit einer Einführung von R. F. Antoch. Frankfurt (Fischer Taschenbuch), 285 Seiten.

1983a Psychotherapie und Erziehung. Ausgewählte Aufsätze Band III: 1933–1937. Ausgewählt und herausgegeben von H. L. Ansbacher und R. F. Antoch; mit einer Einführung von R. F. Antoch. Frankfurt (Fischer Taschenbuch), 218 Seiten.

Schriften anderer Autoren

Abel, G. G., and Blanchard, E. B. The role of fantasy in the treatment of sexual deviation, *Archives of General Psychiatry*, 1974, 30, 467–75.

Adler, Alexandra. Individual Psychology: Adlerian School, in P. L. Harriman (ed.), *Encyclopedia of psychology*. New York: Philosophical Library, 1946, pp. 262–69.

Adler, K. A. Life style, gender role, and the symptom of homosexuality, *Journal of Individual Psychology*, 1967, 23, 67–78.

Power in Adlerian Theory, in J. H. Masserman (ed.), *Science and psychoanalysis*, Vol. 20, *The dynamics of power*. New York: Grune & Stratton, 1972, pp. 53–63.

Adler, M. Erkenntniskritische Bemerkungen zur Individualpsychologie, *Internationale Zeitschrift für Individualpsychologie*, 1925, 3, 209–21.

Adler, R. Das gemeinsame Studium [der Medizin von Frauen und Männern] und die Professoren. *Dokumente der Frauen* (Wien), 1899, 1 (Jul.–Dec.), 289–93.

Kindererziehung in der Sowjetunion, *Internationale Zeitschrift für Individualpsychologie*, 1931, 9, 297–309.

Verein für freie psychoanalytische Forschung, Sitzungen von Sept. 1912 bis Jan. 1913. In Kretschmer, W. Über die Anfänge der Individualpsychologie als »freie Psychoanalyse«, *Zeitschrift für Individualpsychologie* 1982, 7 (3), 175–179.

Adler, V. Bemerkungen über die soziologischen Grundlagen des »männlichen Protests«, *Internationale Zeitschrift für Individualpsychologie*, 1925, 3, 307–10.

Ansbacher, H. L. The significance of the socio-economic status of the patients of Freud and of Adler, *American Journal of Psychotherapy*, 1959, 13, 376–82.

Rudolph Hildebrand: a forerunner of Alfred Adler, *Journal of Individual Psychology*, 1962, 18, 12–17. (a)

Was Adler a disciple of Freud? *Journal of Individual Psychology*, 1962, 18, 126–35. (b)

Sensus privatus versus sensus communis, *Journal of Individual Psychology*, 1965, 21, 48–50.

Love and violence in the view of Adler, *Humanitas* (Duquesne University), 1966, 2, 109–27.

Life style: a historical and systematic review, *Journal of Individual Psychology*, 1967, 23, 191–212.

The concept of social interest, *Journal of Individual Psychology*, 1968, 24, 131–49.
Suicide as communication: Adler's concept and current application, *Journal of Individual Psychology*, 1969, 25, 174–80.
Alfred Adler: a historical perspective, *American Journal of Psychiatry*, 1970, 127, 777–82.
Alfred Adler and G. Stanley Hall: correspondence and general relationship, *Journal of the History of the Behavioral Sciences*, 1971, 7, 337–52. (a)
Alfred Adler and humanistic psychology, *Journal of Humanistic Psychology*, 1971, 11, 53–63. (b)
Utilization of creativity in Adlerian psychotherapy, *Journal of Individual Psychology*, 1971, 27, 160–66. (c)
Adler's »striving for power« in relation to Nietzsche, *Journal of Individual Psychology*, 1972, 28, 12–24.
Adler's interpretation of early recollections: historical account, *Journal of Individual Psychology*, 1973 29, 135–45.
The first critique of Freud's metapsychology: an extension of George S. Klein's »Two Theories or One?«, *Bulletin of the Menninger Clinic*, 1974, 38, 78–84. (a)
Adler and Virchow: new light on the name »Individual Psychology«, *Journal of Individual Psychology*, 1974, 30, 43–52, (b)

Ansbacher, R. R. Review of Harold Greenwald, *The call girl*. New York: Ballantine Books, 1958. *Journal of Individual Psychology*, 1958, 14, 192–93.

Arieti, S. *The will to be human*. New York: Quadrangle Books, 1972.
Psychiatric controversy: man's ethical dimension, *American Journal of Psychiatry*, 1975, 132, 39–42.

Bachofen, Johann J. *Das Mutterrecht: Eine Untersuchung über die Gynekokratie der alten Welt nach ihrer religiösen und rechtlichen Natur*. Stuttgart: Kreis & Hoffmann, 1861.

Barbach, L. G. *For yourself: the fulfillment of female sexuality*. Garden City. N. Y.: Doubleday & Company, 1975.

Bateson, G. A theory of play and fantasy: a report on theoretical aspects of the project for the study of the role of paradoxes of abstraction in communication (1955). In *Steps to an ecology of mind*. New York: Ballantine, 1972, pp. 177–93.

Bateson, G.; Jackson, D. D.; Haley, J.; and Weakland, J. H. Toward a theory of schizophrenia. *Behavioral Science*, 1956, 1, 251–64. As reprinted in G. Bateson, *Steps to an ecology of mind*. New York: Ballantine, 1972, pp. 201–27.

Bauer, R. A. *The new man in Soviet psychology*. Cambridge, Mass.: Harvard University Press, 1952.

Bebel, August. *Die Frau und der Sozialismus*. Stuttgart: Dietz, 1885 – *Zitat aus 1895 dt.*

Beecher, W. Every stick has two ends, *Individual Psychology Bulletin*, 1946, 5, 84–86.

Bieber, I. Clinical aspects of male homosexuality, in J. Marmor (ed.), *Sexual inversion: the multiple roots of homosexuality*. New York: Basic Books, 1965, pp. 248–67.
Bieber, I., et al. *Homosexuality: a psychoanalytic study*. New York: Basic Books and Vintage Books, 1962.
Biller, H. B. Sex-role uncertainty and psychopathology, *Journal of Individual Psychology*, 1973, 29, 24–25.
Bodelsen, M. Thyra Boldsen, in *Dansk Biografisk Leksikon*. Copenhagen: Schultz, 1933–44, and P. Weilbach (ed.), *Kunstnerleksikon*, Copenhagen: Aschehoug. 1947–52.
Bottome, P. *Alfred Adler: a portrait from life*, New York: Vanguard Press, 1957.
Frau Dr. Adler, *Journal of Individual Psychology*, 1962, 18, 182–83.
Bourdet, Y. Alfred Adler, in Dictionnaire biographique du mouvement ouvrier international, Vol. 1,.*Autriche*. Paris, 1971.
Brennan, J. F. Upright posture as the foundation of Individual Psychology: a comparative analysis of Adler and Straus, *Journal of Individual Psychology*, 1968, 24, 25–32.
Broderick, C. B. The two faces of marital power, in Masserman, J. H. (ed.), *Science and Psychoanalysis*, Vol. 20, *The dynamics of power*. New York: Grune and Stratton, 1972, pp. 148–52.
Brody, J. Bisexual life-style appears to be spreading... New York *Times*, Mar. 24, 1974.
Bruch, H. Anorexia nervosa, in A. E. Lindner (ed.), *Emotional factors in gastrointestinal illness*. Amsterdam: Excerpta Medica, 1973, pp. 1–15.
Chaplin, J. P. Dictionary of psychology, rev. ed. New York: Dell Publishing Company, 1975.
Chodoff, P. A critique of Freud's theory of infantile sexuality, *American Journal of Psychiatry*, 1966, 123, 507–18.
Credner, L. Verwahrlosung, in E. Wexberg (Hg.), *Handbuch der Individualpsychologie*. München: Bergmann, 1926, pp. 209–34.
De Beauvoir, S. *The second sex* (1949). New York: Knopf, 1953.
Deutsch, D. A step toward successful marriage, *American Journal of Individual Psychology*, 1956, 12, 78–83.
Group therapy with married couples: the birth pangs of a new family life style in marriage, *Individual Psychologist*, 1967, 4, 56–62.
Dolliver, R. H. Alfred Adler and the dialectic, *Journal of the History of the Behavioral Sciences*, 1974, 10, 16–20.
Dreikurs, R. *Seelische Impotenz*. Leipzig: Hirzel, 1931.
The challenge of marriage. New York: Duell, Sloan & Pearce, 1946.
Determinants of changing attitudes of marital partners toward each other, in Salo Rosenbaum and Ian Alger (eds.), *The marriage relationship: psychoanalytic perspectives*. New York: Basic Books, 1968, pp. 83–103.
Technology of conflict resolution, Family counseling, *Journal of Individual Psychology*, 1972, 28, 203–22.
Psychodynamics, psychotherapy, and counseling: collected papers, rev. ed.

Chicago, Ill.: Alfred Adler Institute, 1973.
Ellenberger, H. F. *The discovery of the unconscious: the history and evolution of dynamic psychiatry*. New York: Basic Books, 1970. *Deutsch: Die Entdekkung des Unbewußten*, Bern, Huber, 1973, 2 Bde.
Encyclopaedia Britannica, Matriarchy, 1973.
Engels, F. *Origin of the family, private property and the state* (1884), with Introduction and Notes by Eleanor Burke Leacock. New York: International Publishers, 1972.
Fay, A. Clinical notes on paradoxical therapy, *Psychotherapy*, 1976, 13, 118–22.
Feldman, M. P., and MacCulloch, M. J. *Homosexual behavior; therapy and assessment*. Oxford, Eng.: Pergamon Press, 1971.
Fisher, S. H. A note on male homosexuality and the role of women in Ancient Greece, in Judd Marmor (ed.), *Sexual inversion: the multiple roots of homosexuality*. New York: Basic Books, 1965, pp. 165–72.
Frankl. V. E. Paradoxical intention: a logotherapeutic technique (1960), in *Psychotherapy and existentialism: selected papers on logotherapy*. New York: Simon & Schuster, 1968, pp. 143–63.
Tribute to Alfred Adler, *Journal of Individual Psychology*, 1970, 62, 12.
Freschl, R. August Strindbergs Corinna aus »Heiraten«: eine psychologische Analyse. *Zeitschrift für Individualpsychologie*, 1914, 1 (1), 21–26.
Freud, S. *Die Traumdeutung* (1900a), Gesammelte Werke (G. W.), S. Fischer Verlag, Frankfurt am Main, seit 1960, Bd. 2.
Drei Abhandlungen zur Sexualtheorie, G. W. 5, S. 27. (1905 d).
»Über den Gegensinn der Urworte«, G. W. 8, S. 213. (1910e).
»Psychoanalytische Bemerkungen über einen autobiographisch beschriebenen Fall von Paranoia (Dementia paranoides)« (1911 c), G. W. 8, S. 239.
»Zur Geschichte der psychoanalytischen Bewegung« (1914d) G. W. 10, S. 43.
»Zur Einführung des Narzißmus« (1914c), G. W. 10, S. 137.
»Triebe und Triebschicksale« (1915 c), G. W. 10, S. 209.
Vorlesungen zur Einführung in die Psychoanalyse (1916–17), G. W. 11.
»Trauer und Melancholie« (1917c), G. W. 10, S. 427.
»Das Tabu der Virginität« (1918a), G. W. 12, S. 159.
»Aus der Geschichte einer infantilen Neurose« (1918b), G. W. 12, S. 27.
»Einige psychische Folgen des anatomischen Geschlechtsunterschiedes« (1925 j), G. W. 14, S. 17.
»Über die weibliche Sexualität« (1931 b), G. W. 14, S. 515.
»Die endliche und die unendliche Analyse« (1937c), G. W. 16, S. 57.
Freudenberg, S. Individualpsychologie und Jugendwohlfahrtspflege. In E. Wexberg (Hg.), *Handbuch der Individualpsychologie*. München: Bergmann, 1926, pp. 367–81.
Erziehungs- und heilpädagogische Beratungsstellen. Leipzig: Hirzel, 1928.
Friedan, B. *The feminine mystique*. New York: Norton, 1963; as reprinted, New York: Dell Publishing Company, 1964.

Friedmann, A. Das Frauenproblem der Gegenwart. *Internationale Zeitschrift für Individualpsychologie*, 1936, 14, 94–104.
Furtmüller, C. Die psychologische Bedeutung der Psychoanalyse. In A. Adler and C. Furtmüller (eds.), *Heilen und Bilden*. München: Reinhardt, 1914, pp. 168–86. (In den späteren Ausgaben nicht in dieser Form enthalten.)
Alfred Adler: a biographical essay, in A. Adler, *Superiority and social interest*. Evanston, Ill.: Northwestern University Press, 1964, pp. 307–94.
Greenwald, H. *The call girl: a social and psychoanalytic study*. New York: Ballantine Books, 1958.
Grünbaum-Sachs, H. Frauenbewegung und männlicher Protest. *Internationale Zeitschrift für Individualpsychologie*, 1926, 4, 88–90.
Haley, J. *Strategies of psychotherapy*. New York: Grune & Stratton, 1963.
The power tactics of Jesus Christ, and other essays. New York: Grossman, 1969.
Handlbauer, Bernhard, *Die Entstehungsgeschichte der Individualpsychologie Alfred Adlers*, Wien, Geyer-Edition 1984.
Hammel, L. New York *Times*, Apr. 29, 1974, p. 40.
Hilferding, M. *Geburtenregelung: mit einem Nachwort von Dr. Alfred Adler: Erörterungen zum Paragraph 144*. Wien, Leipzig: Moritz Perles, 1926.
Hooker, E. Male homosexuals and their »world«, in J. Marmor (ed.) *Sexual inversion: the multiple roots of homosexuality*, New York: Basic Books, 1965, pp. 83–107.
Jacobs, M.; Thompson, L. A.; and Truxaw, P. The use of sexual surrogates in counseling, *Counseling Psychologist*, 1975, 5, 73–77.
Jones, E. *Das Leben und Werk von Sigmund Freud*, 3 Bde., Bern 1978.
Kankeleit, O. V. Internationaler Kongress für Individualpsychologie in Berlin vom 26. bis 28. September 1930, *Archiv für Psychiatrie und Nervenkrankheiten*, 1931, 93, 261–336.
Kant, Immanuel. Anthropologie in pragmatischer Hinsicht (1798), *Gesammelte Schriften*, Vol. 7. Berlin: Reimer, 1917, pp. 117–333.
Kaplan, H. S. *The new sex therapy: active treatment of sexual dysfunctions*. New York: Brunner/Mazel, 1974.
Kaufmann, W. *Nietzsche: philosopher, psychologist, Antichrist*, 4th ed. Princeton, N. J.: Princeton University Press, 1974.
Kelly, G. A. *The psychology of personal constructs*, Vol. 1. New York: Norton, 1955.
Nonparametric factor analysis of personality theories, *Journal of Individual Psychology*, 1963, 19, 115–47.
Keyserling, H. (ed.). *The book of marriage: a new introduction by twenty-four leaders of contemporary thought* (1925). New York: Harcourt, Brace, 1926.
Kinsey, A. C. et al. *Sexual behavior in the human female* (1953). New York: Pocket Books, 1965.
Klein, G. S. Two theories or one?, *Bulletin of the Menninger Clinic*, 1973, 37, 102–32.

Knopf, O. *The art of being a woman*, ed. Alan Porter. Boston: Little, Brown, 1932.
Women on their own, ed. Alan Porter. Boston. Little, Brown, 1935.
Krausz, E. O. Die Weiblichkeit in der Psychoanalyse. *Internationale Zeitschrift für Individualpsychologie*, 1934, 12, 16–31.
Kronfeld, A. und Voigt, G. Der V. Internationale Kongreß für Individualpsychologie. *Internationale Zeitschrift für Individualpsychologie*, 1930, 8, 537–50.
Landry, H. Philosophie, in S. Kaznelson (ed.) *Juden im deutschen Kulturbereich: ein Sammelwerk*, Berlin: Jüdischer Verlag, 1959, pp. 242–77.
Lazarsfeld, S. Kleist im Licht der Individualpsychologie. In *Jahrbuch der Kleist Gesellschaft*. Berlin: Weidemann, 1927.
Wie die Frau den Mann erlebt. Leipzig, Wien: Verlag für Sexualwissenschaft, 1931.
Aus der Wiener Ehe- und Sexualberatung. *Archiv für Psychiatrie und Nervenkrankheiten*, 1931, 93, 333–36.
Leonhard, S. *Gestohlenes Leben: Schicksal einer politischen Emigrantin in der Sowjetunion*. Herford, Nicolaische Verlagsbuchhandlung, 1968.
Levy, L. H. *Psychological interpretation*. New York: Holt, Rinehart & Winston, 1963.
Lewin, K. *A dynamic theory of personality: selected papers*. New York: McGraw-Hill, 1935.
Lichtheim, G. *Marxism: an historical and critical study*. New York: Praeger, 1961.
Lief, H. I. Power in the family: a preface, in Masserman, J. H. (ed.). *Science and Psychoanalysis*, Vol. 20, *The dynamics of power*. New York: Grune & Stratton, 1972, pp. 117–19.
Lindsey, B. B., and Evans, W. *The companionate marriage*. New York: Boni & Liveright, 1927.
M. R. Kongress für Individualpsychologie: Der Sinn des Lebens. *Vorwärts* (Berlin), 26, Sept. 1930.
Mairet, P. Hamlet as a study in Individual Psychology, *Journal of Individual Psychology*, 1969, 25, 71–88. *Deutsch:* Hamlet, ein Neurotiker, in *Internat. Zeitschrift für Individualpsychologie*, 1931, 8, 297–309.
Manosevitz, M. Early sexual behavior in adult homosexual and heterosexual males, *Journal of Abnormal Psychology*, 1970, 76, 396–402.
Marmor, J. Comments on »Adlerian psychology: the tradition of brief psychotherapy«, *Journal of Individual Psychology*, 1972, 28, 153–54.
Psychiatry in transition: selected papers. New York: Brunner/Mazel, 1974.
Homosexuality and sexual orientation disturbances, in A. M. Freedman, H. I. Kaplan, and B. J. Sadok (eds.), *Comprehensive textbook of psychiatry*, 2nd ed., Vol. 2. Baltimore: Williams & Wilkins, 1975, pp. 1510–20.
Personal communication, Mar. 4, 1977.
Marmor, J. (ed.). *Sexual inversion: the multiple roots of homosexuality*. New York: Basic Books, 1965.

Modern psychoanalysis: new directions and perspectives. New York: Basic Books, 1968.
Maslow, A. H. Was Adler a Disciple of Freud?, *Journal of Individual Psychology*, 1962, 18, 125.
Masserman, J. H. (ed.). *Science and Psychoanalysis*, Vol. 1. New York: Grune & Stratton, 1958.
Masters, W. H., and Johnson, V. E. *Human sexual inadequacy*. Boston: Little, Brown, 1970.
The pleasure bond: a new look at sexuality and commitment (1975). New York: Bantam Books, 1976.
May, R. *Love and will*. New York: Norton, 1969.
McDowell, E. H. in G. J. Manaster, G. Painter, D. Deutsch, und B. J. Overholt (eds.), *Alfred Adler: as we remember him*. Chicago: North American Society of Adlerian Psychology, 1977.
McGuire, W. (Hrsg.), Sigmund Freud/C. G. Jung, *Briefwechsel*, S. Fischer Verlag, Frankfurt am Main 1974.
Mill, J. S. *The subjection of women* (1869). Kondon: Oxford, 1966. *Deutsch: Die Hörigkeit der Frau*. Berlin, 1869
Millett, K. *Sexual politics*. Garden City, N. Y.: Doubleday & Company, 1969; as reprinted, New York: Avon Books, 1971. *Deutsch: Sexus und Herrschaft*, Kiepenheuer u. Witsch, Köln 1970.
Minor, M. Ursachen und treibende Kräfte der Frauenbewegung im Lichte der Individualpsychologie (Causes and driving forces of the woman's movement in the light of Individual Psychology), *Internationale Zeitschrift für Individualpsychologie*, 1924/25, 3, 310–14.
Money, J. Interview. *APA Monitor*, June 1976, 10–11.
Money, J., and Ehrhardt, A. A. *Man and woman, boy and girl: the differentiation and dimorphism of gender identity from conception to maturity*. Baltimore: Johns Hopkins University Press, 1972.
Money, J., and Tucker, P. *Seuxal signatures: on being a man or a woman*. Boston: Little, Brown, 1975.
Morgan, L. H. *Ancient society* (1877). New York: World, 1963.
Mosak, H. H. Early recollections as a projective technique, *Journal of Projective Techniques*, 1958, 22, 302–11; also in G. Lindzey and C. S. Hall (eds.), *Theories of personality: primary sources and research*. New York: Wiley, 1965, pp. 105–13.
and Gushurst, R. What patients say and what they mean, *American Journal of Psychotherapy*, 1971, 25, 428–36.
and Kopp, R. R. The early recollections of Adler, Freud, and Jung, *Journal of Individual Psychology*, 1973, 29, 157–66.
and Mosak, B. *A bibliography for Individual Psychology*, Washington, D. C.: Hemisphere Publishing Corp., 1975
Mozdzierz, G. D.; Macchitelli, F. J.; and Lisiecki, J. The paradox in psychotherapy: an Adlerian perspective, *Journal of Individual Psychology*, 1976, 32, 169–84.

Nagler, S. H. Fetishism: a review and a case study, *Psychiatric Quarterly*, 1957, 31, 713–41.
Nietzsche, F. Thus spoke Zarathustra: third part (1884), in *The Portable Nietzsche*, ed. Walter Kaufmann. New York: Viking Press, 1968, pp. 260–343.
Nikelly, A. G. *Achieving competence and fulfillment*. Monterey, Calif.: Brooks/Cole, 1977.
Nikelly, A. G. (ed.). *Techniques for behavior change: applications of Adlerian theory*. Springfield, Ill.: Charles C. Thomas, 1971. – Deutsch: *»Neurose ist eine Fiktion«: Die Behandlung von Verhaltensstörungen nach Alfred Adler.* München: Kindler Verlag, 1978.
Nunberg, H., and Federn, E. (eds.). *Minutes of the Vienna Psychoanalytic Society*. New York: International Universities Press, Vol. 1, 1906–8, 1962; Vol. 2, 1908–10, 1967; Vol. 3, 1910–11, 1974. – *Deutsch: Protokolle der Wiener Psychoanalytischen Gesellschaft*, Frankfurt a. M., S. Fischer Verlag, Bd. I 1976; Bd. II 1977; Bd III 1979.
Oppenheim, D. E. Der Kampf der Frau um ihre gesellschaftliche Stellung im Spiegel der antiken Literatur. *Internationale Zeitschrift für Individualpsychologie*, 1924/25, 3, 287–90.
Orgler, H. *Alfred Adler: the man and his work*. New York: Liveright, 1963. *Deutsch: Alfred Adler: Der Mann und sein Werk*. Wien, Innsbruck, Urban u. Schwarzenberg, 1956. (London 1939). – *Zitat ist aus 1963*.
Ottenheimer, H. Soziale Arbeit. In Kaznelson, S. (ed.), *Juden im deutschen Kulturbereich: ein Sammelwerk*, Berlin: Jüdischer Verlag, 1959, pp. 825 – 57.
Ovesey, L. The homosexual conflict: an adaptational analysis (1954), in H. M. Ruitenbeek (ed.), *The problem of homosexuality in modern society*. New York: Dutton, 1963, pp. 127–40.
Pseudohomosexuality and homosexuality in men: psychodynamics as a guide to treatment, in J. Marmor (ed.), *Sexual inversion: the multiple roots of homosexuality*. New York: Basic Books, 1965, pp. 211–33.
and Person, E. Gender identy and sexual psychopathology in men: a psychodynamic analysis of homosexuality, transsexualism, and transvestism, *Journal of the American Academy of Psychoanalysis* 1973, 1 (1), 53–72.
Papanek, H. Group psychotherapy with married couples, in J. H. Masserman (ed.), *Current psychiatric therapies*, Vol. 5. New York: Grune & Stratton, 1965, pp. 157–63.
Perloff, W. H. Hormones and homosexuality, in Judd Marmor (ed.), *Sexual inversion: the multiple roots of homosexuality*. New York: Basic Books, 1965, pp. 44–69.
Peterfreund, E. The need for a new general theoretical frame of reference for psychoanalysis, *Psychoanalytic Quarterly*, 1975, 44, 534–49.
Pew, M. L., and Pew, W. L. Adlerian marriage counseling, *Journal of Individual Psychology*, 1972, 28, 192–202.
Plottke, P. Über das Verhalten der schönen Krimhilde: ein individualpsychologischer Versuch. *Internationale Zeitschrift für Individualpsychologie*, 1947, 16, 112–22.

Powers, R. L. Myth and memory, in H. H. Mosak (ed.), *Alfred Adler: his influence on psychology today*. Park Ridge, N.J.: Noyes Press, 1973, pp. 271–90.

Rado, S. A critical examination of the concept of bisexuality, *Psychosomatic Medicine*, 1940, 2, 459–67; as reprinted in J. Marmor (ed.), *Sexual inversion: the multiple roots of homosexuality*. New York: Basic Books, 1965, pp. 175–89.

An adaptational view of sexual behavior, in P. Hoch and J. Zubin (eds.), *Psychosexual development in health and disease*. New York: Grune & Stratton, 1949, pp. 189–213; as reprinted in H. M. Ruitenbeek (ed.), *The problem of homosexuality in modern society*. New York: Dutton, 1963, pp. 94–126.

Adaptational psychodynamics: motivation and control. New York: Science House, 1969.

Rayner, D. Adler and his psychology: seen through his early memories. *Mental Health* (London), 1957, 16, 58–62.

Reinecke, A. Personal communications, Mar. 10 and 26, 1975.

Rensberger, B. Emotional disorders and mental illness: psychiatrists debate cause-effect relationship, New York *Times*, Apr. 7, 1977, p. A 21.

Riegel, K. F. The dialectics of human development, *American Psychologist*, 1976, 31 (10), 689–700.

Roazen, P. *Freud and his followers*. New York: Knopf, 1975.

Ruesch, J., and Bateson, G. *Communication: the social matrix of psychiatry*. New York: Norton, 1951.

Rühle-Gerstel, A. *Das Frauenproblem der Gegenwart: eine psychologische Bilanz*. Leipzig: Hirzel, 1932; Nachdruck: *Die Frau und der Kapitalismus*. Hrsg. H. Jacoby. Frankfurt: Verlag Neue Kritik, 1973.

Rychlak, J. R. *A philosophy of science for personality theory*. Boston: Houghton Mifflin, 1968.

Introduction to personality and psychotherapy: a theory-construction approach. Boston: Houghton Mifflin, 1973.

Saghir, M. T., and Robins, E. *Male and female homosexuals: a comprehensive investigation*. Baltimore: Williams & Wilkins, 1973.

Salzman, L. Masochism and psychopathy as adaptive behavior, *Journal of Individual Psychology*, 1960, 16, 182–88.

Developments in psychoanalysis. New York: Grune & Stratton, 1962.

»Latent« homosexuality, in J. Marmor (ed.), *Sexual inversion: the multiple roots of homosexuality*. New York: Basic Books, 1965, pp. 234–47.

The obsessive personality: origins, dynamics and therapy. New York: Science House, 1968. (a)

Sexuality in psychoanalytic theory, in J. Marmor (ed.), *Modern psychoanalysis: new directions and perspectives*. New York: Basic Books, 1968, pp. 123–45. (b)

Modern psychoanalytic theory and practice in the neuroses: a review, *Journal of the American Academy of Psychoanalysis*, 1974, 2, 261–68. (a)

Sexual problems in adolescence, *Contemporary Psychoanalysis*, 1974, 10, 189–207. (b)
Saul, L. J. *Psychodynamically based psychotherapy*. New York: Science House, 1972.
Scarf, M. The man who gave us »inferiority complex«, »compensation«, »overcompensation«, »aggressive drive«, and »life style«, *New York Times Magazine*, Feb. 28, 1971, pp. 10, 11, and 44–47.
Schäfer, S. *Psychologie Heute*, Juli, 1977.
Schatzman, M. Paranoia or persecution: the case of Schreber, *Family Process*, 1971, 10, 177–207.
Schmid, A. Zum Verständnis von Schillers Frauengestalten. *Zeitschrift für Individualpsychologie*, 1914, 1, 72–80.
Schreber, D. P. *Memoirs of my nervous illness* (1903), trans. and ed. I. Macalpine and R. A. Hunter. London: Dawson & Son, 1955.
Schulhof, H. *Individualpsychologie und Frauenfrage*. München: Reinhardt, 1914.
Henrik Ibsen, der Mensch und sein Werk im Lichte der Individualpsychologie. Reichenberg (heute Liberec), Tschechoslowakei: Erich Spiethoff, 1923.
Zur Psychologie Strindbergs, *Internationale Zeitschrift für Individualpsychologie*, 1923/24, 2 (2), 20–25. (a)
Strindberg und Ibsen als Frauenpsychologen. *Internationale Zeitschrift für Individualpsychologie*, 1923/24, 2 (2), 44–45. (b)
Seelbach, H. Verstehende Psychologie und Individualpsychologie: ein Vergleich der psychologischen Richtungen von Dilthey, Jaspers und Spranger mit der Individualpsychologie Alfred Adlers. *Internationale Zeitschrift für Individualpsychologie*, 1932, 10, 262–88, 368–91, 452–72.
Seif, L. Die Zwangsneurose, in E. Wexberg (ed.), *Handbuch der Individualpsychologie* (1926), Vol. 1. Amsterdam: Bonset, 1966, pp. 507–31.
Shulman, B. H. An Adlerian view of the Schreber case, *Journal of Individual Psychology*, 1959, 15, 180–92, as reprinted in *Contributions to Individual Psychology: selected papers*. Chicago: Alfred Adler Institute, 1973, pp. 140–55.
The family constellation in personality diagnosis, *Journal of Individual Psychology*, 1962, 18, 35–47; as reprinted in *Contributions to Individual Psychology: selected papers*. Chicago: Alfred Adler Institute, 1973, pp. 45–59.
The uses and abuses of sex, *Journal of Religion and Health*, 1967, 6, 317–25; as reprinted in *Contributions to Individual Psychology: selected papers*. Chicago: Alfred Adler Institute, 1973, pp. 81–90.
An Adlerian view, in M. Kramer et al. (eds.), *Dream psychology and the new biology of dreaming*. Springfield, Ill.: Charles C. Thomas, 1969, pp. 117–37; as reprinted in *Contributions to Individual Psychology: selected papers*. Chicago: Alfred Adler Institute, 1973, pp. 60–80.

Simon, R. Alfred Adlers Bedeutung für die Strafrechtswissenschaften. *Internationale Zeitschrift für Individualpsychologie*, 1937, 15, 162–66.
Smith, S. Editor's note, *Bulletin of the Menninger Clinic*, 1973, 37, 97.
Sperber, M. *Masks of loneliness: Alfred Adler in perspective*, trans. Krishna Winston. New York: Macmillan, 1974.
Spitzer, R. L. The homosexual decision – a background paper, *Psychiatric News*, Jan. 16, 1974, 11–12.
Sprung, B. Personal communication, May 20, 1974.
Stoller, R. J. Sexual deviations, in *Encyclopaedia Britannica, Macropaedia*, 1974, Vol. 16, pp. 601–10.
Perversion: the erotic form of hatred. New York: Pantheon Books, 1975.
Szasz, T. S. *The myth of mental illness: foundations of a theory of personal conduct*. New York: Harper & Row, 1961.
Taylor, G. R. Historical and mythological aspects of homosexuality, in J. Marmor (ed.), *Sexual inversion: the multiple roots of homosexuality*. New York: Basic Books, 1965, pp. 140–64.
Thilly, F., and Wood, L. *A history of philosophy*, 3rd ed. New York: Holt, Rinehart & Winston, 1957.
Vaihinger, H. *Die Philosophie des als ob: System der theoretischen, praktischen und religiösen Fiktionen der Menschheit auf Grund eines idealistischen Positivismus* (1911). Leipzig: Felix Meiner, 1918, 3. Auflage.
Vleeschauwer, H. J. de. Kantianism, in *Encyclopaedia Britannica, Macropaedia*, 1974, Vol. 10, pp. 395–98.
Vorstand des Vereins für freie psychoanalytische Forschung. An die Leser, in *Schriften des Vereins für freie psychoanalytische Forschung*. München: Reinhardt, 1912, No. 1, pp. iv–v.
Watzlawick, P.; Beavin, J. H.; and Jackson, D. D. *Pragmatics of human communication: a study of interactional patterns, pathologies, and paradoxes*. New York: Norton, 1967. *Deutsch: Menschliche Kommunikation, Formen, Störungen, Paradoxien*. Bern, Huber 1969.
Weakland, J. H., and Fisch, R. *Change: principles of problem formation and problem resolution*, New York: Norton, 1974. *Deutsch: Lösungen. Zur Theorie u. Praxis menschlichen Wandels*. Bern, Huber 1974.
Weinberg, M. S., and Williams, C. J. *Male homosexuals: their problems and adaptations*. New York: Oxford University Press, 1974.
Wertheimer, M. *Fundamental issues in psychology*. New York: Holt, Rinehart & Winston, 1972.
Wexberg, E. *Individual Psychological treatment* (1927), 2nd ed., rev. and annot. by B. H. Shulman. Chicago: Alfred Adler Institute, 1970.
Winetrout, K. Adler's psychology and pragmatism, *Journal of Individual Psychology*, 1968, 24, 5–24.
Wolberg, L. R. Tribute to Alfred Adler, *Journal of Individual Psychology*, 1970, 27, 16.

Alfred Adler
Werkausgabe

Herausgegeben von Oliver Brachfeld (†), Wolfgang Metzger (†), Heinz L. Ansbacher und Robert F. Antoch

Studie über Minderwertigkeit von Organen (1907; 1927)
Band 6349

Über den nervösen Charakter (1912; 1928) · Band 6174

Heilen und Bilden (1914; 1928) · Band 6220

Praxis und Theorie der Individualpsychologie (1920; 1930) · Band 6236

Menschenkenntnis (1927; 1947) · Band 6080

Die Technik der Individualpsychologie
Teil 1: **(1928)** · Band 6260
Teil 2: **(1930)** · Band 6261

Individualpsychologie in der Schule (1929)
Band 6199

Lebenskenntnis (1929; 1978)
Band 6392

Psychotherapie und Erziehung
Ausgewählte Aufsätze
Band I.: **(1919–1929)** · Band 6746
Band II.: **(1930–1932)** · Band 6747
Band III.: **(1933–1937)** · Band 6748

Neurosen (1929; 1981)
Band 6735

Das Problem der Homosexualität (1930) · Band 6337

Kindererziehung (1930; 1976)
Band 6311

Das Leben gestalten (1931; 1979)
Band 6393

Wozu leben wir? (1931; 1979)
Band 6708

Der Sinn des Lebens (1933)
Band 6179

Alfred Adler / E. Jahn
Religion und Individualpsychologie
Band 6283

Fischer Taschenbuch Verlag

fi 83 / 2

Sigmund Freud
Einzelbände im Taschenbuch

Abriß der Psychoanalyse / Das Unbehagen in der Kultur
Band 6043

Analyse der Phobie eines fünfjährigen Knaben
Falldarstellung
»Der kleine Hans«. Band 6715

Beiträge zur Psychologie des Liebeslebens und andere Schriften. Band 6732

Bruchstück einer Hysterie-Analyse. Band 6736

Darstellungen der Psychoanalyse. Band 6016

Drei Abhandlungen zur Sexualtheorie
Und verwandte Schriften
Band 6044

Hemmung, Symptom und Angst
Band 6734

Das Ich und das Es
Und andere metapsychologische Schriften
Band 6394

Eine Kindheitserinnerung des Leonardo da Vinci
Band 5705

Der Mann Moses und die monotheistische Religion
Band 6300

Massenpsychologie und Ich-Analyse / Die Zukunft einer Illusion. Band 6054

Neue Folge der Vorlesungen zur Einführung in die Psychoanalyse
Band 6390

Zur Psychopathologie des Alltagslebens. Band 6079

»Selbstdarstellung«
Schriften zur Geschichte der Psychoanalyse. Band 6096

Totem und Tabu. Band 6053

Die Traumdeutung. Band 6344

Über Träume und Traumdeutungen. Band 6073

Vorlesungen zur Einführung in die Psychoanalyse
Band 6348

Der Wahn und die Träume in W. Jensens »Gradiva«
mit dem Text der Erzählung von Wilhelm Jensen
Band 6172

Der Witz und seine Beziehung zum Unbewußten. Band 6083

Zwei Falldarstellungen
Der Rattenmann /
Der Fall Schreber
Band 6745

Sigmund Freud / Josef Breuer
Studien über Hysterie
Band 6001

Muriel Gardiner (Hg.)
Der Wolfsmann vom Wolfsmann
Band 6794

Sigmund Freud
Werkausgabe in zwei Bänden

Herausgegeben und mit Kommentaren versehen von
Anna Freud und Ilse Grubrich-Simitis

Band 1: *Elemente der Psychoanalyse,* 590 Seiten
Band 2: *Anwendungen der Psychoanalyse,* 616 Seiten.
3 Abbildungen auf Tafeln
Im Anhang der Bände u. a. Lebenschronologie Sigmund Freuds,
Sammelbibliographie, Namen- und Sachregister

Für den Laien, der sich über Freuds Werk anhand eines repräsentativen Querschnitts gründlich informieren möchte, wurde die vorliegende *Werkausgabe in zwei Bänden* zusammengestellt. Sie steht, eine Lücke schließend, zwischen den beiden preisgünstigen Präsentationen des Freud-Œuvres im Fischer Verlag: der lockeren Folge einzelner, nicht kommentierter Freud-Taschenbücher und der mit einem aufwendigen, für Forschung und Lehre konzipierten editorischen Apparat versehenen, nach Themen gegliederten insgesamt elfbändigen *Studienausgabe.* Die *Werkausgabe* ist, ihrer Zielsetzung entsprechend, also ausdrücklich keine historisch-kritische Edition. Der Kommentar ist knapp gehalten und auf die Bedürfnisse noch Unkundiger zugeschnitten.

Inhalt

Einleitung/Der Sinn der Träume/Der Begriff des Unbewußten/
Die Triebe/Die menschliche Sexualität/
Die Struktur der psychischen Persönlichkeit/
Lustprinzip und Realitätsprinzip/Verdrängung/
Symptombildung/Neurose und Psychose/
Die psychoanalytische Behandlung/Die Ausbildung des Analytikers/
Die Einstellung zur Psychoanalyse/Literatur- und Kunstwissenschaft/
Religionspsychologie und Kulturtheorie/Sozialpsychologie/
Mythologie/Pädagogik/Lebenschronologie Sigmund Freuds/
Anhang

S. Fischer Verlag

fi 79/1

Sándor Ferenczi

Schriften zur Psychoanalyse

Auswahl in zwei Bänden: Bd. 7316 und Bd. 7317

Herausgegeben und eingeleitet von Michael Balint †

Band I enthält die wichtigsten zwischen 1908 und 1919 entstandenen Arbeiten Sándor Ferenczis. Dazu gehören seine großen Studien über Introjektion, Übertragung und Entwicklung des Wirklichkeitssinnes, die seinen Ruhm begründeten sowie bahnbrechende Untersuchungen zu Homosexualität, Paranoia und Symbolbildung. Ferner sind Ferenczis Erkenntnisse nichtsprachlicher Ausdrucksweisen und seine Forschungen auf den Gebieten der Pädagogik und der Kriminologie für die gegenwärtigen Diskussionen um Körperlichkeit, aufgeklärte Erziehungsmethoden und Humanisierung des Strafvollzugs von besonderem Interesse.

Band II enthält die wichtigsten zwischen 1919 und 1933 entstandenen Arbeiten Sándor Ferenczis. Im Zentrum stehen seine berühmten und umstrittenen behandlungstechnischen Experimente. Als Teil II wird der seit langem nicht mehr greifbare ›Versuch einer Genitaltheorie‹ wieder zugänglich gemacht, den Sigmund Freud als Ferenczis »glänzendste, gedankenreichste« Arbeit bezeichnet hat, »vielleicht die kühnste Anwendung der Analyse, die jemals versucht worden ist«, eine »Höhenleistung«.

Fischer Taschenbuch Verlag

fi 1061/1

fi 546/1

C. G. Jung

Bewußtes und Unbewußtes
Band 6058
Über die Archetypen des kollektiven Unbewußten
Einleitung in die religionspsychologische Problematik der Alchemie
Zur Phänomenologie des Geistes im Märchen
Zur Psychologie östlicher Meditation

Über die Psychologie des Unbewußten
Band 6299
Die Psychoanalyse. Die Erostheorie. Der andere Gesichtspunkt
Der Wille zur Macht. Das Problem des Einstellungstypus
Das persönliche und das überpersönliche oder kollektive Unbewußte
Die synthetische oder konstruktive Methode
Die Archetypen des kollektiven Unbewußten
Zur Auffassung des Unbewußten/Allgemeines zur Therapie

Über Grundlagen der Analytischen Psychologie
Band 6302
Im Jahre 1935 hielt C. G. Jung in der Tavistock Clinic in London vor ungefähr 200 Psychiatern, Psychotherapeuten und Medizinern fünf Vorlesungen mit jeweils anschließenden Diskussionsveranstaltungen. Die Mitschriften der Vorlesungen und Diskussionsbeiträge erschienen dann in Buchform und gelten bis heute als ausgezeichnete Einführung in die Grundlagen der Analytischen Psychologie. Die Darstellung ist systematisch und doch unformell, wobei die Lebendigkeit des Vortrages einen bleibenden Eindruck der Persönlichkeit Jungs hinterläßt.

Welt der Psyche
Band 42010
»Dieser vorzüglich zusammengestellte Band bietet eine gut gegliederte Auswahl aus Jungs wichtigsten Werken.«
Südwestfunk Baden-Baden

Jolande Jacobi
Die Psychologie von C. G. Jung
Eine Einführung in das Gesamtwerk
Band 6365

Fischer Taschenbuch Verlag

fi 71/3

Fischer Wissenschaft

Eine Auswahl

Philippe Ariès / André Béjin / Michel Foucault u.a.
Die Masken des Begehrens und die Metamorphosen der Sinnlichkeit
Band 7357

Gaston Bachelard
Poetik des Raumes
Band 7396

Maurice Blanchot
Der Gesang der Sirenen
Band 7402

Umberto Eco
Apokalyptiker und Integrierte
Band 7367

Moses I. Finley
Quellen und Modelle in der Alten Geschichte
Band 7373

Michel Foucault
Die Geburt der Klinik
Band 7400
Schriften zur Literatur
Band 7405
Von der Subversion des Wissens
Band 7398

François Furet / Denis Richet
Die Französische Revolution
Band 7371

Fischer Taschenbuch Verlag

fi 513 / 4 a

Fischer Wissenschaft
Eine Auswahl

Maurice Halbwachs
Das kollektive Gedächtnis
Band 7359

Kultur-Analysen
Beiträge von Hans-Dieter König, Alfred Lorenzer, Heinz Lüdde, Søren Nagbøl, Ulrike Prokop, Gunzelin Schmid Noerr, Annelind Eggert
Band 7334

Dominick LaCapra
Geschichte und Kritik
Band 7395

Dominick LaCapra / Steven L. Kaplan (Hg.)
Geschichte denken
Band 7403

Stephen Toulmin / June Goodfield
Entdeckung der Zeit
Band 7360

Thorstein Veblen
Theorie der feinen Leute
Band 7362

Jean-Pierre Vernant
Tod in den Augen
Band 7401

Lew Semjonowitsch Wygotski
Denken und Sprechen
Band 7368